KB202726

동성애 가족

치유를 위한 12단계

동성애 가족

치유를 위한 12단계

저자 **리차드 코헨**

역자 정지훈

Gay Children, Straight Parents: a plan for family healing

by **Richard Cohen**

© 2007 by Richard Cohen All right reserved.

© 2016 Revised Edition

PATH Press

P.O. Box 2315

Bowie, MD 20718

Tel. 301-805-5155

Fax 301-805-0182

Web: www.pathinfo.org

Email: pathinfo@pathinfo.org

Korean Translation Copyright © 2017 by Haneul Christian Books House

Korean language edition published by arrangement with PATH Press.

나 는 이 책 을 …

나의 모든 것의 근원이시요 위로와 사랑이 되시는 하나님께 바친다.

아낌없이 사랑하고, 꿋꿋한 힘이 되어준 훌륭한 아내 재숙에게 바친다.

자랑스러운 아들 재리쉬에게 바친다. 나는 너를 영원히 사랑한다.

소중한 딸 제시카에게 바친다. 너는 너무 아름답다.

그 아름다움을 더 키워가길 바란다.

항상 힘이 넘치는 알프레드에게 바친다. 너를 볼 때면 늘 힘이 생긴다.

이 책의 출판을 위해 기도와 도움을 아끼지 않은 모든 분들에게 바친다.

여러분의 도움이 없었다면 이 책의 집필이 불가능했을 것이다.

화상을 통한 원격수업에 참여해 준 모든 부모들에게 바친다.

여러분은 내게 굉장히 많은 것을 가르쳐주었다.

나의 사랑하는 친구인 존과 힐데, 멜, 밥, 리, 짐 그리고 러셀에게도 바친다.

그대들의 사랑은 나를 지탱해주는 커다란 힘이 되었다.

마지막으로, 론 목사님과 브랜다 크로포드 그리고 뉴비전 교회에 바친다.

우리는 모두 한 배를 탄 사람들이다.

CONTENTS

동성애와 동성혼은 21세기 한국문화에서 가장 큰 화두가 되고 있다. 개신교내 동성애에 대한 입장은 비징벌적 거절의 태도(rejecting non-punitive position)라고 할 수 있다. 이 입장에서는 동성애가 순리가 아니며 비자연적인데다, 우상 숭배적이고, 또한 하나님의 창조질서를 거스리는 행위라고 평가하지만, 동성애적 성향과 행위를 구별하고, 또한 동성애적 행위와 인격을 구별함으로 동성애주의자들의 인간으로서의 존엄과 가치를 확보하는 입장이다. 즉 행위에 대해서는 죄로 규정하지만 인격으로서의 동성애 주의자들은 목회적 관점에서 영적인 배려와 보살핌을 필요로 한다는 점을 강조하고 있다.

저자는 동성애에 대해 치유상담적인 접근을 하고 있다. 자신이 어떻게 동성애를 극복했는지를 상세하게, 그리고 솔직하게 설명해 주면서 동성애를 극복하는 방법을 실제적으로 제시하고 있다. 저자는 동성 매력 장애의 원인을 설명하면서 자녀가 동성 매력 장애(SSA)를 겪고 있을 때 부모가 어떤 단계를 거쳐서 그 자녀를 도와줄 수 있는지를 가르쳐 준다. 이 책은 동성애 합법화가 추진되고 있어 논란이 되고 있는 현시점에서 어떻게 대응해야 할 지 고심할 학부모와 교회의 목회자들과 주일학교 교사, 그리고 상담자의 필독 도서로 추천하고 싶다.

- 정동섭 (가족관계연구소 소장; Ph.D.)

추천의 글

　어느 날 나의 아이가 사랑하는 친구라며 데려온 친구가 동성의 아이라면 어떨까? 영화에서만 보던 이야기가 현실이 되어가고 있는 세상이다. 특별히 그리스도교 신앙을 가진 가정에서 이런 일이 발생한다면 부모의 마음은 멘탈 붕괴가 올만 하다. 이미 한국보다 이런 동성애의 문제로 홍역을 치룬 미국의 그리스도인 가정의 아픔을 바라보며 그런 아이들을 신앙 안에서 어떻게 대해야 하는지 친절한 도움을 주는 저서가 이 책이다. 이 책은 동성 매력(same sex attraction)으로 시작하여 동성애로 진전되는 자녀들의 심리를 섬세하게 포착하고 있다. 그리고 이들을 어떻게 이해하고 그 치유적 대안은 무엇인지 심리적 신앙적인 관점을 갖고 쓴 보기 드문 책이다.

　모든 심리의 문제는 결국 애정결핍의 문제라는 말이 있다. 그 애정의 근원이요 뿌리인 하나님의 사랑의 관점에서 동성애의 문제를 바라볼 수 있다면 우리 자녀들이 동성애나 동성매력의 유혹을 극복할 수 있으리라 믿는다. 분명 외국저서인데도 마치 우리의 정서를 갖고 문제를 진단하고 대안을 제시하듯 책의 내용을 편안하게 번역한 정지훈 번역가의 섬세한 노력이 돋보이는 책이다. 모든 그리스도인 부모들, 교회학교 교사들, 목회자들에게 일독을 권하고 싶다.

- 변상규 (대상관계연구소 소장, 침례신학대학교 상담학과 겸임교수 역임)

편안한 가운데 이 책을 집필할 수 있도록 아름답고 고요한 강이 있는 조용한 장소를 마련해 준 칼(Carl)과 레지나 그릭스(Regina Griggs)에게 고마움을 표한다. 오랜 우정에 대해서도 고맙게 생각한다.

아더(Arthur)와 제인 골드버그(Jane Goldberg)의 우정과 그리고 이 책을 비롯한 다른 작품들의 제작에 도움과 훌륭한 아이디어를 준 것에 대해 깊이 감사드린다. 여러분이야말로 나의 진정한 형제자매이다.

이 책이 출판되어 빛을 보기까지 내게 훌륭한 편집자이자 코치 역할을 해준 게리 데도(Gary Deddo)와 IVP(InterVarsity Press)의 임직원들에게도 깊은 사의를 표한다.

이 책을 위해 자기들의 성공적이고 희망적인 이야기를 들려준 스튜어트(Stuart)와 샘(Sam), 보니(Bonnie), 메리(Mary), 톰(Tom), 마크(Mark), 메니(Manny), 리스(Lise) 그 밖에 다른 사람들에게도 고마운 마음을 전한다.

크리스토프(Christoph)와 버트(Burt), 제시(Jese), 멜(Mel), 바바라

감사의 글

(Barbara)와 낸시(Nancy)에게도 그들의 소중한 도움에 대해 감사드린다.

메니와 리스의 사랑이 가득한 마음과 열성적인 도움에 대해서도 감사를 표한다. 여러분은 나의 소중한 친구들이다.

마지막으로, 이 책을 위해 내게 많은 영감을 준 스코트(Scott)와 도리 (Dori)에게 심심한 감사를 표한다.

어두움으로는 어두움을 몰아낼 수 없다.

그것은 오직 빛으로만 가능하다.

증오로는 증오를 몰아낼 수 없다.

사랑으로만 그것을 할 수 있다.

- 마틴 루터킹 Jr.

PART **1**

서론

동성 매력 장애(SSA)에 대한 우리 해결책은 사랑하고
이해하는 것이다. 모든 SSA는 다음 두 가지에 원인이
있다: (1) 치유되지 않은 어린 시절의 상처와 (2) 사랑
과 포용에 대한 욕구 불만이 바로 그것이다. 이 두 가
지에 초점을 맞춘다면, 자녀로 하여금 진정한 성적 정
체성을 되찾고, 자기의 이성애적인 잠재력을 충족하도
록 치유하는데 도움을 줄 수 있다. 이러한 프로그램을
실천하기만 하면, 반드시 성과가 있을 것이다.

서 론

절대 포기하지 마라! (Never give up) 이 세 단어는 지금까지 내 인생의 추진력이 되어왔다. 내가 원하지 않는 동성 매력(same-sex attraction, SSA)[1]에 대해 이해하고 그것을 극복하고자 할 때마다 나는 수 없이 포기하고 싶었다. 하지만 아무리 많이 넘어져도 나는 계속해서 일어섰다. 결코 포기하지 않았다. 마침내, 나는 모든 악조건에도 불구하고 정상으로 돌아왔다. 지금까지 사랑하는 아내 재숙과 35년 동안 결혼생활을 해왔으며 자랑스러운 세 자녀를 두고 있다.

SSA를 극복한 이후 나는 똑같은 문제로 씨름하고 있는 다른 사람들을 돕고 싶었다. 하나님께서 나를 학교로 돌아가 상담에 관한 교육을 받도록 부르셨다. 1990년, 안디옥 대학(Antioch University)의 시애틀 캠퍼스에서 상담심리학 석사학위를 취득하고 졸업한 후 국제치유재단(International Healing Foundation)을 설립했다. 그렇게 하여 나는 원치 않는 SSA의 원인과 치료를 다루는 심리치료사, 대중 연사 그리고 집필자로서의 생활을 시작했다.

과거에 동성애자였을 뿐만 아니라 전문 심리치료사로서 나는 성적 취향을 동성애(同姓愛)에서 이성애(異姓愛)로 바꾸는 과정에 있는 수백 명의 남

---

1) 책 전반에 걸쳐 동성 매력 장애를 표시하기 위하여 SSA라는 용어를 사용할 것이다.

녀들을 개인적으로 도와왔다. 미국과 유럽 등지에서 100회 이상의 치유 세미나를 인도하면서 수천 명의 사람들에게 원치 않는 SSA로부터 자유를 찾도록 도움을 주었다. 대학 캠퍼스와 치료 및 종교적인 학술대회에서 나는 동성애의 원인과 치료에 대해 강의를 해왔다.

원치 않는 SSA로부터 벗어나도록 남녀들을 돕는 일과 더불어 지난 17년간 수백 명의 부모들로부터 가슴 아픈 사연을 들어주기도 했다.

◆ "우리가 할 수 있는 것은 무엇일까요?"
◆ "이런 일이 왜 일어났을까요?"
◆ "우리 아들은 우리가 그리스도를 굳게 믿는 사람이라는 것을 알면서도 철저히 반항하고 있어요."
◆ "우리 목사님이나 친구들에게 알리고 싶지만 우리와 딸을 정죄할까봐 말하기가 두려워요."
◆ "교회에서는 늘 동성애에 대해 부정적으로만 말하거든요."

이 책은 동성애로부터 벗어나기 위한 나의 인생 여정과 그 후 17년 동안에 걸친 임상 경험으로부터 나온 결과이다. 이것은 수백 가정과 친구들의 사랑하는 자들에게 그들의 진정한 성적 정체성을 깨닫고, 이성애적인 잠재력을 경험하는데 도움을 주고자 그들을 수주, 수개월 그리고 수년 간 코치하고 상담한 것들에 대한 이야기이다. 이어지는 페이지에서 나는 SSA와 씨름하고 있는 사랑하는 이들을 돕는 방법에 관한 구체적인 원리를 여러분과 함께 나누고자 한다. 이 계획이 그들에게 도움이 되려면 먼저 당신이 성실하게 훈련을 받아야 할 것이다. 하지만 그로 인해 당신에게 놀라운 변화가 나타날 것이며, 상상했던 것보다 더 큰 사랑을 경험하게 될 것이다. 그 과정 속에 당신은 수많은 성공담을 읽어가면서 격려를 받을 것이다.

이 여정이 결코 쉽지 않다는 점에서 당신에게는 격려가 필요할 것이다. 끈기와 인내 그리고 헤아릴 수 없는 사랑이 필요할 것이다. 이것 또한 나도 개인적으로나 직업적으로 경험한 일이다. 내 아내와 나도 한 때 탕자 아들이 있었기 때문이다. 내가 설명할 원리들은 SSA에만 적용되는 것이 아니다. 이 원리들은 가족 가운데 상처 받은 사람이 있거나 한참 반항하는 자녀가 있다면 누구에게나 적용할 수 있다. 내 아내와 나는 이 모든 기술을 우리의 장남과 딸이 혼란한 시기를 겪고 있을 때 활용했다. 그들이 SSA를 겪고 있었던 것은 아니다. 하지만 동일한 자녀 양육의 원리는 자녀의 문제와 상관없이 효과가 있었다.

나는 결혼하기 전에 9년 동안 독신생활을 했다. 그러나 그 이전에는 열렬한 동성애자로 지냈다. 그 와중에 "게이"(gay)의 삶에서 벗어나도록 도와준 신앙적 회심을 경험했다. 하지만 나는 내 SSA의 근본 원인을 완전히 해결하지는 못했다. 그러한 욕구를 그저 억압하고 교회 지도자들의 조언을 따랐을 뿐이다. "열심히 기도해. 그러면 하나님께서 너의 동성애적인 감정을 거두어가실거야. 하나님의 말씀을 날마다 묵상해봐. 그러면 욕망의 짐은 사라질 거야. 하나님께서 너를 변화시켜 주실 테니까 네 감정에 대해 너무 염려하지 마."

내가 받은 조언 중 최악은 "너에게 딱 맞는 여자를 찾아봐. 그러면 그녀가 너를 고쳐줄 거야." 라는 말이었다. 나는 실제로 그렇게 해봤지만 그녀는 나를 고쳐주지 못했고, 그 결과는 치명적이었다. 나는 완전히 혼란과 실망과 좌절에 빠진 채 내가 왜 아직도 원치 않는 SSA를 갖고 있는지 그 이유를 필사적으로 알아내려 하면서 치료를 받기 시작했다.

내가 SSA 원인을 발견하기까지는 수년이 걸렸다. 하지만 그러한 욕망을 야기시킨 상처를 치유하는 데는 훨씬 더 오랜 시간이 걸렸다. 그것은 매우 복잡한 과정이었다. 그런 중에도 나는 가족을 부양하고 치료비를 벌기 위해 투잡을 뛰고 있었다. 그 시기에 우리는 두 자녀, 제리쉬와 제시카를 갖게 되었다. 제리쉬가 태어났을 때 나는 동성애로부터 겨우 빠져나오려는, 치유의 여정이 막 시작되었을 때다. 당신이 상상할 수 있겠지만, 그 무렵에 나는 남편과 아버지로서 상당히 무능한 자였다.

설상가상(雪上加霜)으로 이 모든 일들은 1980년대 초반에 일어났다. 그 당시는 동성 매력 장애자가 어떻게 하면 다시 이성애자로 돌아갈 수 있는지에 대한 인식이 거의 전무했다. 우리 가족은 효과적인 치료를 구하기 위해 그리고 SSA에 대해 많은 지식을 갖고 있는 전문가들을 찾아 여러 번 이사를 다녔다. 물론 제리쉬와 제시카는 우리가 이사 갈 때마다 친구들과 헤어져야 했다.

나의 치유 과정은 가족 전체에게 커다란 고통이었다. 아내인 재숙(편집자 註 : 저자는 한국인과 국제결혼을 함)은 필사적으로 하나님께 매달렸다. 나는 그녀에게 이렇게 간청했다. "제발 이혼하지 말아줘. 나는 하나님을 사랑하고, 당신을 사랑하며 아이들을 사랑해. 나는 내가 왜 이런지 알아내야 해. 지금까지 아무도 나를 도와주지 못했지만 여보, 우리 힘을 잃지 말자. 나는 하나님께서 우리에게 길을 보여주시리라고 확신해."

아내와 나는 하나님께 매달렸다. 나는 그분께서 나를 광야에서 이끌어 내 진정한 이성애와 건강한 가정생활이라는 약속의 땅으로 언젠가는 인도 하시리라는 것을 믿고 있었다. 그것에는 오랜 세월이 걸렸으며 수많은 실 패가 따랐다. 그러나 마침내 나는 돌파구를 찾았고 원치 않는 욕구로부터 자유를 얻었다.[2]

그런 어둠의 시기에 우리는 겨우 생존하며 생지옥에서 벗어나려고 애쓰 면서 꿈에서 그린 가족을 이루고자 힘썼다. 이러한 모든 혼란 속에서 제리 쉬는 깊은 상처를 받았다. 일단 나의 개인적인 치유를 경험하고 난 후, 바 로 아내와 나는 즉각 우리의 부부 관계를 정비하기 시작했다. 이 과정은 몇 년이 더 걸렸다. 그런 와중에 우리 자녀들은 계속 고통 가운데 있었다. 우리는 결혼생활이 개선된 후 제리쉬와 제시카로 하여금 그들의 상처를 치유하도록 도움을 주고자 몹시 애썼다. 그리고 우리 모두는 상담과 가정 치유 프로그램에 참여했다.

하지만 우리의 노력에도 불구하고, 제리쉬에게는 해결되지 않은 문제가 있었으며, 고등학교 때는 분노가 가득하여 아주 반항적으로 행동했다. 그 가 SSA의 유혹을 받지는 않았지만 우리 가슴을 아프게 하는 다른 행동에 빠져들었다. 재숙과 나는 그에게 가까이 다가가려했지만 그는 격렬하게 저 항했다. 진전이 없었던 것은 아니지만 그 외에는 우리를 철저히 거부했다. 우리는 하나님께서 개입해달라고 애원했다. 우리는 제리쉬와 싸우고 함께 울며, 밤새 대화를 나누곤 했다. 수년 후, 마침내 기적과 같은 사건이 일어

---

2) 내 이야기의 보다 상세한 내용은 "이성애자로 커밍아웃하기"라는 책의1장: 동성애 이해하고 치유하기"에서 찾아볼 수 있다.

났다. 아들이 돌파구를 찾은 것이었다. 우리에게 탕자가 돌아온 것이다.

나는 자신의 SSA와 씨름했을 뿐만 아니라, 사랑하는 자녀가 반항하고 자신에게 상처를 주는 것을 보는 아픔과 씨름하기도 했다. 따라서 나는 SSA와 씨름하고 있는 자녀를 둔 부모를 겸손하게 만드는 여정을 누구보다도 잘 이해할 수 있다. 나의 개인적 그리고 직업적인 경험에 기초하여 나는 당신과 당신의 자녀가 찾고자 하는 치유를 찾는데 도움을 줄 수 있다고 확신한다. 때로는 불가능하게 보일 수 있지만, 우리의 자녀를 되찾기 위한 싸움에서 우리는 절대 혼자가 아니다. 하나님의 은혜와 사랑으로 모든 것은 가능하다.

가족 중 동성매력장애(SSA)가 있는 사람을 대응하는 방법

나는 당신의 자녀가 "동성애자라는 사실이 처음 밝혀졌을 때" 당신이 받았을 충격을 충분히 짐작할 수 있다. 아마 당신은 놀라서 기겁을 했을지도 모른다. 아니면 그동안 눈치를 채고 있었는데 당신이 가장 두려워하던 것이 현실로 나타난 것인지도 모른다. 밝혀진 사실을 둘러싼 상황이 무엇이든 간에 부모의 반응은 대개 비슷하다. "어떻게 이런 일이 일어날 수 있단 말인가? 나는 마음을 다해 너를 사랑했는데. 내게도 잘못이 있다는 것을 알지만, 하나님께서는 내가 최선을 다했다는 사실을 누구보다도 잘 아실 텐데." 하지 말아야 할 말을 무심코 내뱉었거나, 아니면 당신이 했어야 할 말을 하지 않았을 수도 있다.

이유가 무엇이든 과거에 대해서는 염려하지 마라. 당신은 SSA 자녀와의 관계를 회복하고 개선시킬 수 있다. 그것이 아무리 불가능해 보일지라도,

자녀가 당신의 사랑과 수용과 용납을 갈망하고 있다는 사실을 확신하라.

혹 당신의 자녀가 마음속에 숨겨둔 자신의 동성애적 감정을 드러내기까지는 수년이 걸렸을지도 모른다. 그것은 당신과 함께 하지 않은 길고 외롭고 고통스러운 여정이었을 것이다. 그가 초등학교나 중학교 또는 고등학교에 다니는 동안 자기의 모든 친구들이 이성에게 매력을 느낄 때 자기만 동성의 친구들에게 매력을 느꼈을 그의 기분이 어떠했을 지를 상상해보라. 얼마나 갈등이 심하고 혼란스러웠겠는가! 또한 당신의 자녀가 강한 신앙적 믿음을 갖고 자랐다면, 동성에 대한 욕망이 하나님의 말씀과 반대된다는 점에서 얼마나 낙심했을 지를 생각해보라. '이 사실이 사람들에게 알려지면 어떻게 하지? 그들은 나를 어떻게 생각할까? 엄마 아빠는 내게 뭐라고 하시며 어떻게 대하실까? 가족들은 내게 어떤 마음일까?' 이것은 수년 동안 그들에게 큰 비밀이었으며 엄청난 짐이었다. 그런데 이제는 당신도 알게 되었다.

그렇다면 엄마 아빠인 당신은 어떤가? 자녀의 비밀이 지금 당신의 비밀도 되었는가? 당신은 나머지 가족이 어떻게 생각하고, 당신이 속한 공동체가 어떻게 반응할 것인지에 대해 두려워하는가? 자녀의 SSA를 발견하는 것은 어려운 과정이지만, 그것은 새롭고 놀라운 여정의 출발점이 될 수도 있다. 당신이 일단 이 책에 제시되어 있는 단계를 밟아가기 시작하면, 필요로 하는 유익한 정보망을 찾을 수 있을 것이다. 무엇보다도 사랑과 회복을 위해 하나님께 찾아가는 법을 배우게 될 것이다. 그리고 그분의 도움을 통해 당신의 SSA 자녀와 당신 자신, 당신의 가족 전체를 위한 희망과 치유책을 찾는 것이 가능하다는 것을 발견할 것이다.

이전에 비하면 오늘날은 SSA를 둘러싼 문제에 대해 어느 때보다도 해답이 많다. 그리고 이러한 해답과 함께 회복된 사랑에 대한 소망이 따라오고, 심지어 성적 취향의 변화도 나타난다. 오늘날 그와 정반대인 문화적 메시지에도 불구하고, 80년 이상에 걸친 과학적 연구는 SSA를 겪는 남녀들은 상처와 결손 때문에 정신성적 발달의 초기 단계에 갇혀 있다는 사실을 보여주고 있다. 그들의 상처를 해결하고 사랑과 애정에 대한 결핍된 욕구가 건강한 관계를 통해 충족된다면, 치유와 변화가 가능하다.

당신은 SSA가 실제는 성(sex)과 관련해서 생기는 문제가 결코 아니라는 것을 알게 될 것이다. SSA는 미소속감과 부적응, 소외감 그리고 어떠한 차별의식과 관련되어 있다. 소년은 다른 친구들과 비교하여 자신이 "열등"하다거나 다르다고 느낄 수 있다. 때로는 학교에서 남자 동성애자를 뜻하는 "패거트"(faggot)니 "퀴어"(queer)니 "시씨"(sissy) 혹은 "게이"(gay)란 말을 들어왔는지도 모른다. 소녀 역시 자신이 또래 여자아이들과 너무 다르다고 느껴서 친구들과 어울리지 못한다고 생각할 수 있다. 그녀는 "다이크"(dyke)나 "레즈비언"(lesbian), "톰보이"(tomboy), 또는 "게이"(gay)란 소리를 들어왔을 수도 있다. SSA는 내면화된 고립감과 관련된 것으로 수년 동안에 걸친 혼란과 아픔을 통해 나타난다. 이미 입은 피해를 되돌리는데도 오랜 세월이 걸릴 수 있다.

다음의 조언을 고려하라: "동성애적 성향이 있는 남녀가 마침내 확고한 동성애적 결단에 이르는 과정은 매우 긴 여정일 것이다. 자신이 '커밍아웃' 하기로 결심했다면 예방하기 위한 기회는 이미 지나가버린 것처럼 보일 수도 있다. 하지만 그렇지가 않다. 동성애자가 되려는 사람들 중 상당수는 커다란 불안 속에 여전히 망설이고 있기 때문이다. 그들은 도움 받을 곳을 절실하게 찾고 있을 수도 있다." [3]

"타고났다, 변하지 않는다"는 신화의 세뇌

당신이 자녀의 마음과 영혼을 위해 싸우고 있을 때, 다른 사람들은 당신 자녀의 성적인 취향에 관심을 갖는다. 1989년, 마샬 커크(Marshall Kirk) 와 헌터 매드슨(Hunter Madsen)은 「무도회가 끝난 뒤: 미국은 90년대 게 이에 대한 두려움과 혐오를 어떻게 정복할 것인가」(After the Ball: How America Will Conquer Its Fear and Hatred of Gays in the '90s)란 제 목의 동성애적 선언서를 출간했다. 신경정신병학 연구가이자 논리학자 요 시인이며, 하버드대 출신인 커크는 대중 설득법과 소셜마케팅(social marketing) 전문가로 하버드대에서 박사 학위를 취득한 매드슨과 함께 미 국과 세계를 그들이 자신들의 저서인 「무도회가 끝난 뒤」(After the Ball) 에서 정의하고 있는 것과 같이 동성애화 시키기 위한 계획을 고안했다. [4]

「무도회가 끝난 후」가 출판된 후 과학, 정치, 종교 및 미디어와 연예계는 다음과 같은 "타고 났다, 변하지 않는다"는 신화에 세뇌 당했다. 한마디로

---

3) 피터와 바바라 위덴(Peter and Barbara Wyden) 저, 「이성애적으로 자라나기: 모든 사려 깊은 부모가 동 성애에 대해 알아야 할 것」(Growing Up Straight: What Every Thoughtful Parent Should Know About Homosexuality) (New York: Stein and Day, 1968), p. 179.

4) 이 책의 요약을 읽어보기 원한다면, info@gaytostraight.org로 이메일을 보내라. 그러면 나는 그들의 이론과 전략에 대한 16쪽으로 된 요약본을 기꺼이 보내드릴 것이다. 마샬 커크와 헌터 매드슨이 쓴 「무도회가 끝 난 뒤: 미국은 90년대 게이에 대한 두려움과 혐오를 어떻게 정복할 것인가」(After the Ball: How America Will Conquer Its Fear and Hatred of Gays in the '90s) (New York: Plume, 1989)란 책을 읽기 원할 때도 말이다.

동성애자로 태어났다면 그것은 평생 그렇게 살 수밖에 없다는 말이다. 하지만 이것은 전략적인 계획의 일부였다. 동성애를 단지 인간의 성적 취향의 변이라고 합리화 시키려는 교묘한 미국 광고업계의 화려한 마케팅 전술이다. 이러한 이론은 사실 과학적인 연구에 있어 아무런 근거를 갖고 있지 않다.[5]

이와 같은 동성애 이론을 옹호하기 위한 홍보 캠페인의 결과 오늘날 성적 혼란을 겪고 있는 아이들은 자기들이 유전적으로 동성애자라고 설득 당한 것이다. 그들은 "동성애자"인 것이 자기들의 정체성이며, 동성애가 자기들 존재의 본질이라고 믿도록 유도되었다. SSA가 지난날의 상처와 결핍된 애정 욕구로부터 나온 욕망이나 행동의 표현임에도 불구하고, 그들은 동성애의 정체성(gay identity)과 동성애적 행위(homosexual behavior)가 다름을 분별하는 법을 배우지 못했다. 진실이 아닌 이 두 신화는 영화, 뉴스, 잡지, 음악, 비디오, 소설, 교과서, 인터넷, 라디오 인터뷰 등 모든 매체를 통해 계속해서 퍼져나갔다. 그래서 SSA를 경험하는 아이들은 이렇게 믿는다. "나는 동성애자야. 그게 바로 나야. 나의 동성애적 행위는 나의 본질적인 정체성의 연장일 뿐이야. 나는 그렇게 태어났거든."

한편 신앙적인 집안에서 자라는 자녀들은 더 큰 전쟁에 직면한다. 대부분 그들은 부모님이 자신의 내면적 갈등을 눈치채기 전에 하나님께서 자신의 동성애적 감정을 없애달라고 애원한다. 이들은 날마다, 몇 달 동안, 어

---

5) 동성애의 기원과 관련하여 거짓된 유전학적, 생물학적 주장에 대해 더 많은 사실을 알기 원하면 제프리 세틴오버(Jeffrey Satinover, M. D.)가 쓴 「동성애와 진실의 정치」(Homosexuality and the Politics of Truth)와 「트로이 코치」(The Trojan Coach)(www.narth.com), 니일(Neil) 박사와 브라이어 화이트헤드(Briar Whitehead) 박사의 「내 유전자가 그렇게 하도록 만들었어요」(My Genes Made Me Do It)를 읽을 것을 권한다.

쩌면 수년 간 그렇게 기도했을지도 모른다. "하나님, 제발 저의 동성애적 욕구를 없애주세요. 더 이상 견딜 수가 없어요. 이런 감정에 시달리느니 차라리 죽고 싶어요." 하지만 이들의 기도는 응답받지 못한다. 왜냐하면 하나님께서 듣지 않으시기 때문이다. 그들은 나처럼 잘못된 기도를 했기 때문이다. 그들은 이렇게 기도했어야 했다. "하나님, 제가 동성애적 욕망을 갖게 된 진짜 이유가 무엇인지 알려주세요. 주님, 그리고 제 삶의 모든 영역을 치유해 주세요."[6]

"커밍아웃" 단계

나는 내가 직접 동성애적 욕망과 SSA로 씨름해봤기 때문에 당신의 가족 중 한 사람이 거쳤을지도 모르는 과정을 공감할 수 있다. 일반적으로 "커밍아웃" 선언에 앞서 나타나는 7가지의 발달 단계에 대해 읽고 생각해보는 것은 매우 유익할 것이다.

제1단계: SSA의 원인. 동성애적 욕구를 초래하는 요인으로는 많은 것들이 있을 수 있다. SSA의 몇 가지 원인으로는 부자(父子) 사이 또는 모녀(母女) 사이의 붕괴된 애착(엄밀히 말해서 이것은 부모의 잘못이라기보다 자녀의 일방적인 판단일 수 있음), 이성(opposite-sex)의 부모에 대한 과잉 애착(overattachment), 과민증, 동성 친구들과의 유대감 결핍, 형제들로 인한 상처, 문화적 차이로 인한 상처, 비난, 성적 학대 그리고 신체적 이미지

---

6) 당신 자녀에게 변화의 의지가 없는 한 이런 식으로 기도를 시작할 것을 권하지 않도록 하라. 그렇지 않을 경우, 역으로 악영향이 나타날 수 있는바, 특히 자녀가 자신이 동성애자로 태어났다고 믿을 때는 더욱 그렇다.

에 대한 상처 등이 있을 수 있다. SSA를 야기시키는 원인은 결코 한 가지가 아니다. 여러 변수의 조합이 남녀의 동성애적 욕구로 이어진다. SSA의 원인에 대해 보다 자세한 이해를 원한다면 다른 책들을 읽어보도록 하라.[7]

제2단계: 동성에 대한 매력의 시작. SSA는 자녀의 기질과 생리학, 지각, 가족력 그리고 사회, 문화적 사건 같은 여러 가지 원인을 가지고 나타나며, 드러나는 연령대도 차이가 있다. 따라서 자녀가 언제 SSA를 경험하기 시작했는지를 알아내기 위해서는 자녀에게 확인해야 한다. 동성에 대한 자녀의 동경과 그러한 동경에 성적인 매력을 부여한 것을 분별하도록 주의하라. 이 두 가지는 서로 분리된 것으로 별개의 사안이다. 대개의 경우 동성의 다른 사람에 대한 성적 자극은 사춘기 시작 무렵인 대략 10-13세 사이에 시작된다. 하지만 예외적인 경우도 있어 이러한 욕구가 그보다 늦은 10대 후반이나 20대 초에 나타나기도 한다.

제3단계: SSA로 인한 갈등. SSA 때문에 갈등하고 있는 젊은 사람들은 자신에게 이렇게 물어볼 수가 있다. "왜 내게 이런 감정이 있지? 만약 다른 사람들이 내게 동성애적 욕구가 있다는 것을 안다면, 그들은 나를 어떻게 생각할까?" 아마 소녀라면 다음과 같이 의아스럽게 생각할 수도 있다. "이

---

7) 리차드 코헨(Richard Cohen) 저, 「이성애자로 커밍아웃하기」 "Coming Out Straight", 조셉 니콜로시(Joseph Nicolosi) 저, 「남성동성애의 회복 치료」 (Reparative Therapy of Male Homosexuality), 앨런 메딩거(Alan Medinger) 저, 「남성으로의 성장」 (Growth into Manhood), 앤 퍼크(Anne Paulk) 저, 「성적 정체성 회복하기: 동성 매력 장애와 씨름하는 여성들의 희망」 (Restoring Sexual Identity: Hope for Women Who Struggle with Same-Sex Attraction). 보다 더 충분한 도서 목록을 원하면, 이 책의 뒷 부분에 있는 "권장도서목록"을 참고하라.

런 감정을 느끼는 것이 죄일까? 그래도 하나님께서는 나를 여전히 사랑하실까?" 이러한 소년소녀들은 대부분 고통과 혼란, 죄책감, 수치심, 부인, 외로움 그리고 절망감과 같은 엄청난 감정을 겪게 된다. 이런 감정들은 젊은 사람들이 자기 가족이나 친구들과 이 문제에 대해 자연스럽게 대화할 수 없거나 그럴 의향이 없을 때 더욱 심각해진다.

그에 반해 요즈음 아이들은 직계 가족 외부에서 쉽게 "해답"을 찾을 수 있다. 그들은 인터넷에서 동성애를 옹호하는 정보에 접근하거나 고등학교 안에 있는 동성 및 이성애자 연합(Gay Straight Alliance, GSA) 모임 혹은 대학 캠퍼스 내의 성소수자(Gay Lesbian Bisexual Transgender, GLBT) 모임 등에 참여하여 정보를 얻을 수 있다. "의문을 갖고 있는 청소년"(Questioning Youth)이란 말은 GLBT에 추가된 새로운 용어다. 따라서 동성의 누군가에게 일시적으로 매력을 느끼는 사람들도 자신을 "동성애자"라고 믿게 될 수 있다.

제4단계: 소속감의 필요. 씨름은 계속 된다. "나는 어울리지 않아. 나는 어디에도 소속되지 않아. 나는 다른 애들과 달라." 사춘기 기간 동안, 한때 정서적으로 동성끼리의 유대를 갈망했던 욕구가 이제는 성적으로 불타는 욕구가 되었다. 동성의 부모나 혹은 동성 친구들과의 무성적(無性的)인 친밀감을 위한 정서적 필요가 갑자기 에로틱한 것으로 변질된다. 하지만 그러한 감정이 강하게 느껴질수록 모든 SSA의 기초는 성적 매력이 아닌 갈등을 일으키는 정서적 욕구에서 비롯된 것임을 기억해야만 한다. SSA는 다음과 같은 것을 의미한다.

◆ 동성의 정서적 혹은 동성의 사회적 상처로 인해 동성의 부모나 동성 또래들과의 유대감을 형성하려는 무의식적인 욕구

◆ 성(gender)의 정체성에 대한 필요. 그들은 자기의 동성 부모나 동성 또래들과 유대 관계의 결핍으로 남성적 특징이나 또는 여성적 특징에 대해 잃어버린 자신의 의식을 내면화하고자 동성의 사람들과 관계를 추구한다.

◆ 이성의 사람들과의 친밀감에 대한 두려움. 모자(母子) 혹은 부녀(父女) 사이의 과잉애착이나 이성의 사람과의 학대적 관계가 있을 수 있다. 이 두 가지 모두 건강한 이성애(異性愛)적 욕구에 장해가 된다.

제5단계: 세뇌. 지금까지 살펴본 것처럼, 동성 매력(SSA)을 경험한 사람은 이런 말을 듣는다. "너는 게이로 태어났어. 그것은 바꿀 수가 없지. 변하려고 노력해봐야 해로울 뿐이지." 이런 청소년들은 자신을 "게이"나 "레즈비언"으로 받아들이기 위해서는 굉장한 노력이 필요하다. 따라서 그러한 과정에는 갈등적 사고나 감정이 야기된다. 나는 SSA를 경험하는 자들이 처음부터 동성애적 행위가 자연법에 어긋난다는 것을 마음속 깊이 알고 있다고 믿는다. 그럼에도 불구하고, 그들은 이것이 유전적으로 결정된 상태라는 생각으로 세뇌를 당한다. 그리고 이것은 결국 "동성애의 신화"에 이르게 된다.

"게이로 태어났다"는 신화는 "벌거벗은 임금님"(The Emperor's New Clothes)이라는 동화와 매우 흡사하다. 이 민간 설화에서 임금은 숙련된 장인들이 그를 위해 아름다운 옷을 만들고 있다고 속아서 믿게 된다. 사실, 두 명의 사기꾼들은 아무것도 만들지 않았다. 속임수에 빠진 임금은

실오라기 하나 걸치지 않고 거리를 행진한다. 바보라는 소리를 듣기 싫었던 그의 모든 신하들은 이렇게 감탄사를 내뱉는다. "너무도 놀라운 새 옷입니다!" 그러자 한 아이가 일어서서 "임금님은 벌거벗었어요!"라고 말한다. 그 순간 임금은 자기가 속았다는 것을 깨닫는다. 임금은 "우리는 모두 이 아이와 같이 진실을 말해야 합니다."라고 선포한다.

이 말은 오늘날에도 적용이 된다. 사람들은 인간이 이성애적으로 창조되었다는 사실을 알면서도 지금까지 수많은 사람들이 기만을 당해왔다. 간단히 말해, 남자와 여자는 서로 하나가 될 때 완전하고 자연스럽다. 두 사람이 모두 남자거나 모두 여자일 때는 그렇지가 못하다.

제6단계: 게이, 레즈비언, 양성애자 또는 성전환자로서의 정체성을 채택.
이 단계에서는 이 문제로 씨름하는 사람들이 자신의 SSA를 받아들이고, "게이", "레즈비언", "양성애자" 또는 "성전환자"로서의 정체성을 채택하게 된다. 그들은 자기용납과 사회적 교화(social indoctrination)를 통해 자신의 양심을 마비시킨 것이다. 동성애 신화에 대해 자주 반복적으로 듣다보면 거의 이론의 여지가 없이 그것을 기정사실화 하게 된다. 이 단계에서 당신과 나머지의 "동성애 공포증"[8] 사회는 적으로 간주된다. "당신은 이해하지 못합니다. 게이로 산다는 것과 밖에서 그것의 속을 바라보는 것이 어떻다는 것을 알지 못합니다." 우리와 그들 사이의 콤플렉스는 강화된다.

---

8) 공포증(phobia)은 원칙적으로 불일치하는 것이 아닌 무언가에 대한 비합리적인 두려움이다. "게이" 활동가들은 이 말을 남용해 왔다.

제7단계: "커밍아웃" 과정. 종종 부모들은 자녀의 SSA에 대해 모르는 경우가 있다. 성별에 혼돈을 느끼는 청소년들은 자신에 대한 거부에 특히 민감하고 그것을 두려워한다. 따라서 그들은 먼저 자기 친구나 형제들에게 "커밍아웃"을 한다. 그들이 마침내 그들의 부모인 당신에게 털어놓을 때는 이런 식으로 말할 것이다. "저를 저의 모습 그대로 받아주세요. 저는 부모님의 게이 자녀에요. 하나님께서 저를 이렇게 만드셨어요!" 아니면 이렇게 화를 내며 외칠 수도 있다. "저를 저의 모습 그대로 받아주지 않는다면, 부모님은 동성애자를 심하게 혐오하는 사랑이 없는 분이에요." 무엇보다도 그들은 자신의 SSA를 받아들이기 위해 수년 간 정서적, 정신적, 신체적 그리고 영적인 고뇌를 겪고 난 후 부모로부터 사랑을 받지 못할까봐 두려워한다.

하지만 만약에 당신이 자녀가 선택한 삶의 방식을 용납하거나 인정해 주고 싶지 않을 때는 어떻게 하겠는가? 당신이 SSA에 대한 오늘날의 사회정치적 정의를 내면화하는 것에 동의하지 못할 때는 어떻게 하겠는가? 당신과 자녀가 서로 충돌하는 두 가지의 패러다임을 갖고 어떻게 살겠는가? 여기에 중요한 질문이 있다. 그것은 당신이 자녀를 여전히 사랑하면서도 "동성애자" 정체성을 취하고자 하는 그의 선택에 전적으로 반대할 수 있겠는가? 하는 것이다.[9]

---

9) 오늘날 "게이"의 부모들을 위한 두 개의 독립적인 기관이 있다. 둘 중 하나는 PFOX(Parents and Friends of Ex-Gays and Gays, 전 동성애자와 동성애자의 부모와 친구들)인데 이것은 부모들에게 처음부터 SSA를 갖고 태어나는 사람은 없으며, 따라서 동성애자에서 이성애자로의 변화가 가능하다는 믿음 가운데 자기의 자녀를 사랑할 것을 독려한다. (Courage, Exodus 그리고 Evergreen과 같은 일부 믿음에 기반을 둔 사역 기관은 가족과 친구들을 위한 별도의 지원 그룹을 갖고 있다. 그들의 철학은 PFOX의 철학과 흡사하다.) 다른 하나의 기관은 PFLAG(Parents and Friends of lesbians and Gays, 레즈비언과 게이의 부모와 친구들)로 이 기관은 부모들에게 자녀의 동성애 성향이 타고나는 것으로 변화 불가능한 것이라는 사실을 인정하고 그들을 포용할 것을 권한다.

당신은 "네. 그렇게 할 수 있지요."라고 짧게 대답할 수 있을 것이다. 이어지는 페이지에서 당신은 자녀를 무조건적으로 사랑하는 방법을 배우게 될 것이다. 당신은 자녀를 SSA와 그 이상 그리고 어쩌면 동성애적 행위로 이끈 역학 관계를 이해하게 될 것이다. 그리고 당신의 자녀에게 치유와 애정 어린 애착이라는 선물을 가져다 줄 수 있는 전략적인 계획을 세우는 법을 깨닫게 될 것이다.

부모가 자신의 SSA 자녀에게 다가갈 때 기억해야 할 가장 중요한 것은 무조건적인 사랑을 베풀어야 한다는 사실이다. 아무리 자녀를 사랑하고 그가 동성애로부터 벗어나기를 원한다고 해도 그런 인상을 자녀에게 비치면, 당신의 그 어떤 노력도 자녀에게 거부당할 것이다. 자녀를 변화시키려는 당신의 의도가 보이는 순간 자녀는 마음의 문을 닫을 것이다. 사랑을 아무런 조건 없이 주어야 함을 기억하라. "너희가 거저 받았으니 거저 주어라."

사랑에는 이런 가격표가 붙어있을 수 없다. "지금은 내가 너를 값없이 사랑하지만 나의 사랑을 계속 받으려면 너도 내게 무엇인가를 주어야 해. 너의 지금 모습을 포기해야 해." 이것은 잘못된 접근이며, 당신은 자녀가 친동성애 이론 교육을 통해 "변화"의 요구를 거부해야 한다고 배웠음을 기억해야 한다. 동성애적 성향에서 이성애적 성향으로의 변화 가능성에 대해 논하기 전에 자녀가 다음과 같은 메시지를 배웠음을 알아두라.

◆ 이런 종류의 치료는 결국 자살과 우울증으로 이어질 뿐이다.

◆ 효과가 없고, 백해무익하다.

◆ 변화의 가능성은 유명한 과학 및 의료 기관들도 부인하고 있다.

◆ 이런 종류의 치료(conversion therapy, 경멸적으로 "전환 치료"라고 불리는)를 행하고 장려하는 자들은 동성애 혐오자며 반동성애자이다.

◆ 성적 성향의 변화를 믿는 사람들은 모두가 "종교적 우익"에 속하거나 혐오스러운 반동성애 치료사이다.

이러한 메시지들은 과학적으로 근거가 없을 뿐만 아니라 전혀 사실이 아니다.[10]

당신의 자녀가 자신의 SSA는 처음부터 갖고 태어났으며, 따라서 그것을 변화 불가능한 것이라고 받아들이는 데는 수년이 걸렸는지 모른다. 그런데도 만약 당신이 "하지만 너는 바뀔 수 있어"라고 말한다면, 그는 즉각 "절대 그렇지 않아요. 저는 제가 게이라는 사실을 받아들이기까지 굉장히 많은 노력이 필요했어요. 부모님의 말이 과연 사실인지를 알아보기 위해 되돌아가고 싶지 않아요." 당신이 자녀의 입장이 되어보라. 당신이라면 부단한 노력 끝에 SSA를 받아들였는데, 다시 그 혼란스런 상황으로 돌아가고 싶겠는가? 그것은 절대 설득력 있는 제안이 못된다. 이 시점에서 바로 부모가 개입하게 된다.

우리의 전략은 하나님께서 우리를 사랑하시는 것처럼 흠과 혼란과 잘못된 정체성 등 모든 결점을 갖고 있는 이 아이들을 사랑하는 것이다. 우리가 그들을 사랑할 때, 우리는 그들의 내적인 상실과 상처를 다시 일깨우게 된다.

---

10) 콜롬비아 대학의 로버트 스피처(Dr. Robert Spitzer) 박사는 자기의 성적 성향을 변화시키는 것은 가능하며 사람들이 실제 그렇게 하고 있다는 것을 분명히 보여주는 「성적 행위의 기록 보관소」(Archives of Sexual Behavior)라는 연구서를 출판했다. 변화의 효력을 입증하는 연구에 대한 자세한 목록을 원하면, www.becomingreal.org.articles/articles.htm을 검색하라. 동성애적 성향에서 이성애적 성향으로의 개인적인 변화에 대한 이야기를 알아보려면 그 외의 다른 웹사이트를 방문하라. (〈www.peoplecanchange.com〉; 〈www.jonahweb.org〉, 〈www.pathinfo.org〉).

그리고는 상처 받은 아이를 관심과 관용으로 동성의 부모와 동성의 또래에게 다시 연결시켜 주고자 노력한다. 자녀에게 가까이 다가가려면 먼저 많은 거짓말들이 거미줄처럼 자녀를 휘감고 있음을 기억하라. 그리고 당신은 사랑과 진정으로 자녀의 상처를 치유하고, 그를 회복시키기 위해 노력해야 한다.

> 동성 매력 장애(SSA)에 대한 우리 해결책은 사랑하고 이해하는 것이다. 모든 SSA는 다음 두 가지에 원인이 있다: (1) 치유되지 않은 어린 시절의 상처와 (2) 사랑과 포용에 대한 욕구 불만이 바로 그것이다. 이 두 가지에 초점을 맞춘다면, 자녀로 하여금 진정한 성적 정체성을 되찾고, 자기의 이성애적인 잠재력을 충족하도록 치유하는데 도움을 줄 수 있다. 이러한 프로그램을 실천하기만 하면, 반드시 성과가 있을 것이다.

모든 것은 소속과 관련됨

모든 사람은 그것이 가족이든, 공동체든, 종교든, 종족이나 국가든 소속이 필요하다. SSA를 갖고 있는 사람들 중에는 자기가 소속된 곳이 없다고 느끼는 사람들이 많다. 그들은 지금까지 어디에도 소속된 적이 없다. 당신의 딸은 당신에게 자신의 고통스런 비밀을 숨기며 마치 자기가 당신과 "친밀하게 지내는 것처럼" 속였지만, 마음속으로는 결코 그것을 느끼지 못했다. 하지만 지금은 자기가 어딘가에 소속되어 있다고 생각된다. 그녀는 자기가 동성애적인 공동체에서 자신에 대한 수용과 공감대(共感帶)를 찾았다고 믿고 있다.

나는 당신의 자녀와 가족의 치유를 위해 도움이 되기를 원한다. 그 치유란 모두가 소속 가능한 환경을 만들어주는 것에 관한 것이다. SSA를 위한 치유법은 안정된 애착 관계를 형성시켜 주는 것이다. 그것은 동성의 부모 및 동성의 또래들과 건강하고 치유적인 방법으로 유대감을 형성시켜 주는 것이다. 우리가 이렇게 하는 것에는 SSA적인 애정 관계에 있는 자를 조정하려는 것에 목적이 있다. 그것은 그릇된 욕구를 바로잡는 것이 필요하기 때문이다. 깊은 상처는 반드시 치료해야 하기 때문이다. 그리고 치유가 일어나면 변화는 자연스럽게 따라온다.

SSA의 성향이 있는 아들을 보면 자기 아버지의 사랑을 내면화하지 못하고 어머니로부터 욕구를 채우다보니 자신도 모르게 여성성에 익숙해져서 동성 또래들에게 소외당하거나 배척당했다고 느낀 경우가 대부분이다. 이런 이유나 혹은 다른 이유로 그는 자기의 성정체성에 대한 의식이 결여되어 있다.

이러한 것은 SSA의 성향을 갖고 있는 딸도 마찬가지이다. 그녀는 엄마나 동성의 또래들과 의 충분한 유대관계를 형성하지 못하고, 아버지와 그의 남성적인 면을 과잉 동일시하거나 아니면 남자에게 학대를 받았을 수도 있다. 그녀는 삶의 어느 시점에서 자신에 대한 건강한 여성성을 내면화하지 못했던 것이다. 부모와 자녀 사이의 애착 관계가 안정되었다면, 딸에게서 SSA적인 성향이 나타나는 일은 절대 없었을 것이다.

이것은 당신이 자녀양육을 잘못했다고 비판하는 것이 아님을 유념하라. 이것은 모두 인식의 문제이다. 대체적으로 이 아이들은 아주 예민한 청소년들이다. 그들은 정서적으로 쉽게 상처받고 박탈감을 느끼는데 때로는 당신도 모르게 그런 일이 일어난다.[11] 하지만 당신은 오늘 자녀의 삶에 엄청

---

11) 조셉 니콜로시(Joseph Nicolosi) 저 「남성 동성애의 회복 치료」(Reparative Therapy of Male 1son
    Aronson, 1991), p. 34.

난 변화를 줄 수 있는 사람이다.

사랑의 전투

이처럼 새로운 노력을 위해 자신을 준비시킬 때 당신에게는 정서적, 정신적, 신체적 그리고 영적으로 불굴의 용기가 필요하다. 당신의 자녀는 당신의 사랑을 잃을까 매우 두려워하고 있다는 점을 항상 기억하라. 비록 아들이 어떻게 "커밍아웃"을 해야 하는지에 대해 코치를 받았지만, 그는 당신이 사랑과 관심을 철회할까봐 여전히 두려워하고 있다. 당신과 나누는 그의 모든 대화 속에는 다음과 같은 복선(伏線)이 깔려 있다: "나를 내 모습 그대로 받아주시나요?" 당신의 아들이 지금 정말로 말하는 것은 "저를 여전히 사랑하시나요? 아니면 저를 거부하실 건가요?"이다.

많은 부모들은 내게 이렇게 질문해 온다. "우리 아이를 돌아오게 하기 위해서는 얼마나 오랜 시간이 걸리고, 반드시 밟아야 할 단계가 무엇인가요?" 요구되는 기간은 대부분 네 가지 요소에 달려있다. 그것은, 1) 당신의 끈기와 2) 자녀의 수용성, 3) 자녀가 갖고 있는 상처의 심각성 그리고 4) 하나님의 타이밍이다. 본 치료 계획에서 보다시피, 당신이 해야 할 많은 긍정적인 것들이 있다. 당신이 시간을 많이 투자할수록 보다 좋은 결과가 나온다. 당신의 자녀를 돌아오게 하기 위해 필요한 노력의 과정을 간략히 소개하면 다음과 같다:

1. SSA의 원인에 대해 연구하라. 동성애의 원인과 치유를 다루는 책과 기사를 읽고, 테이프나 CD를 들으며 비디오나 DVD를 시청하라. 그

리고 동성애의 진실을 이해하는데 도움을 줄 수 있는 PFOX나, Exodus, Courage or Evergreen International과 같은 부모 지원 그룹에 참석하라. Positive Alternatives to Homosexuality(www.pathinfo.org)에서 발행하는 학습 자료는 당신이 성적 성향의 변화가 일어나는 원인을 이해하는데 도움을 줄 것이다. (보다 자세한 정보를 원한다면, 이 책의 뒷부분에 있는 "권장 도서 목록"과 "국제 자료"를 보라.)

　부모와 가족들이 SSA 자녀에게 처음 갖는 감정은 혐오감이다. 동성애적 행위를 불쾌하게 생각하는 것은 자연스러운 현상이다. 그것은 우리가 이해하지 못하는 것에 본능적으로 느끼는 반응이다. 하지만 우리가 SSA의 진실에 대해 배우고 그들에 대해 이해하면서 신음하는 그들의 말에 귀를 기울이므로 마침내 그들을 진정 긍휼히 여기게 된다. 이런 과정이 반드시 필요하며, 여기에는 많은 시간이 걸릴 것이다.

2. 동성애 운동과 당신의 자녀가 지금까지 배워온 것에 대해 연구하라.

지금까지 자녀가 접했던 정보에 대해 더 많은 것을 알기 위해서는 친동성애적 서적이나 신문 또는 잡지를 읽고, PFLAG의 모임에 참석하며 친동성애적 인터넷 사이트를 살펴보라(이 책의 뒷부분에 있는 웹사이트 목록을 참고하라). 당신의 자녀가 어떻게 해서 자신이 "게이"나 "레즈비언"이라고 생각하는지의 이유를 이해하는 것은 매우 중요하다. 그러므로 친동성애적 개념에 대해 배우는데 시간을 들이라. 그렇게 할 때 자녀의 세계관에 대한 당신의 통찰력은 더욱 깊어질 것이다.

3. 자신이 지금 자녀의 세계 속에 들어가고 있다는 사실을 주지하라.

당신은 지금 당신의 아들이나 딸이 이미 수 년 동안 겪었을 혼란과 상처, 부인, 고통, 분노, 충격, 죄책감, 수치심 그리고 배신감을 느끼며 경험하고 있을 것이다. 간단히 말해, 당신은 "왜 하필 나일까?"란 질문을 계속 하게 될 것이다. 많은 사람들이 동성애 치료를 위한 도움 요청을 거부하거나 당신이 원하는 만큼의 도움이 안 될 수도 있지만 가족과 친구 그리고 당신이 속한 영적 공동체에 지원을 요청하라. 부모들을 위한 지원 그룹에 참여하거나 또는 전화를 통해 실시되는 원격화상수업에 출석하도록 하라.[12] 자신을 잘 관리하라. (결혼을 했다면) 배우자와의 관계를 잘 유지하도록 하라. 하나님의 위로와 인도를 추구하되 다른 것들에 있어서도 균형을 잃지 않도록 하라.

4. 자녀와 하나가 되라.

딸에 대해 그녀와 함께 슬퍼하라. 경청하고, 경청하고 또 경청하라. KYMS(Keep Your Mouth Shut), 조용히 입을 다물고 있는 부모가 되라. 딸이 지나온 것이 무엇인지를 알아내기 위해 그녀와 함께 과거로 여행을 떠나라. 이것에는 많은 시간과 신체 접촉 그리고 대화가 필요할 것이다. 자신과 당신의 자녀에 대해 인내심을 가져라. 만약에 당신의 자녀가 집에서 함께 생활하지 않고 있을 경우, 이것은 훨씬 더 어려운 과정

---

12) PATH에서는 부모를 위해 3개월 동안 9회에 걸쳐 실시하는 원격화상수업을 지원하고 있다. 수업은 전화를 통해 이루어지며 1시간 30분 동안 진행된다. 처음 30분 동안은 동성애에 대한 이해와 자녀의 치유를 돕는 방법에 대해 교육한다. 그리고 마지막 60분은 공개 질의응답 시간으로 진행된다. 따라서 당신은 수업에 참여하는 다른 부모들로부터 직접 지도와 도움을 받게 된다. (보다 자세한 정보를 원한다면, www.ComingOutStraight.com을 방문하거나 301-805-6111로 전화하도록 하라.)

이 될 것이다. 따라서 나는 부모와 떨어져 지내는 자녀들과 함께 노력하는 방법에 대해 몇 가지를 제안하고자 한다. 그리고 지혜로운 자들에게 한 마디 하자면 거부를 대비하라. 그러나 절대 포기하지 말라.

5. 신뢰를 구축하고 함께 노력하며 그들이 지정한 모임에 참석하라.
사랑하고 칭찬하라. 판단하지 말고 감싸주며 그동안 부족했던 사랑을 충분히 제공하라. 이러한 것은 특히 동성의 부모가 하는 것이 중요하다. 안정적인 애착 관계를 형성시키고 자녀에게 부모에 대한 강한 소속감을 느끼게 할 수 있는 치료 계획 기술을 최대한 활용하라. 아버지들이여, 아들의 삶에 보다 많은 관심을 가지라. 어머니들이여, 자신의 딸에 대해서도 똑같이 하라. 만약에 딸이 당신에게 친동성애 서적이나 잡지 또는 기사를 읽어보라 권하면 그렇게 하라. 아들이 당신에게 PFLAG 모임에 참석하기를 원하면 그렇게 하라. 아들의 세상에 "참여하여" 그들의 관점에서 보고 당신의 사랑과 관심을 보여주는 것은 중요하다. 그렇다고 이것이 곧 그들의 행동이나 생활 방식을 용납한다는 의미는 아니다. 그것은 당신이 자녀를 사랑하고 그의 견해를 이해하려 한다는 것을 의미한다.

6. 심리 치료, 세미나, 가족치유 프로그램과 같은 전문적인 도움을 찾으라:
당신이 지금 시도하거나 돕고 싶은 일에 대해 충분히 이해할 수 있는 가까운 곳의 전문 치료사를 찾아가라. 우리가 실시하는 치유 세미나에 참석하거나 개인 가족 치유 시간 혹은 부모와 자녀 사이의 애착 관계 개선을 위한 다른 치유 프로그램에 참여하는 것도 하나의 방법이 될 수 있다.

만약에 당신의 아들이 원치 않는 SSA로부터의 치유에 관심을 갖고 있다면, 그에게 JIM(Journey Into Manhood) 행사, 즉 주말 남자 체험여행이나 AIM(Adventure in Manhood) 행사, 즉 주말 남성 탐험여행, 또는 국제치유재단(IHF)에서 실시하는 아버지-아들, 어머니-딸 치유 세미나(이것에 대해 보다 자세한 정보를 원한다면, 이 책 뒷부분에 있는 "Healing Seminars and Family Healing Sessions"를 보라)의 참석을 권해보라. 그리고 원치 않는 SSA 성향을 갖고 있는 자들에게 도움을 주는 그룹에 참여하는 것도 좋을 것이다. 하지만 지나치게 강요해서는 안 됨을 유념하라. 그것은 저항이나 심지어 반항심을 일으킬 수도 있다.

동성애에 대한 당신의 소신을 말할 때는 딱 한 번으로 그쳐야 한다. 제발 반복적으로 말하지 않도록 하라. 자녀의 도덕성이나 가치관을 지속적으로 공격할 경우 이미 멀어진 자녀와의 관계가 더욱 악화되면서 소중한 기반마저 잃게 된다. 당신은 "동성애를 믿지 않는다"는 말을 자녀에게 끊임없이 되풀이해야 자녀가 함부로 행동하지 않을 것이라 생각할지도 모른다. 하지만 부모가 자녀에게 계속해서 부정적인 반응을 보이면 오히려 자녀는 당신에게서 더욱 멀어질 것이며, 사랑의 하나님에게서도 멀리 떠나게 될 것이다. 성경에 나오는 율법이나 범죄에 대한 하나님의 분노를 너무 많이 강조하면 오히려 역효과가 난다. 그것은 결국 SSA로 고민하는 자들을 동성애자들에게로 달려가 안기게 만들 것이다. 사랑 받을 자격이 없을 때가 가장 사랑에 목마를 때임을 명심하라.

SSA로 고민하는 자녀에게 꼭 필요한 요소는 공격이나 비난과 반대 되는 행동이다. 나는 동성애적 욕구를 경험하는 자들은 의식적으로나 무의식적으로 깊은 상처가 있음을 누누이 보아왔다. 때로 그들은 과거 가정에서 입은 상처를 복수하기 위해 자기 부모를 일부러 화나게 하는 행동을 하기도 한다. 무엇보다도, 그들은 당신의 사랑을 원했다. 하지만 그들이 실제로 원했던 사랑을 경험하지 못했을 수 있다. 자녀의 행동을 통제하기 위한 수단으로 사랑이나 그 밖의 어떤 재정적 지원을 중단하지 않도록 하라. SSA 자녀에 대한 당신의 사랑이 조건적이며 당신의 마음이 내키지 않을 때마다 그것을 주지 않는다면, 당신과의 거리는 더욱 멀어질 것이다.

따라서 당신은 SSA 자녀로부터 사랑의 반응이 일어나는 것을 거의 경험치 못할 수 있다. 적어도 처음에는 말이다. 오히려 사랑하고 경청하고자 더 많이 노력할 때 거부당할 수 있음을 예상하라. SSA 남녀들은 마음 주변에 많은 방어벽을 쌓고 있다. 그리고 많은 방어기제와 많은 상처가 마음 속 깊이 살아있는 채로 묻혀 있다. 그러므로 처음에는 그들이 당신의 사랑을 거부할 수가 있다. 하지만 끝까지 견뎌내라. 포기하지 마라. 그러면 마침내 당신에게 마음을 열 것이다.

처음에는 당신이 말이나 행동에 많은 실수가 있음을 발견하게 될 것이다. 하지만 당신이 한 말이나 행동에 대해 너무 염려하거나 강박적으로 생각하지 마라. 오르락내리락 하는 학습 그래프처럼 누구나 실수하기 마련이다. 자녀에게 당신에 대해 인내심을 가져줄 것을 알아듣기 쉽게 설명하라. 그리고 당신이 도전의 미로를 헤쳐 나가는 동안 당신의 자녀와 자신에게 은혜의 손길을 내밀어라.

이렇게 하면서 다른 자녀나 친척 그리고 친구들에게 당신의 노력에 대해 설명하라. 그들에게 SSA의 실상이 무엇이며, 당신의 자녀가 치유 받는데 무엇이 도움이 되는지를 자세히 알려주라. 그들에게 이러한 사랑의 전략을 교육시키라. 그들에게 읽어야 할 책과 들을 만한 테이프/ CD 그리고 시청할 수 있는 비디오/ DVD를 주라. 그들에게 SSA와 씨름하고 있는 자들을 돕기 위해 만든 웹사이트들을 찾게 하라. 그리고 그들이 지금까지 들어온 잘못된 정보를 바로잡도록 요령껏 잘 도와줘라.

당신이 출석하는 교회의 목회자와 상의하라. 성직자들 중에는 동성애를 옹호하는 선전에 속아 넘어간 사람이 있는가 하면, 반대로 SSA를 겪고 있는 자들에 대해 부정적인 사람이 있을 수 있다. 당신이 배운 것을 당신의 영적 지도자들이 이해하도록 최선을 다하고, 그 과정을 당신과 함께 동행 할 것을 당부하라. 그러나 당신의 계획에 그들이 마음을 열지 않는다면, 당신의 노력을 지원해줄 다른 성직자를 찾아보는 것이 현명한 방법이 될 것이다.

3가지 유형의 SSA 아이들

나의 경험에 비추어볼 때 SSA 아이들에게는 기본적으로 3가지의 유형이 있다. 첫 번째 유형은 원치 않게 얻은 SSA 상태에서 벗어나고 싶어 하는 자들이다. 그들은 정상적인 상태로 돌아가고 싶어 한다. 두 번째 유형은 자기의 성적 성향에 대해 혼란스러워하거나 아직 결정을 내리지 못한 자들이다. 그들은 앞으로 어떻게 해야 할지 모른 채 방황하고 있다. 마지막 세 번째 유형은 자신을 "게이"나 "레즈비언", "양성애자" 또는 "트랜스젠더"로 간주하는 자들이다. 이러한 마지막 유형에 속한 자들은 "타고났으며 변하지 않는다는" 동성애 신화를 믿고 있다. 그들은 자기가 그렇게 태어났다고 확신하기 때문에 그들에게는 변화가 불가능하다.

첫 번째 유형의 자녀는 변하려는 동기가 있기 때문에 그들과 함께 노력하는 것은 다른 유형보다는 쉽다. 따라서 본 책에 제시된 모든 수단이 활용 가능하며, 아마 당신의 자녀는 부모의 관심과 애정을 기꺼이 받아들일 것이다. 처음 SSA의 형성에 커다란 영향을 준 방어적 분리(defensive detachment) 때문에 당신의 자녀에게서 어느 정도의 저항이 나타날 수가 있다. 하지만 협조하는데 있어서는 여전히 가능성이 있다. 한 가지 유념해야 할 것은 당신의 자녀가 이성의 부모나 혹은 부모 모두로부터 분리되어 자기의 길을 찾는 법을 배우면서 새로운 경계선을 설정할 수 있다는 것이다. 이것은 그들이 자기의 개성을 아마 난생 처음 정의하는 것으로 당신의 자녀를 위한 건강한 발달 작업이 될 것이다. 마침내 당신의 자녀는 마음을 다시 열게 될 것이다. 하지만 이번에는 보다 온전하고 건강한 한 개인으로 마음을 열 것이다. 나는 자신을 치유하는데 시간을 투자하는 자녀를 둔 많은 부모들을 지도하면서 부모와 자녀가 함께 참여할 때 치유 과정이 더 빨라진다는 사실을 발견했다.

이러한 치료 계획에서 가르치는 모든 원리는 자기의 성적 성향에 대해 혼란스러워하거나 결정하지 못하는 두 번째 유형의 자녀들에게도 적용된다. 당신의 자녀가 아직 가정에서 함께 살고 있으며 당신이 이러한 계획을 가능한 빨리 실천할 수 있다면, 그들이 "게이" 또는 "레즈비언"으로 가는 것을 방지할 수도 있다. 당신의 자녀가 지금 독립해서 생활하고 있더라도, 그들의 치유를 위해 당신이 도울 수 있는 여지는 얼마든지 있다. 물론, 훨씬 더 어렵겠지만, 가능한 것만은 분명하다. 제8단계와 제10단계 끝에 있는 변화에 대한 두 가지의 훌륭한 이야기를 읽어보라. 여기에 소개되는 가족들은 자녀가 성적 정체성에 대한 혼란에서 벗어나는 데 커다란 도움을 주었다.

그리고 마지막, 세 번째 유형의 자녀는 자기가 처음부터 SSA를 갖고 태어났다고 믿는 자들이다. 자녀 양육을 위한 모든 동일한 수단과 원리는 이들에게도 똑같이 적용된다. 한 가지 차이점은 돌파구를 찾는데 더 오래 시간이 걸린다는 것이다. 여기에는 두 가지의 이유가 있다: (1) 당신의 자녀와 가족 사이에 "나는 게이니까 그냥 놔둬."와 같은 정신적 장벽이 가로막혀 있어서 자녀에게 SSA의 근본 원인을 제대로 알릴 수 없는 어려움이 있다. (2) 그들은 자기들의 정신과 마음에 당신이 가까이 오지 못하게 하는 많은 방어막과 방어 기제를 갖고 있다. 이런 것은 그들에게 마침내 진정한 성적 정체성을 경험하고 타고난 이성애로 완전히 돌아오도록 돕는 것을 조금 더 힘들게 하지만, 그럼에도 불구하고 그것은 가능하다.

다행스러운 것은 이 프로그램이 모든 유형의 SSA 자녀들에게 효과가 있다는 사실이다. 나는 변화를 원하는 자녀들, 자기의 성적 성향에 의문을 갖고 있는 자녀들 그리고 자신을 "게이" 내지는 "레즈비언"으로 보는 자녀들을 가진 부모들을 지도해오면서 커다란 성과를 이루었다. 이러한 수단과 기술들의 정기적이고 일관된 사용은 그들이 SSA 성향을 가진 자녀들과 함께 문제의 해결책을 찾는데 도움을 주었다. 당신은 이 책의 전체에 걸쳐 치유에 대한 그들의 일부 놀라운 성공담을 읽을 수 있을 것이다.

중요한 몇 가지의 성공 비결은 인내심과 일관성과 긍정적인 자세이다. 이 계획에서 배우게 될 유익한 기술들을 사용하고 실천하라. 긍정적인 자세를 유지하고, 자녀에게 바람직한 방법으로 사랑을 계속 베풀며 다른 사람들로 하여금 이러한 노력을 지원하게 하고 하나님의 지속적인 개입과 인도하심을 위해 기도하라. 그러면 마침내 가정 체계에 변화가 올 것이다. 단지 시간문제일 뿐이다.

당신에게는 SSA 자녀에게 베푸는 것과 동시에 자신에 대한 관리가 필요하다. 치유는 목적지가 아닌 여정이다. 당신은 지금 사랑의 질서를 세우는 작업을 하고 있다. 당신이 자녀에 대한 건강한 애착과 인정 그리고 수용("게이"나 "레즈비언"의 정체성이 아닌 그들의 진정한 인격)을 계속 보인다면, 자녀들이 마침내는 자기들의 마음을 활짝 열고 당신을 받아들일 것이다. 다시 말하지만, 그것은 시간문제일 뿐이다.

하나님만이 변화시킬 수 있음

당신의 SSA 자녀에 대한 변화를 하나님께 맡기라. 당신이 자녀의 미래를 주님께 맡길 때, 하나님께서 함께 일하고 계심을 확신하게 될 것이다. 자녀와 깊은 친밀감을 형성하기 위해 이 책이 제시하는 치료 계획과 수단들을 사용하라. 일단 소속감을 주는 분위기 조성에 성공하면, 자녀가 치유되어 자기의 올바른 성적 정체성 안에서 자랄 수 있는 비옥하고 풍요로운 토양이 형성될 것이다.

우리는 자기가 어떤 사람도 변화시켜야 할 책임이 없음을 늘 상기할 필요가 있다. 자기 자신을 변화시키는 것도 얼마나 버거운가! 그리고 결혼생활을 하면서 배우자를 변화시키는데 성공한 사람이 누가 있는가?

변화시키는 과정에 있어 중요한 세 가지 방법이 있다.

1. 자신을 변화시켜라. 간디(Gandhi)의 말처럼 "당신이 세상에서 보기

원하는 그런 변화를 스스로 이루라."

2. 이 책이 제시하는 전략들을 활용하여 모든 종류의 사랑을 쏟아 부으라.

3. 대부분의 SSA 상태가 오래 지속되지 않는다는 사실을 염두에 두고 당신의 변함없고 무조건적인 사랑을 보이라.

어떤 SSA 청소년이 나에게 이런 말을 한 적이 있다. "아, 저는 지금 당신의 연구 대상이군요." 그러면 당신은 다음과 같은 말로 대응할 수 있을 것이다. "그래, 너는 내 사랑의 연구 대상이란다. 무슨 일이 있을지라도, 나는 목숨을 다해 너를 사랑할 것이란다. 네게 필요한 것이 무엇인지 말해보렴. 꼭 사랑으로 붙들어서, 네가 절대로 내게서 멀어지지 않게 할 거야!" 어떤 어려움이 있어도 하나님을 믿고 최선을 다하라. 나머지는 그분께서 하실 것이다.

절대 포기하지 마라

SSA는 사람이 그의 남자로서의 성의식이나 또는 그녀의 여자로서의 성의식으로부터의 이탈(離脫)을 의미한다. 성적 성향이 안정적인 동성의 롤모델은 물론 당신의 자녀와 동성의 부모 사이에 안정된 애정 관계가 구축되고 당신의 자녀와 이성의 부모와의 사이에 건강한 경계선이 수립된다면, 이들은 자기의 성적 정체성을 위한 치유로 인도하는 궤도에 오르게 될 것이다. 남자가 남자로서의 자신의 성을 느낄 때, 그는 반대의 성인 여자에게 매력을 느끼게 된다. 마찬가지로, 여자도 여자로서의 자신의 성을 느낄 때, 그녀는 남자에게 매력을 느끼게 된다.

SSA 성향의 사람들이 남녀를 불문하고 자신들의 깊은 상처를 극복하려고 노력할 때, 그러한 과정 속에서 그들의 삶이 변하게 된다. 그리고 당신이 자녀의 성적 정체성 확립을 위한 노력에 참여할 때, 당신의 삶도 변하게 된다. 당신과 당신의 아들(혹은 딸) 모두 보다 많은 사랑과 배려를 경험할 것이다. 당신이 상처가 있는 당신의 자녀에게 마음을 열 때, 당신에게도 성장과 치유가 일어난다. 이러한 과정에서 다음 4가지를 기억하도록 하라.

1. 당신의 자녀에게는 상처가 있으며 따라서 동성의 부모 및 또래들로부터의 안정된 애정이 필요하다.
2. 중요한 것은 동성애자냐 혹은 이성애자냐? 의 여부가 아니라, 본인의 참된 성적 정체성을 경험하는 것이다.
3. SSA는 일종의 발달장애이며, 성(sex)과는 본질적으로 무관하다.
4. SSA는 이성의 부모나 다른 이성들과의 건강하지 못한 애착 관계에서 종종 비롯된다.

치유의 3가지 측면

이 책은 세 부분(section)으로 구성되어 있다. 첫 번째 부분은 자신을 보살피고, 자신의 문제를 다루며 하나님의 사랑을 체험하는 개인 치유에 관한 것이다. 두 번째 부분은 당신 가족의 SSA 원인을 이해하고, 효과적인 의사소통 기술을 배우며 질서 있는 사랑을 회복하고 자녀와 보다 큰 친밀감을 형성하며 딸에 대한 사랑의 언어를 발견하고 올바른 애정을 표현하는 관계 치유에 관한 것이다. 세 번째 부분은 당신의 가정과 예배 장소에 환영하는 분위기를 만들고 자녀의 파트너와 관계를 형성하며 치유 과정에 도움을 줄 멘토를 찾는 공동체 치유에 관한 것이다.

혹시 당신은 이것들을 부분별로 순서에 따라 읽기 원할지 모른다. 하지만 당신의 상황에 따라, 특별한 순간에 요구되는 단계에 초점을 맞춰 읽을 수도 있다. 내가 원하는 것은 당신이 책 전체를 완독(完讀)하여 그것을 당신의 상황에 적용하는 것이다. 이러한 개념들을 수용하여 기법들을 활용할 때, 당신은 주어진 상황에서 자녀에게 어떻게 반응해야 할 것인지의 감을 얻게 될 것이다. 본 책은 당신이 이러한 개념들을 일상생활 속에서 적용하는데 커다란 도움이 될 것이다.

단번에 지나치게 많은 활동을 할 필요가 없음을 기억하고 한 번에 한 단계씩 나아가도록 하라. 무엇보다도, 이러한 것들은 목적을 위한 제안과 수단이라는 사실을 이해하라. 당신이 SSA 상태에 있는 자녀에게 사랑을 표현하는 방법을 찾기 위해 노력할 때 자신에 대한 인내심을 잃지 않도록 하라. 가장 많이 그리고 가장 오래 사랑하는 자가 이긴다는 것을 항상 기억하라. 마지막으로 당부하고 싶은 것은 나의 삶에 큰 어려움이 닥칠 때마다 힘을 준 말은 '절대 포기하지 마라!'(Never give up!)는 세 단어였다. 부모님들도 이 말을 마음에 꼭 간직하시길.

질문) 귀하는 동성애가 선천적으로 타고나는 것이라고 보십니까,
아니면 양육이나 사회적 환경에 의해 길러진다고 보십니까?

		조사완료 사례수 (명)	목표할당 사례수 (명)	동성애 영향 요인			
				선천적 타고남 (%)	양육/환경 후천적 (%)	양쪽 영향 (%)	모름 응답거절 (%)
2001년 6월 23일~7월 2일		1,520	1,520	18	47	24	11
2014년 12월 2주(9~11일)		1,005	1,005	19	41	30	11
2017년 6월1주(5/30~6/1)		1,004	1,004	28	49	13	10
지역별	서울	203	198	30	44	16	10
	인천/경기	299	300	29	50	14	7
	강원	28	30	–	–	–	–
	대전/세종/충청	107	105	23	52	12	13
	광주/전라	106	101	21	60	9	10
	대구/경북	100	101	24	51	13	12
	부산/울산/경남	150	157	33	43	12	12
	제주	11	12	–	–	–	–
성별	남성	553	498	24	51	15	10
	여성	451	506	32	47	11	10
연령별	19세-29세	154	174	24	56	15	5
	30대	183	176	29	49	18	4
	40대	188	208	36	38	18	9
	50대	216	203	34	46	12	7
	60대 이상	263	244	18	56	5	21
직업별	농업/임업/어업	30	27	–	–	–	–
	자영업	145	137	30	45	14	11
	블루칼라	175	167	25	60	8	7
	화이트칼라	311	319	31	47	18	4
	가정주부	180	191	29	45	10	16
	학생	65	71	35	43	18	4
	무직/은퇴/기타	98	92	16	53	6	25
이념 성향별	보수	233	227	28	52	13	7
	중도	313	307	23	52	17	9
	진보	349	361	35	47	13	6
	모름/응답거절	109	109	21	44	4	32
동성애 인식	사랑의 한 형태	543	561	37	40	17	6
	그렇지 않다	369	352	17	66	7	9
동성결혼 법적허용	찬성	326	339	37	38	17	8
	반대	597	583	23	58	10	10

＊50사례 미만은 수치를 제시하지 않음. 한국갤럽데일리 오피니언 www.gallup.co.kr

PART **2**

개인적인 치유

PART 2는 자신을 보살피는 것과 당신의 개인적인 문제 그리고 하나님의 사랑을 체험하는 것에 관한 것이다. 당신은 그 여정 중에 수많은 감정과 맞닥뜨리게 될 것이다. 당신 자신과 당신의 결혼생활을 관리하는 것이 중요하다. 당신의 자녀가 치유받기를 원한다면, 우선 자신부터 치유하는데 노력하라. 본보기로 이끌라. 당신의 가족과 친구, 영적 공동체 그리고 하나님으로부터 지원을 받으라.

제**1**단계

자기 자신을 보살피라

제**2**단계

자신이 할 일을 하라

제**3**단계

하나님의 사랑을 체험하라

제1단계 자기 자신을 보살피라

사랑하는 가족의 SSA를 다루려면 자가 치료가 대단히 중요하다. 당신의 감정, 사고 그리고 영적 삶을 건강한 방식으로 다루어야 한다. 일반적으로, 다른 이들과 동성애의 문제보다는 마약, 알코올, 그리고 성적 중독에 대해 얘기하는 것이 더 쉽다. 이 다른 문제들을 다루는데 여태까지 많은 진전이 있었다. 하지만 SSA를 다루는 데는 당신 자녀와 당신 또한 여전히 꺼려한다. 이 상황의 불일치는 교육을 통해서만 바꿀 수 있다. 자신을 먼저 교육시키고, 그 다음에 당신의 가족들, 그리고 마지막으로 당신 주변에 지원해줄 수 있는 공동체를 교육시키라.

처음에 계속해서 겪는 기분과 감정에는 충격, 부인, 죄책감, 수치심, 역겨움, 혼란, 상실감, 분노, 슬픔, 배신감, 불신, 멍함, 두려움과 비탄 등이 있다. 아마 수천 번 이런 말을 했을 지도 모른다. "이런 일이 나에게 일어나고 있다니 믿을 수 없어!" 그렇다. 하늘이 무너져 내리는 것 같을 것이다. 극소수의 부모들만 자녀들이 동성애의 문제를 직면하기를 바란다. 인생은 충분히 험난하다. 그렇지만, 이제 더 이상 "그들"에 대한 것이 아니다. 이제 당신과 당신의 자녀에 대한 것이다.

자신에게 은혜를 베풀라

당신 자신에게 은혜를 베풀라. 감정은 감정일 뿐이다. 이것은 좋은 것도 나쁜 것도 아니다. 그저 감정일 뿐이다. 그리고 이 많은 감정의 변화가 계속해서 일어날 것이다. 역겨움이나 혐오스런 감정을 겪을 수도 있다. 또는 어떤 부모가 화상회의로 하는 수업에서 말했듯이 일명 "우왝"요인을 경험할 수도 있다. 이것은 대부분의 사람들이 동성애에 대해 갖는 직관적인 반응이다. 이것은 우리가 이해하지 못하거나 두려워하는 것에 대해 우리 안에 내재된 생물학적 방어 기제이다. SSA를 결코 경험해보지 않은 사람에게 말씀드리는데 직관적인 반응은 보통 "우왝!"이다. 어떻게 사람이 그런 것을 원할 수 있는가? 본능에 역행되는 것이다. "그렇다. 이것은 자연의 법칙에 위배되는 일이다. 그렇지만 당신의 자녀는 여러 가지 이유 때문에 SSA를 갖고 씨름을 해왔으며, 자기 용납을 얻기 위해 기나긴 시간동안 싸웠다. 이제 그는 동성애적 욕망을 자연스러운 것으로 여긴다.

저자 피터와 바바라 와이덴은 다음과 같이 설명한다.

많은 사람들이 우리가 다루고 있는 주제를 피하는 이유 중 하나는 동성애가 치료 불가능하다는 확신 때문이다. 하지만 암도 처음에는 그렇게 생각했다. 그래서 예전에는 암에 걸린 사람에 대해 말하기를 꺼려했다. 하지만 이제 암이 얼마든지 치료 가능한 질병임을 모두가 알게 되었으며, 그래서 암은 더 이상 말하기 어려운 주제가 아니다. 물론 동성애가 치료 가능한 질병이라는 사실이 아직 널리 퍼지지는 않았다. 하지만 두 질병에 있어서 가장 큰 차이점은 많은 형태의 암 예방이 쉽지 않지만 거의 모든 형태의 동성애는 대부분은 예방이 가능하다는 점이다.[13]

---

13) 피터 와이든 바바라 와이든 공저, 「Growing up Straight」 (New York: Stein and Day, 1968), p. 18

당신을 꺼림칙하게 하는 또 하나의 영역은 전통적인 가족에 대한 우리 개념과 관련 있다. 동성애 공동체는 동성부부와 입양 그리고 인공 수정을 통한 임신을 통해 가족을 재정의 하고 있다. 십중팔구 이것은 당신이 바라거나 꿈꿨던 자녀의 미래가 아니다. 그녀가 자신을 동성애자라고 밝힌다면 딸의 결혼이나 손자손녀들에 대한 꿈은 사실상 날아간 것이다.

이 여정을 통하여 당신이 깨닫게 될 것은 당신의 본능적이고도 직관적인 반응을 내려놓고, SSA의 원인과 치유에 초점을 맞추어야 한다는 점이다. 이것이 SSA를 앓고 있는 자녀와 다른 이들에게 반응하는 최선의 방식이다. 그저 감정보다 더 깊은 사랑을 표현하는 것이다. 당신이 해야 할 말과 행동의 대부분은 우왁 요인과 반직관적일 것이다. 이 과정은 긴 시간이 필요하다. 당신과 사랑하는 가족에게 인내심을 가지라. 또한 그들에게 당신에 대해 인내심을 가져달라고 부탁하라. 어쨌든, 당신은 엄청난 상실감으로 슬퍼하는 사람과 아주 비슷한 과정을 겪고 있기 때문이다.

애통함의 5 단계를 인지하라

엘리자베스 퀴블러로스 박사는 애통함의 5 단계에 대해 그녀의 책 "죽음과 죽는 것에 관하여"에서 언급했다.[14] 여기에 그 기본적인 단계가 있다. 각 단계는 당신의 자녀가 SSA를 앓고 있는지를 파악하는데 적용할 수 있다.

1. 부인 "이런 일이 나/우리/그/그녀에게 일어날 리 없어."
2. 분노 "왜 이런 일이 일어났지? 나는 최선을 다했는데."

---

14) 엘리자베스 퀴블러 로스 저, 「On Death and Dying」 (New York: Collier, 1969).

3. 타협 "제발 하나님, 우리가 _____하면, 그/그녀를 변화시켜주세요."

4. 우울증 "그래요. 제 아이가 동성애자라는 사실이 견딜 수가 없어요. 너무 괴로워요. 아이가 결혼해서 자녀 갖기를 바랐는데 꿈이 날아가 버렸어요."

5. 수용 "그래요. 이것이 사실이에요. 그럼 이제 어떻게 해야 하나요? 그/그녀를 돕기 위해 내가 무엇을 할 수 있죠? 그 과정에서 어떻게 제 자신을 보살필 수 있나요?"

우리는 이러한 단계들을 계속 반복해서 경험할 것이다. 당신의 감정과 생각을 배우자나 친구 그리고 사랑하는 가족에게 계속해서 표현하는 것이 중요하다. 당신이 자신을 더 잘 표현할수록 5단계를 더 빨리 거칠 수 있을 것이다. 어느 유명한 격언처럼 "치유를 받으려면 현실적으로 느끼며 살아야 한다." 산채로 묻어둔 감정은 결코 없어지지 않는다. 표현하지 않은 채로 남겨두면 그 감정들은 억압될 뿐이며 결국 상황을 더욱 악화시킬 것이다.

당신 혼자 해결하려 하지 말라. 우리는 상호협조하며 존재한다. 당신의 생각과 느낌을 밤에 베개에 대고 울며 하나님께 호소한다고 해도 치유의 기간은 더 길어진다. 당신과 당신의 아이에게 도움이 되지 않는다. 당신의 감정을 나눌 사람들을 찾아보라.

자녀의 SSA를 다루는 동안, 자신이 죄책감이라는 무거운 짐을 지고 있음을 발견하게 될 것이다. "다 내 잘못이야"는 자연스러운 반응이다. 하지만 이것은 사실이 아니다. 당신 자녀의 SSA에 대해 여러 잠재적인 요인이 있음을 확신할 수 있다. 자녀 양육 방식이 남녀에게 SSA를 만들어내지 않는다. 그것은 자녀의 기질과 부모의 자녀 양육 방식 그리고 다른 사회적 영향이 조합되어 모든 차이를 만들어낸 것이다. 인식은 현실이 되어버린다.

SSA를 형성하는 대부분의 자녀들은 상당히 예민하며, 쉽게 상처를 받는다. 어떤 상처를 경험한 뒤 이들은 당신이 알든 모르든 정서적으로 쉽게 단절되고 분리된다. 바로 그 때 관계가 이탈되는 것이다. SSA를 치유하는 것은 이러한 단계들을 역으로 거슬러 올라가는 것이다. 어느 시점에서 그런 일들이 벌어졌고 정도에서 벗어났는지를 생각해보면서 자녀와 부모가 건강한 방식으로 유대감을 다시 형성해야 한다.

그렇다. 여러 힘겨운 감정을 경험할 것이다. 이런 과정을 거치는데 "올바른" 방식이 없다는 것을 분명히 명심하라. 시간적 여유를 가지라. 당신의 마음을 하나님과 다른 사람들과 나누라. 화상 수업에서 한 부모가 이런 말을 했다. "왜 하나님께서 저와 아들에게 이런 일을 하셨나요? 너무나 화가 나고 혼란스러워요. 너무 흥분되고 견딜 수가 없어요!" 그녀는 수개월 동안 상처를 받았고 화가 났다. 하지만 마침내, 다른 부모들의 가르침과 체험을 공부하고 들어본 뒤, 그녀가 마지막으로 한 말은 "저는 하나님께서 제 아들에게 그런 일을 하지 않으셨다는 것을 알게 되었어요. 저는 사실 그분께 배신감을 느꼈었죠. 하지만 저는 마침내 그분께서 그런 일이 일어나게 하지 않으셨음을 깨닫게 되었어요."

애통해하는 과정은 시간이 걸리며, 그 나름대로의 흐름이 있다.[15]

---

15) 죠지 E 웨스트버그 저, 「Good Grief」 (Minneapolis: Fortress Press, 1997). 웨스트버그는 SSA 자녀를 둔 자신의 경험들을 슬픔의 많은 단계들로 설명하고 있다.

SSA는 실제로는 섹스에 관한 것이 아니다.

우리가 앞서 본 바와 같이 SSA는 여러 원천에서 발생한다. 주로 치유 받지 못한 정서적 상처와 충족되지 않은 채 내버려둔 사랑에 대한 필요와 관련이 있다. 당신 자녀의 성적 행위보다 상처받은 마음에 초점을 맞추면 당신의 일이 더 수월해질 것이다. 사춘기 청소년이나 성인 마음속에 있는 사랑에 목말라 우는 상처받은 아이를 찾아보라. 부모인 당신에게 해답이 있다. 그녀의 남자 친구도 해답이 아니며, 그의 여자 친구도 해답이 아니다. 바로 당신이 사랑하는 가족의 SSA를 치유하는 해결책이다. 상처 받은 아이가 엉뚱한 데서 엉뚱한 방식으로 사랑을 찾고 있기에 당신이 SSA 자녀의 진정한 해결책이 되어줄 수 있다.

당신 자녀의 세계에 들어가신 것을 환영합니다

자녀의 SSA에 대해 알게 된 후, 당신은 충격, 아픔, 슬픔, 부인, 혼란, 절망 그리고 "왜 하필 나야?"라고 하는 단계를 거쳤을 것이다. 이건 당신 자녀가 당신도 모르는 사이에 수년 동안 겪었을 동일한 과정이다. "제 세계로 들어오신 것을 환영해요"라고 당신의 자녀가 말하고 있을 지도 모른다. 생각만 해도 가슴 아프지 않은가?

부모들이 모르는 사이에 SSA 아이들은 이 "원치 않은 수확"에 강제로 대처해야만 했다. 이를 받아들이는 시점까지 수많은 세월이 걸렸으며, 많은 눈물을 흘렸을 것이다. 이제 당신도 그들의 세계에 들어가는 것이다. 고통스러울 것이며, 알지 못하던 세계일 것이다. 당신의 자녀와 함께 당신의 생각과 감정을 나누라. 그리고 함께 비통해하라. 그렇게 하는 것이 편하다면 말이다. 그의 시각에서 상황을 바라보라. 당신의 자녀에게 배울 것이 많을 것이다.

어느 저녁시간 화상회의 수업 시간 중에 이 아이디어를 논의한 후 어떤 어머니가 긴 이메일을 보내왔다. 나는 그 모든 내용이 사실이라는 점이 너무도 마음 아팠다.

선생님께서 하신 말씀, "피터의 세계에 들어가신 것을 환영합니다"는 우리 치유 여정에 전환점이었어요. 지난 4월 중순 저는 아들 피터의 SSA를 치유하기 위해 애쓰느라 너무 힘들었었어요. 아들의 26번째 생일이 다가오고 있었고, 지난 몇 년 간을 돌아볼 때 저는 엄마로서 실패자라는 강한 느낌이 들었어요. 그 때가 피터의 SSA를 알게 된 지 10개월 되던 때였어요. 저는 깨어있는 순간마다 마음이 찢어지는 아픔과 죄책감과 슬픔에 사로잡혔어요. 우리가 직면하고 있지만 아직 제대로 모르는 영역인 그의 SSA 때문에 저는 계속해서 두려웠어요. 아들이 SSA의 삶을 살아야 한다는 것이 무섭고 두려웠어요. 고립감, 외로움, 에이즈, 가족과 지역 사회의 거부. 상상만 해도 끔찍한 일들이 수없이 떠올랐어요. 저는 당황스럽고, 수치스럽고, 두려웠으며 아주 슬펐어요.

그런데 화상 수업 중에 제가 이러한 감정을 나누자 당신은 바로 그 순간 아주 간단하게 "피터의 세계에 들어가신 것을 환영합니다"라고 말씀하셨어요. 바로 그 순간 저는 이런 감정이 피터가 날마다 겪고 있었던 생활이며, 저는 그저 빙산의 일각만 경험하고 있었음을 알게 되었지요. 그래서 저는 겸손해졌어요. 아들이 자신의 감정과 그가 겪은 일들을 우리에게 말했을 때 그것은 그저 아들의 일이었습니다. 우리가 그와 대화를 나누고, 함께 울고, 그의 체험에 대해 동일한 느낌을 받았지만 온전히 공감한 것이 아니었어요. 그런데 그 단순한 한 마디 "피터의 세상에 들어가신 것을 환영합니다"에서 제 아들과 동일한 감정을 느끼게 되었어요. 제 아들이 스스로 SSA에 대처하는 동안 해답을 찾고, 기도하며, 엉뚱한 곳에 손을 내밀면서 얼마나 힘들었을까 하는 새로운 시각을 갖게 되었지요.

남편과 저는 우리가 새로 발견한 시각을 갖고 피터와 새로운 관계를 형성했어요. 우리 사이에는 이제 새로운 존중감이 있어요. 어떻게 보면 난생 처음으로 우리는 그와 입장을 바꿔 생각하게 되었어요. 우리가 시각을 바꾸자 피터에게 변화가 있음이 보이기 시작했어요. 그는 우리를 새로운 태도로 대했고, 더 진심 어린 세심함을 갖게 되었어요. 그와 대화를 나누고 함께 울며, 난생 처음 우리 감정이 그의 감정과 아주 비슷했음을 알게 되었어요. 우리는 우리가 동성애 문제를 접하기 전까지 아들이 겪고 있었던 그 부담감을 미처 알지 못했어요.

피터의 세상은 결코 쉬운 곳이 아니었어요. 그러나 그는 그 속에서 생활하고 있어요. 그와 우리에게 그것이 얼마나 두려운 곳이든 우리는 그의 세상에 대해 진정한 통찰력을 얻을 수 있는 축복을 받았어요. 이제 그의 세상을 가장 최상의 장소가 되도록 만드는데 도움을 주려고 노력하고 있어요. 하나님의 은혜와 리차드의 인도하심으로 우리는 아들과 함께 희망이라는 새로운 감정을 공유하게 되었어요.

욕설과 거부를 받아들이라

매일 학교에 다니면서 언제 어떤 아이가 "어이 이봐, 게이, 여기서 당장 꺼져!" 또는 "이봐 레즈비언, 남자애들과도 놀아봐!"라고 말하는 것을 상상해보라. 어떤 기분이겠는가? 그런 학대를 받는다면 공부하고 친구를 찾는데 상당히 어려움을 겪을 것이다. 하지만 당신의 아이는 이런 일을 학교에서 겪었을 수도 있다.

점심식사 시간에 식당에 갔는데 아무도 당신과 함께 앉으려 하지 않는다면 어떨까? 아니면 체육 시간에 당신을 가장 마지막 팀원으로 뽑는다는 것을 느낀다면? 당신이 모르는 사이에 당신의 자녀는 아마 이러한 일들을 겪었을 것이다. 많은 아이들은 초등학교 시절부터 이런 조롱을 받는다. 어떤 아이든 욕설을 듣는 일은 매우 고통스럽다. 게다가 SSA를 앓는 아이들은 상당히 예민한 편이다. 이들은 대개 적극적이지 않으며, 성격이 노골적이지도 않다. 아마 학교에서 다른 아이들이 놀렸을지라도 부모인 당신은 무슨 일이 있었는지 들어본 적이 없었을 것이다.

아이들은 흔히 자신들이 놀리는 친구가 SSA를 앓고 있는지도 모르고 "게이" 또는 "동성애자"라는 용어를 사용한다. 이들은 단순히 상대방을 놀리려는 의도로 이러한 용어들을 사용한 것이다. 하지만 그 아이는 동성 정서적 또는 동성 사회적 상처를 받고 마음속에 그러한 부정적인 말을 새기면서, "나는 동성애자야"라는 판단을 더 쉽게 받아들일 지도 모른다.[16]

교회 청년부에서 어떤 청년들이 "게이들"에 대한 농담을 하면서 "그런 놈들은 우리 마을에서 쫓아내야 해"라고 말했다고 상상해 보라. 내가 상담했던 한 십대 청소년은 자기 교회 청년부에서 또래들이 그런 말을 했다고 한

---

16) 아이와 동성 부모 간 장애가 있는 애착 관계를 설명하기 위해 "동성 정서적 상처(homo-emotional wound)"라는 용어를 사용했다. 동성 또래와 부족한 유대감을 나타내기 위해 "동성 사회적 상처(homo-emotional wound)"라는 용어를 사용한다.

다. 그의 기분이 어떠했을까? 이 모든 것이 당신에게는 생소한 일일 수 있다. 하지만 당신의 SSA 아이에게는 아마도 흔한 일이었을 것이다. 당신의 자녀가 그동안 경험했던 일에 대해 귀를 기울이고 들어보라.

자기 질책을 멈추라

처음에는 당신 자녀의 SSA에 대해 당신 자신과 배우자를 탓할 지도 모른다. 하지만 시간을 더 이상 낭비하지 말라. 탓하기 놀이는 그만두라. 왜냐하면 그것은 당신과 배우자 그리고 당신의 아이에게 전혀 도움이 되지 않기 때문이다. 과거 잘못에 대해 스스로 책임을 지는 것만이 상황을 바꿀 수 있다. 이는 사과하기, 속죄하기 그리고 당신과 배우자 그리고 당신의 아이 사이에 애착 관계를 형성하는 것을 의미한다. 나머지 치유 계획은 치유와 회복을 향한 이러한 필수적인 단계를 밟기만 하면 된다.

필요성을 느낀다면, 당신이 후회할 만한 일에 대해 하나님께 용서를 받고, 그 다음에 자신을 용서하라. 당신이 지금 당장 할 수 있는 것은 하나님을 사랑하고, 자신을 사랑하며, 다른 사람들을 사랑하는 것이다. 당신의 마음에 귀를 기울이고, 주의를 기울이며, 당신 자신의 필요를 건강한 방식으로 보살펴라. 하나님께서 당신을 사랑하듯 자신을 사랑하면, 당신의 배우자와 자녀를 사랑하는데 더 잘 준비 될 것이다.

급성 죄책감은 건강하다. 하지만 만성적인 죄책감은 해롭다. 당신의 죄책감을 덜어내는데 도움될 만한 실습들을 열거해 본다. 이것들을 단계적으로 해보고, 필요할 때마다 반복하라. 당신의 배우자나 친한 친구와 함께 사용해보라. 하지만 당신의 SSA 자녀하고는 하지 말라. (당신의 자녀에게 직접 사과하는 법을 (6단계에서 논할 것이다.)

1. 당신이 후회하는 것들(당신이 한 말이나 행동, 당신이 하지 못했지만 했더라면 좋았을 일들)에 관한 목록을 작성해보라. 예를 들면, "엄마가 너를 가까이 두면서 네 아빠에 대해 나쁜 말들을 많이 했구나.", "아빠가 일에 너무나 파묻혀 사느라 네가 무엇이 필요한지를 알지 못했고 너와 충분한 시간을 보내지 못했구나."

2. 당신의 배우자나 가까운 친구와 역할극을 해보라. 남편이 SSA 자녀의 역할을 맡도록 해보라. 당신의 자녀와 대화를 나눈다고 상상하면서 그의 손을 잡고 당신의 목록을 읽어내려 가라. 첫 번째 문장을 보고 도움이 된다면 눈을 감고 당신의 부적절한 언행에 대해 사과하면서 자녀에게 직접 말한다고 상상해보라. 숨을 깊게 들이마시고, 당신의 감정을 표현한 다음, 다음 문장으로 넘어가라. 이런 식으로 당신의 목록을 읽어내려 가라. 인내심을 가지라. 필요하면 울고 애통해 하라. 치유를 받으려면 감정을 느껴야만 한다.

3. 당신의 배우자나 친구가 당신의 SSA 자녀에게 할 것처럼 답변하도록 해보라 (예를 들어, 용서를 한다든지 당신의 사과를 거절한다든지 화를 낸다든지). 그냥 귀를 기울이라. 원치 않으면 반응할 필요는 없다.

4. SSA 자녀의 역할극을 함께 해본 사람의 말을 들은 다음 눈을 감고 하나님께 이 모든 일들에 대해 용서를 구하라. 그런 다음 그분의 응답에 조용히 귀를 기울이라. 주님의 때를 기다리라. 응답을 들은 다음에 다음 단계로 넘어가라.

5. 마지막으로 자신에게 용서를 구하라. 아마 이 단계가 가장 어려운 단계일 것이다. 자신을 용서하기보다 타인을 용서하는 것이 훨씬 쉽다. 하나님의 용서를 받은 다음 당신의 배우자나 믿을만한 친구가 당신의 역할을 맡도록 하라. 그 사람의 손을 잡고 이렇게 말하라. "[당신의 이름], 이러한 모든 일들에 대해 나를 용서해주겠니?" 그런 다음 눈을 감고 내면의 목소리에 귀를 기울이라. 머릿속에 많은 논쟁과 자기 질책이 있을 수도 있다. 그냥 귀를 기울이고, 모든 감정을 쏟아 부으라. 걸러내지 말고, 메시지를 바꾸려 들지 말고, 좋은 경청자가 되라. 다시 말하지만, 이런 질문을 해야 할지도 모른다. "[당신의 이름], 이러한 모든 일들에 대해 나를 용서해주겠니?" 질문을 계속해서 반복하고, 모든 대화가 끝날 때까지, 그리고 내면의 음성이 "네, 제가 당신을 용서할게요"라고 말할 때까지 계속해서 경청하라.

이 실습을 여러 번 반복해야 할지도 모른다. 한 사람의 심중에서 이루어지는 용서와 마음으로 용서하는 것은 시간이 좀 걸린다. 다시 말하지만, 당신의 배우자나 가까운 친구가 이 실습을 당신과 함께 하도록 하라. 하나님의 용서를 더 빨리 받고 자신을 용서할수록 더 빨리 당신의 자녀가 치유하고 성장하는데 도움을 주기 위한 필연적인 단계를 밟을 준비가 될 것이다.

사랑의 동맹을 결성하라

당신의 가족은 이제 막 "사랑의 동맹"을 결성하게 될 것이다. 이 다정한 동맹은 동성 가족 일원인 부자, 모녀, 형제, 자매, 할아버지와 손자, 할머니와 손녀, 삼촌과 조카 그리고 이모와 조카딸 간에 결정적으로 중요하다. 이것은 반복할 필요가 있는 제안이며, 아마 이 말을 내가 거듭하는 것을 듣게 될 것이다. 이 12단계 계획의 목표는 당신의 SSA 자녀와 더 강한 친밀 감과 안정적인 애착 관계를 형성하는 것이다. 변화는 치유의 부산물이다.

아빠들이여, 아들을 이해하기 위하여 당신의 마음을 넓혀야 할 것이다. 엄마들이여, 딸을 이해하기 위하여 당신의 마음을 넓혀야 할 것이다. 이 화해의 과정에서 이중의 축복이 일어나는 것을 보아 왔다. 의식적으로 사랑의 동맹을 형성함으로써 당신의 자녀와 더 가까워질 것이며, 자신의 인간미를 더 경험할 것이며, 당신의 결점을 직면할 것이다. 당신의 자녀를 위한 치유를 추구하면서 당신 자신도 그 과정에서 치유를 얻을 수 있다.

다른 사람들과 애통해하라

과거를 바꿀 수 없다. 그리고 자책의 그림자 속에서 남은 인생을 사는 것도 건강하지 못하다. 하지만 무슨 일이 일어났는지 애통해하는 것은 중요하다. 다른 사람들 즉, 당신의 배우자, 당신의 자녀, 아니면 관심을 갖고 이해하는 누군가와 애통해하라. 혼자서 애통해하지 말라. 안 그러면, 그것이 주기적이 될 것이며, 어쩌면 강박적으로 될 수도 있다. 깨어진 관계에서 발생한 것은 건강한 관계에서 치유되어야 한다. PFOX, Joel225.com 또는 다른 사역이 후원하는 부모들을 위한 지원 그룹에 가입하는 것을 고려해 보라. 우리는 관계 속에서 성장하고 치유 받는다. 당신의 자녀가 치유 받기를 원한다면, 본을 보이라. 자신부터 치유하라.

지원 시스템을 만들라

가족들이나 친구, 교회 목사님이나 교회 공동체로부터 도움을 받고 싶지만 수치심과 죄책감 때문에 망설이게 된다. 혹시라도 누가 당신이나 당신의 SSA 자녀를 판단한다면, 그것은 당신이나 당신 자녀에 관한 문제가 아님을 명심하라. 그것은 다른 사람들과 그들이 SSA에 대해 무지하기 때문이다. 그들에게 필요한 것은 SSA의 진실과 어떻게 하면 그들에게 도움이 될수 있느냐에 관한 교육이다. (이 주제에 대해서는 이 책의 3장 "공동체의 치유"에서 더 심도 있게 다룬다.)

당신 자신과 배우자 그리고 당신의 SSA 자녀에게 지원을 아끼지 않는 공동체를 만들라. 당신의 지원 시스템은 다음과 같이 구성하되 이에 국한되지 않을 수도 있다.

◆ 가족 일원들

◆ 친척들, 특히 동성 연장자들과 동료들

◆ 가까운 친구들

◆ 영적 지도자

◆ 교회 친구들

◆ 지원 그룹의 일원들

제발 이 짐을 홀로 지려 하지 말라. 당신 자신과 SSA 자녀 주위에 다정하고 따뜻하게 배려하는 남녀들로 구성된 그룹을 만드는 것이 중요하다. 이것은 사랑 대 거짓의 전쟁이다. 손을 내밀어서 당신이 받을 수 있는 지원을 가능한 한 많이 얻으라.

거의 모든 SSA를 지닌 자녀를 둔 가족 일원들은 이런 말을 해왔다.

"저는 우리 자녀의 동성애에 대해 다른 가족이나 친구에게 얘기하기가 두려워요. 그들이 이 사실을 알게 되면, 우리 아들과 우리 가족에 대한 생각이 달라질까봐 두려워요. 그러면 우리 아이가 동성애자라는 생각이 마음 속에 박혀서 동성애에서 벗어날 가능성이 점점 더 줄어들 거예요."

나는 당신에게 많은 두려움이 있다는 것을 알며, 그 두려움 중 어떤 것들은 안타까운 현실에 근거하고 있다. 어떤 이들은 당신 자녀의 SSA에 대해 들을 때 부정적인 반응을 보일 것이다. 내가 단언컨대 그들의 반응은 당신이나 당신 자녀에 대한 문제가 아니라 그들의 SSA에 대한 무지 때문이다. 누군가가 동성애는 선택이며 당신의 자녀가 이 "죄"를 회개해야 한다고 말한다면, SSA의 진실에 대해 그 사람에게 교육을 시켜야 한다. 아무도 동성애적 욕망을 가지려고 선택하지 않는다. 그 선택은 그러한 욕구를 행동으로 옮기느냐 그렇지 않느냐에 관한 것이다. (SSA의 원인에 대해 보다 자세한 내용을 보려면 4단계를 참조하라.)

다른 사람들에게 마음 열기를 망설일수록 당신의 자녀가 성장할 수 있는 기회를 더 가로막게 된다. 자녀를 성장시키고 치유시키려면 공동체의 도움이 필요하다. 당신도 지원이 필요하다. 만약 나의 부모님이 내 형제와 삼촌 그리고 할아버지와 친척들에게 나를 가능한 한 많이 사랑해 달라고 부탁했더라면, 나는 수년 간 겪었던 심적 고통과 아픔을 겪지 않았을 것이라고 믿는다.

지원 그룹에 참석하고 참여하라

인근 지역에 있는 전 동성애자와 동성애자의 부모와 친구들(PFOX)지부를 찾아볼 수도 있다. PFOX는 미국 전역과 전 세계에 지원 그룹들이 있으며, 온라인 지원 그룹도 제공한다. 원치 않는 SSA가 있는 남녀에게 도움을 제공하는 그 밖의 여러 기관들은 Joel225.com, One by One(장로교), Transforming Congregations(감리교), Powerful Change Ministry Group (기독교/아프리카계 미국인) 등과 같은 부모 지원 그룹들도 있다. PeopleCanChange.com은 SSA를 겪고 있는 남자들의 아내들을 위한 온라인 지원그룹도 제공한다. 이러한 그룹들과 그 밖의 지원 그룹들에 대해 보다 자세한 정보를 원한다면 PATH 웹사이트 www.pathinfo.org를 검색하거나 이 책 말미에 있는 "International Resources"를 참조하라.

인근 지역에서 도움을 구할 수 없다면, PATH(Positive Approaches To Healthy Sexuality(건강한 성생활에 대한 긍정적인 접근))에 가입하라. 이는 부모들을 위한 화상회의 수업을 제공한다. 3개월이라는 기간 동안 수차례의 수업을 통해 우리는 가족들이 화해의 과정을 거치는 것과 SSA자녀에 대처하는 것에 대한 코칭을 해준다. 이러한 수업들은 또한 부모들을 위한 지원 그룹을 제공하기도 한다.

"자녀가 '커밍아웃'하면 부모들이 숨어버린다"는 말이 있다. SSA에 대한 오명을 반드시 벗겨야만 한다. 나는 가는 곳마다 그곳이 우체국이든 자녀의 학교든 아들의 경기를 구경하는 축구 경기장이든 SSA의 진실에 대해 나눈다. 오늘날 사람들은 동성애에 대해 예전처럼 비판적이지 않고 이에 대해 논의하는데 마음이 열려 있다. 당신 머릿속에서 "사람들이 이상하게 생각하면 어쩌지?"라는 생각 때문에 사람들과 의논하거나 도움을 구하는 일을 망설이지 말라. 우리 자녀들이 자신이 속한 공동체 안에서 치유를 받을 수 있는 기회를 얻도록 SSA의 진실에 대해 모든 사람들을 교육시켜야만 한다.

SSA 자녀를 둔 다른 부모들의 말에 귀 기울이는 것이 중요하다. 이들에게 실패담과 승리한 이야기를 듣고 배우라. 쓸데없이 시간을 낭비할 필요가 없으며, 홀로 괴로워 할 필요도 없다. 자신을 고립시키지 말라. SSA 자녀를 둔 다른 사람들과 이야기를 나누다보면 공통의 목표를 향해 나아갈 수 있는 힘을 얻게 된다. 치유의 여정을 지속할 수 있도록 함께 힘을 합치며 서로 영감을 주라. 서로를 위해 함께 기도하라. 이러한 다른 부모들이 더 모일 수 있도록 사랑의 동맹을 확장시키라. 수가 많을수록 강하며, 상호 지원 속에 힘이 더 생긴다.

당신의 삶 속에 균형을 유지하라

당신 자녀의 SSA가 당신 삶의 유일한 초점이 되지 않도록 최선을 다하라. 실제로 이 문제에 완전히 빠져들 수 있다. 그러므로 다음을 최우선순위로 할 것을 제안한다.

1. 하나님의 인격적인 사랑을 체험하라.
2. 자신을 보살피고, 당신의 삶속에 균형을 유지하며, 나가서 즐거운 시간을 가지라. 당신 자녀의 SSA와는 별개로 당신의 삶이 있어야 한다.
3. 당신의 결혼생활이 건강하도록 잘 관리하라.

당신 자신을 사랑하고 배우자를 사랑하면 당신의 자녀, 특히 당신의 SSA

자녀에게 줄 사랑이 더 많아질 것이다. SSA 자녀와 애착 관계를 형성하는 과정에는 많은 에너지가 필요하다. 따라서 당신의 사랑의 저장고는 계속해서 채워져야 한다. 염려, 분노, 죄책감 그리고 두려움 속에서 사는 것을 멈추라. 대신에 기쁨과 사랑으로 가득 채우라. 바로 지금 이 순간부터 평온을 되찾으라.

SSA라는 진공 상태에 빨려 들어서 절망과 무력감에 빠지고 낙심과 염려와 죄책감 그리고 수치심에 사로잡히지 않도록 하라. '___가 알게 되면 어쩌지?', 그녀가 "너는 정말 형편없는 부모였구나. 어쩌다 동성애자 자녀를 갖게 되었니?"라고 말하면 어쩌지?' 와 같은 생각은 사실 일어나기 힘든 강박적인 생각이다. 물론 자녀의 SSA에 대해 이야기 나눌 사람들을 신중하게 선택할 필요는 있다. 왜냐하면 가장 다정하고 이해심이 있어야 할 사람들이 때로는 너무나 판단적이고 거부적이기 때문이다. 안타깝게도, 특히 신앙공동체 안에서 그런 일이 종종 벌어진다.

때로는 지치고 지긋지긋해질 수도 있다. 그럴 때마다 다시 충전의 시간을 가지라. 당신만의 시간을 따로 가지라. 장미꽃 향을 맡고 두 발을 뻗고 쉬기도 하고 놀기도 하며, 즐거운 시간을 보내면서 자신의 영혼을 먹이고, 배우자와 관계를 돈독히 하며, 친구들과 좋은 시간을 보내라.

이것은 단거리 경주가 아니라 마라톤이다

아들이 동성애적 성향에서 이성애적 성향으로 바뀌는데 성공적인 도움을 준 한 아버지는 일하는 시간을 제한하기 시작했다. 주 60 시간을 근무하는 그는 15시간을 따로 떼어서 아들의 SSA에 대해 공부하고 아들과 함께 하는 시간을 보냈다.

이 지혜로운 아버지는 신앙생활을 다시 시작했고, 가족과 친구들로부터 지원을 불러 모았다. 이 치유의 여정이 길다는 것을 알고 그의 아들을 위해 더 많은 시간을 할애했다. 그러자 3년 만에 그의 사랑의 수고는 열매를 맺었다. 학교에서 GSA(동성 및 이성 연합, Gay Straight Alliance)에 참여하던 아들은 이제 젊은 여성과 데이트를 하고 있으며, 다른 남자들과도 어울린다(10단계 말미에 있는 그의 이야기를 읽어보라). 그러나 이런 일은 하룻밤 사이에 이루어 진 것은 아니다. 기억하라. 이것은 단거리 경주가 아니라 마라톤이다.

제2단계 자신이 할 일을 하라

당신 자녀가 동성애 성향을 갖게 된 것이 당신의 배우자나 다른 사람들 때문이라고 원망하고 싶을 수도 있다. 하지만 당신 자녀와의 관계를 치유하는 것은 책임 전가를 한다고 해결되는 것이 아니다. 비록 과거에 있었던 일을 파악하는 것도 중요하고, 미래를 위해 화해와 회복을 적극적으로 시도하는 일도 중요하지만, 그 상황에 대해 다른 사람에게 책임을 묻는 것은 역효과를 초래한다. 오히려 부부가 치유 과정을 함께 공유하고, 함께 애통해하며, 함께 기도하는 것이 최선일 것이다. 과거에 있었던 일을 가지고 배우자를 탓하면, 부부 사이만 더 멀어질 뿐이며, 이는 결국 SSA 자녀를 회복시키려는 부부의 노력에 역효과만 일으킨다. 책 뒷부분에서 책임을 묻지 않고 생각과 감정을 건강하게 표현하는 방법에 대해 살펴볼 것이다 (5단계를 참조하라).

"올바른 일을 하도록" 당신의 배우자를 압박하지 마라

서로 손가락질하는 대신 부부는 SSA 자녀를 향한 행동과 태도에 어떤 변화를 주어야 할 필요가 있음을 알게 될 것이다. 그러한 변화가 정말 필요하다는 생각이 들지라도 당신의 배우자에게 잔소리나 압박이나 회유나 협박을 하지 말라. 만일 그렇게 하면, 당신은 배우자의 부모가 되어버리는 것이다(아내는 남편의 어머니처럼 되어버리고 남편은 아내의 아버지처럼 되어버린다). 그러면 부부 관계에 또 다른 부담이 생긴다. 결국 배우자는 당신에게 불만을 갖게 될 것이고, 당신의 자녀가 가장 큰 피해자가 될 것이다.

SSA를 앓고 있는 아들을 둔 어머니와 SSA가 있는 딸을 둔 아버지여, 이제 뒷짐을 지고 나서지 마시길 바란다. 뒤에서 조용한 격려자가 되시라. 아버지와 아들이, 어머니와 딸이 유대감을 형성하도록 기도하라. 당신의 배우자와 함께 눈물을 흘리라. 그 상황에 대한 당신의 아픔을 표현하라. 명령하는 것보다 자신의 감정을 표현하는 것이 훨씬 좋다. 또한 당신의 배우자가 아닌 우리 자신의 잘못에 대해 비통해해야 한다. 만일 동성 부모가 SSA를 가진 자녀와 유대감을 형성할 수 없다면, 도움을 받을 수 있는 다른 사람을 찾아보라. 당신과 자녀의 안녕을 위한 적극적인 단계를 밟으라. 공동체 안에는 당신의 자녀가 건강한 부성애나 모성애를 경험하도록 도와줄 수 있는 조건을 갖춘 사람이 있다. 그들과 함께 협력하여 SSA로 씨름하고 있는 딸이나 아들과 확고한 애착관계를 형성할 수 있도록 도우라(12단계를 참조하라).

당신의 자녀가 바뀌기 원한다면 자신부터 바꾸라

피터와 바바라 와이덴(Peter and Barbara Wyden)은 책에서 이런 말을 했다. "자녀를 바르게 인도하기 전에 부모가 먼저 변해야 할 부분이 있음을 제대로 발견해야 한다. 동성애를 야기하거나 방치하는 부모가 되지 않으려면 말이다. 사실 나쁜 의도를 가지고 동성애적 성향을 격려하는 부모는 없다. 다만 동성애가 자녀의 행복을 위한 일이라고 생각하기 때문에 그

것을 허용하는 부모가 있을 뿐이다.[17]

당신이 치유를 받으면 당신의 SSA 자녀와 나머지 가족들에게 긍정적인 영향을 미칠 것이다. 하지만 치유되지 못한 문제가 남아 있다면 당신의 자녀에게 부정적인 영향을 주게 될 것이다. 당신의 아들이나 딸이 치유되기를 진정으로 바란다면, 당신 자신의 두려움, 분노, 슬픔 그리고 실망감을 잘 다루어야 한다. 그런 모범을 보여야 당신의 아이를 이끌 수 있다.

마음이 괴롭다면 비통해 하라. 화가 났다면 다른 사람에게 상처 주지 않는 범위 내에서 긍정적이고 적극적으로 당신의 감정을 표현하라. 분주한 활동이나 책임 전가 또는 알코올이나 마약으로 당신의 감정을 억누르는 것은 당신과 자녀의 치료를 늦출 뿐이다. 그 대신에 당신의 감정과 대면하고, 자신의 문제의 뿌리를 추적하며, 당신이 믿고 의지하는 이들에게 아픔을 털어놓고 위로를 받으라. 또한 개인적 치유, 부부 치유 그리고 가족 치유를 위한 행동 계획을 세우라. 앞으로도 계속 말하겠지만 SSA의 주된 원인은 치유 받지 못한 정서적 상처와 충족되지 않은 사랑을 채우려는 욕구에서 일어나는 것이다.

어떤 아이가 넘어져서 무릎이 까지면 아파서 울게 된다. 그 아이에게 진정 필요한 것은 무엇일까? 시간이 지나면 아프지 않을 것이라는 말일까? 그러니까 그렇게 울 필요가 없다는 말일까? 또는 상처에 딱지가 생기면 피가 멈출 것이라는 친절한 설명일까? 모두 아니다. 그 아이는 그저 당신이 안아주고 그의 아픔에 귀 기울여 주기를 바랄 뿐이다.

---

17) 피터와 바바라 와이덴(Peter and Barbara Wyden) 저, 이성애자로 자라나기(Growing Up Straight)(New York : Stein and Day, 1968), pp. 23-24.

"엄마, 아빠, 정말 아파요."라고 말하며 아이는 운다.

"그래, 아들아. 정말 아프겠구나. 네가 많이 아픈 줄 안다. 여기 엄마 아빠가 네 곁에 있으니 걱정마라!"

아이는 이런 말을 들을 때, 더 편안히 숨을 쉬게 된다. 당신의 애정 어린 터치와 보살핌이 그의 아픔과 마음을 치유하는 것이다. 그런 다음 그 상처를 깨끗이 씻어주고 연고를 바르며 상처를 보호할 반창고를 붙여주는 것이다. 그러면 아이는 미소를 짓고 뽀뽀를 하며 "고마워요"라고 말할 것이다. 그리고 얼마 안 있어 다시 놀러 나갈 것이다.

내적 치유도 이런 식으로 이루어진다. 그렇지만 우리 대부분은 상처받은 감정을 표현하기 두려워한다. 사실, 우리는 이런 감정을 드러내지 않으려고 애쓰고 있을 지도 모른다. 그보다 더 심각한 것은 자신에게 그런 감정이 있음을 느끼지 못한다는 것이다. 그러나 치유 받으려면 그런 감정을 느껴야 하며, 솔직하게 자신의 감정과 의지를 표현해야 한다. 그래야 자녀들도 마음을 열고 감정을 나누게 될 가능성이 높아진다. 물론, 우리 문제를 자녀들에게 "쏟아버리라"는 뜻은 아니다. 단지 그들과 별개로 자신의 내적 치유를 위한 노력이 필요하다는 것이다.

자녀의 SSA에 대해 처음 알았을 때 무력감을 느꼈을 지도 모른다. 왜냐하면 자녀의 행동이나 생각을 어떻게 바꿔줄 수 없었기 때문이다. 그렇게 자녀의 행동이나 생각을 바꾸려 했다면, 팽팽한 기 싸움이 일어나고 더 많은 문제가 야기됐을 것이다. 나중에 관계적 친밀감을 높이기 위한 긍정적인 활동을 여러 개 제시하겠지만, 그런 활동들이 단지 당신을 변화시킬 수는 있지만 자녀를 변화시킬 수 없다는 것을 기억해 두라. 자신의 한계를 받아들이고 자녀의 독립적인 권리를 받아들이라. 그렇게 해야만 치유와 화해를 위한 좋은 기회를 얻을 수 있다.

그렇게 하려면, 먼저 자녀의 SSA 및 동성애적 행위로부터 벗어나야 한다. 당신이 다른 사람을 탓하지 말아야 하듯 자신을 탓하는 일도 피해야 한다. 자기 비난은 당신에게 과한 부담을 줄 것이며 결국 자녀의 일에 지나치게 관여할 수도 있다. 그것은 당신 자신의 삶과 부부생활에 필요한 변화를 가로막을 수 있다. 자녀의 삶에 지나치게 관여하는 세 가지 명백한 징후는 다음과 같다.

1. 자녀의 SSA가 시시각각으로, 매일 당신의 기분을 좌우한다.
2. 자녀의 SSA에 너무도 사로잡힌 나머지 다른 사람들과의 활동을 외면하게 된다.
3. 자녀의 행동 하나하나를 알아내려고 대부분의 시간을 탐정처럼 미행하며 감시한다.

내면적 건강을 찾아서

내가 내담자들에게 주는 첫 번째 선물은 데이비드 번즈 박사(Dr. David Burns)가 집필한 "자존감까지 10일(Ten Days to Self-Esteem)"이라는 제목의 워크북이다. 이는 부정적인 생각을 바로잡고 상대방에게 긍정적이며 합리적으로 반응하게 해주는 아주 간단하며 효과적인 접근법이다. 아빠와 엄마들이여, 이 워크북을 한 번 읽어보라. 그 속에 나오는 2주일 단위의 과정들을 정기적으로 실천해볼 것을 권한다. 사실 실습을 해보고 당신이 숙제한 것을 자녀와 나누는 것도 고려해볼 만 하다. 나는 어느 아버지와 그의 십대 아들을 상담한 적이 있는데 둘 다 실습을 했고, 그의 아들에게 격려가 되었으며 아빠에게도 도움이 되었다.

그 다음으로 나는 내담자들이 루시아 카파치오네 박사(Dr. Lucia Capacchione)가 집필한 "당신의 내면의 아이의 회복(Recovery of Your Inner Child)"을 사용함으로 "내면의 아이" 과제를 해보고 내가 개발한 내면의 자녀 묵상 시디를 함께 듣도록 한다. ("내면의 아이"는 무의식적인 자아의 또 다른 이름이다. 즉, 우리의 의식적인 마음에서 숨겨진 상태로 있는 자아다.) 이 두 가지 교재는 감정과 필요를 느끼기 시작하는 과정에 도움이 될 것이다. 이는 우리도 한 때 소중한 어린 소년이나 소녀였음을 다시 일깨우는 치유 과정의 아주 중요한 부분이다.

다른 사람들이 나의 필요를 늘 보살피도록 하는 것보다 나 자신에게 좋은 부모가 되는 것이 중요하다. 나도 또한 "초점 맞추기"(focusing)라 불리는 아주 간단한 기술을 사용하여 나의 내담자들이 자신의 감정을 느끼도록 격려하고 있다(유진 겐드린(Eugene Gendlin)이 집필한 "Focusing"이라는 이름으로 된 책을 참조). 6단계로 이루어진 초점 맞추기(focusing)는 우리 신체의 어디에서 감정을 느끼는지, 그 느낌이 무엇이며, 그것이 어디로부터 오고, 그에 대한 반응으로 우리가 무엇을 해야 하는지를 파악하도록 도와준다. 이는 많은 연습이 필요하지만 시간을 투자할 만한 충분한 가치가 있다. 내면의 아이와 초점 맞추기를 통해 더 큰 자아 존중감과 자기 인식을 얻게 된다.

이와 동시에 당신 주변에 당신을 지원해줄 가족과 친구들로 구성된 공동체를 형성하는 것이 중요하다. SSA를 앓고 있는 사람이 자신의 치유를 돕는데 다른 사람들이 필요하듯 그들의 부모도 마찬가지이다. 우리는 우리를 강화시키고 위안을 주는 지원 시스템이 필요하다. 아빠들이여, 당신과 함께 팀을 이룰 남성 친구들을 찾아 돈독한 관계를 맺으라. 엄마들이여, 정말로 신뢰할 만한 여성 친구들을 찾으라. 무슨 일이 있어도 사람들로부터 고립되는 것을 피하라. 홀로 문제를 해결하려 하는 것은 결국 역효과를 낳는다.

당신의 자녀가 마음을 열고 과거의 아픔을 나누기를 바라는가? 다시 말하지만, 간디가 말했듯이 "당신이 보고 싶은 세상, 당신 자신이 스스로 변화되어 그 자체가 되라." 당신의 부모님이 살아계시든 돌아 가셨든 간에 그분들과 여전히 갖고 있을지 모르는 문제를 해결하기 위해 도움과 지원을 요청하라. 치유하기에 너무 늦은 때는 결코 없다. 당신의 부모와 화해하려는 의지를 보여준다면 당신의 자녀도 당신에게 마음을 더 편하게 열 수 있을 것이다.

당신이 상담 받고 치료를 받을 때 자녀가 원한다면 그 상담에 초대해 보는 것도 좋은 방법이다. 왜냐하면 그것은 집안일이기 때문에 그 치유 과정에서 자녀가 배우는 것이 있을 것이다. 그 상담 시간에 자녀들을 초대하면서 이러한 마법의 말을 사용해보라: "나를 돕기 위해 동참해줄 수 있겠니?" 이것은 당신과 당신의 문제에 관한 것임을 그들에게 알리라. 그리고 과거에 있었던 일들에 대해 당신이 책임을 질 수 있도록 그들이 동참해주길 바란다고 알리라. 그 과정을 당신의 것으로 만들면 자녀는 부담을 덜 받고 더 참여하고 싶을 것이다. 그리고 SSA 자녀만 초대하지 말고 반드시 가족 전체를 초대하라. 형제자매가 있다는 것을 전제로 하고 당신의 모든 자녀가 동참하도록 초대하라. (6장 말미와 책 말미에 있는 가족 치유 시간에 대한 정보를 참조.)

당신의 자녀가 당신이나 또는 가문(출애굽기 34:6-7을 참조)에 흐르는 치유 받지 못한 상처나 충족되지 못한 애정 욕구를 지니고 있을 지도 모른다. 일반적으로 이는 아버지와 아들 간 또는 어머니와 딸 간에 조직적으로 반복되기도 한다. 아니면 이것은 이성 간 즉, 남편과 아내, 어머니와 아들, 또는 아버지와 딸 간에 심한 상처 주는 일로 나타날 수도 있다. 이러한 해결되지 못한 가족 문제들이 당신의 SSA 자녀에게 내면화되거나 드러날 수 있다. 당신 자신의 치유를 더 적극적으로 추구하고 당신의 배우자와 자녀를 더 애정 어린 방식으로 대할수록 당신의 SSA 자녀의 변화에 기반을 더 일찍 닦을 수 있다.

부부 치료를 구하라

당신 자녀에게 줄 수 있는 가장 좋은 선물은 당신의 배우자를 사랑하는 일이다. 자녀들에게 우리는 하나님이 지으신 남성과 여성의 대표이며, 결혼 생활의 불협화음은 그들의 마음속 깊이, 직접적으로 악영향을 끼친다. 자녀의 SSA 문제로 항상 스트레스를 받고 민감하기 때문에 가뜩이나 안 좋은 부부 사이가 더 안 좋아질 수 있다. 이를 염두에 두고, 전문적으로 부부상담을 하는 치료사를 찾아볼 것을 권한다. 부부 사이가 좋다면 더 견고하고 친밀하도록 많은 시간을 대화하며 지내라. 간단히 말해서, 결혼을 했다면 당신의 결혼 생활에 많은 노력을 기울이라.

당신이 살고 있는 지역에 치료사나 지원 그룹이 없다면 소개를 받기 위해 우리 PATH 사무실에 연락해보라. 보다 자세한 정보를 원하면 이 책 말미에 있는 "국제 자원"을 참조하라.

심리치료사를 자세히 알아보고 잘 선택해야 한다. 오늘날 대부분의 상담가들은 "동성애 옹호 치료(gay affirmative therapy)"에 대한 교육을 받았으며, 이에 숙련되어 있다. 이들은 SSA를 "타고난 불변의 것"으로 받아들이도록 내담자들을 격려하는 교육을 받았다. 그리고 이들은 부모인 당신이 자녀의 동성애를 받아들이도록 코치할 것이다. 만약 당신이 이를 거부한다면, 이렇게 말할 것이다. "당신의 자녀가 문제가 아니라 당신이 문제이다." 당신의 지역 내에 당신의 자녀를 위한 도움을 구하는데 당신과 함께 일할 의향이 있는 치료사를 찾을 수 없다면, 추가로 도움을 받기 위해 건강한 성생활에 대한 긍정적인 접근(Positive Approaches to Healthy Sexuality(PATH))기관에 연락해보라.

당신의 관계에서 기쁨을 찾으라

당신은 이 모든 노력을 함에 있어서 어느 정도의 즐거움과 균형 잡힌 삶을 유지하는 것이 대단히 중요하다. 자녀들에게 줄 수 있는 가장 좋은 선물은 부부가 서로 사랑하는 것임을 다시 한 번 강조하고 싶다. 자녀들이 아빠와 엄마 사이에 회복된 연합과 애정을 보면 안식과 편안함을 느낄 것이다.

이러한 인식을 갖고 배우자와의 삶 속에 낭만과 재미를 반드시 곁들이라. 함께 데이트를 하고, 즐거운 시간을 가지라. 부부 둘 다 즐길 수 있는 일을 하라. 집에 틀어 박혀서 괴로워하는 것은 아무에게도 도움이 되지 않는다. 내외간에 더 많이 사랑할 수 있다면 당신 자녀 또한 더 많이 사랑하게 될 것이다. 그러니 웃으라. 쉽지 않다면 웃기는 영화를 보라. 당신을 우울하게 만드는 문제와 상황을 피하라. 또한 동성애라는 화제에 자신을 지속적으로 노출시키지 말라. 대신에 책임감 있는 균형을 잡고, 더 많은 균형을 이루도록 힘쓰라.

제3단계 하나님의 사랑을 체험하라

당신이 하나님을 믿고 기도하는 사람이라면, 이런 기도를 했을 수도 있다. "주님, 제 자녀의 SSA를 가져가 주세요." 하지만 안타깝게도 일은 그런 식으로 해결되지 않는다. 좀 더 효과적인 기도를 제안하겠다.

- ◆ "하나님, 우리 자녀가 동성에게 매력을 느끼는 이유를 밝히 알려주세요."
- ◆ "하나님, 왜 이런 문제가 우리 가정에 일어났을까요? 주님의 더 큰 뜻을 위해서인가요?"
- ◆ "하나님, 저에게 오늘 하루를 감당할 수 있는 능력과 사랑을 주세요."
- ◆ "하나님, 제가 자녀를 치유하는데 어떤 도움을 주어야 하는지를 깨닫게 해주세요. 제가 아들/딸을 정말로 사랑할 수 있는 방법을 알려주세요."

수년 동안, 나의 기도제목은 "하나님, 이러한 욕망을 가져가 주세요."였다. 하지만 주님께서 응답 하지 않으셨을 때 나는 내 고난에 대해 그분을 탓했다. 하지만 나에게 SSA를 주었던 분은 결코 하늘에 계신 하나님이 아니었다. 이것은 사람들과의 관계에서 비롯된 복합적인 문제의 결과였다. 나의 과민한 기질, 아버지와의 거리감 있는 관계, 내 삼촌으로부터 받은 성적 학대, 내 형과의 적대적인 관계 그리고 내 어머니에 대한 과대 애착 때문이었다. 각각의 문제가 밝혀지면서 하나님은 내가 이러한 문제들을 하나씩 치유할 수 있도록 해주셨다. 오늘날 나는 그 은혜로 더 나은 사람이 되었다. 그러므로 기억할 것은 내가 잘못된 기도를 25년 넘게 했다는 것이다. 내가 엉뚱한 질문을 했기 때문에 응답을 절대로 받지 못했던 것이다. 하나님께서는 즉시로 나의 SSA를 제거하실 수도 있으셨지만, 그랬다면 내 마음과 영혼은 제대로 치유되지 않았을 것이다.

이해와 나아가야 할 방향에 대해 하나님께 도움을 구하라

하나님께 SSA를 지금 여기서 당장 멈춰달라고 구하는 대신에 SSA 배후에 숨겨진 상처를 당신과 당신의 자녀에게 알려달라고 기도하라. 당신의 자녀가 치유 받는데 도움이 될 힘과 사랑 그리고 지혜를 달라고 구하라. 이것이 집안일이기 때문에 여러분 모두는 함께 성장하고 치유될 수 있다. 깨어진 관계에서 발생한 것은 반드시 건강한 관계를 통해 치유되어야 한다.

당신 자녀의 치유 과정을 진심으로 지원하고자 한다면, 당신이 먼저 하나님으로부터 사랑과 위로를 경험하는 것이 중요하다. 당신 자신이 사랑받는 느낌을 받지 못한다면, 진심으로 다른 사람을 사랑할 수 없을 것이다. 당신의 모든 혼란과 고통스러운 감정을 하나님께 맡기라. 이해할 수 있게 해달라고, 자비를 구하며 씨름하고, 소리 지르며, 울부짖고, 애원하라. 당신이 전심을 다해 주님을 찾고 주님의 인도하심을 구해야 한다. 당신에게 필요한 사랑과 지혜 그리고 올바른 방향으로 인도 받을 때까지 멈추지 말고 기도하라.

당신은 벌을 받고 있는 것이 아니다. 자녀의 동성애는 당신이나 당신 배우자가 저지른 잘못에 대한 어떤 보응이 아니다. 비록 그런 느낌이 들 수도 있지만, 이 싸움은 어떤 저주나 불행이나 재난의 징조가 아니다. 궁극적으로, 당신은 나쁜 것에서 좋은 것을 찾아낼 것이다. 고통을 통해서 우리는 나의 인간성이나 나약함과 마주하게 된다.

때로는 하나님의 영광이 우리 안에서 우리를 통해 드러날 수 있도록 힘겨운 일이 일어난다. 지금이 그런 순간일 지도 모른다. 이 위기를 통해 이 문제가 내 스스로 대처할 수 있는 일이 아님을 깨닫기 바란다. 시편을 전체적으로 한 번 읽어보라. 다윗왕의 괴로움, 고통, 분노 그리고 항복이 시편 전반에 확연히 드러난다. 다윗과 그 외의 다른 시편 기자들처럼 주님께 부르짖으라. 하나님께서 당신 가까이에 계신다. 그분은 당신의 탄원을 듣고 응답하지 않으실 분이 아니다.

당신의 자녀를 위해 구체적인 기도를 하라

당신의 자녀를 위해 어떻게 기도해야 할지 확신이 서지 않는다면, 아래 몇몇 기도문을 읽어보고 당신이나 아들, 딸이 처한 상황에 적용해보라.

- ◆ "하나님, 저의 자녀가 주님의 사랑을 경험하도록 해주세요."
- ◆ "그들이 자신의 여성성/남성성을 경험하게 해주세요."
- ◆ "제발 하나님, 그들에게 진정한 성의 정체성을 바른 방향으로 인도하고 치유하는데 도움을 줄 건강한 사람을 만날 수 있도록 도와주세요."
- ◆ "그들을 진정한 사랑으로 감싸줄 수 있는 많은 건강한 이성을 보내주세요."

◆ "우리 자녀가 자신의 SSA에 대한 수많은 이유를 이해하도록 도와 주세요." [18]

당신의 SSA 자녀에 대한 중보기도팀을 만들라

중보 기도팀이 있다면, 그들에게 자녀를 위해 적극적으로 기도해달라고 부탁하라. 그리고 부탁하는 것을 두려워하지 말라. 유감스럽게도, 많은 부모들이 자녀의 SSA를 다른 사람에게 말하는 것을 수치스러워한다. 당신의 자녀를 감추어 두는 것은 아무에게도 도움이 되지 않는다.

하지만 당신이 다른 사람들에게 당신 자녀의 SSA에 대해 말하는 것이 너무 힘들다면, 포괄적인 기도를 해달라고 부탁해보라. 예를 들면, "하나님, 제발 [자녀의 이름]의 마음과 생각과 영혼을 치유해주세요. 당신의 사랑과 진실을 경험할 수 있도록 [자녀의 이름]를 도와주세요."라고 기도해달라고 부탁하라.

창조적인 시각화

당신의 자녀를 위해 기도할 때 그가 치유 받는 모습을 그려보라. 당신이 중보기도를 하면서 창조적 시각화의 세 가지 S를 사용하라.

◆ 보라(See it): 그가 치유 받고 결혼하여 하나님께서 부여하신 사명을 충족하는 모습을 그려보라.

◆ 말하라(Say it): 자녀의 삶 속에 하나님의 갈망을 단적으로 보여주는

---

18) 기독교인들에게는 Cindy Rullman's The Healing Word가 SSA자녀들을 위한 훌륭한 기도문을 담고 있다.

간단한 문장을 개발하라. 예를 들어, "하나님은 요안나를 참된 여성으로 이끌 것이며, 그녀의 사명을 감당하도록 도우실 것이다."

◆ 느껴라(Sense it): 이 꿈이 현실로 이루어질 때 당신은 어떤 감정을 느낄지 상상해보라.

매번 기도할 때마다 이와 똑같이 단순한 문장을 반복할 수도 있다. 당신의 자녀가 그의 사명과 하나님의 목적을 이루는 모습을 마음속에 그리면서 이 기도를 계속해서 반복하라. 이것을 매일 반복하라. 그러면 일이 변화되기 시작하면서 새 비전을 만들 것이다. 치유와 그 꿈의 실현을 계속해서 시각화하라.

아버지의 자녀 축복 기도

가장으로서의 아버지의 책임은 하나님의 축복을 그의 자녀들(남성과 여성 모두)에게 전달하는 것이다. 당신의 아들과 딸이 집을 떠날 때나 특별한 일이 있을 때, 그들을 위해 기도해주라. 당신의 손을 그들의 어깨나 머리에 얹어 기도하며 그들을 안아주라. 때가 되면 자녀가 당신의 따뜻한 손길을 하나님의 사랑과 연관 짓기 시작할 것이다. 그들은 당신의 축복을 기대하게 될 것이다.

아버지의 축복은 다음 요소들로 이루어질 수도 있다: [19]

---

19) 축복하기에 관한 권장 도서: 윌리엄 T. 리곤(William T. Ligon), 당신의 자녀에게 축복을 주기 (Brunswick, Ga.: 아버지의 축복, 1989), 주문하려면 800-982-9285 또는 912-264-0028에 연락하시오. 그리고 게리 스몰리(Gary Smalley)와 존 트렌트(John Trent) 저, 축복(뉴욕: Pocket Books, 1986).

◆ 하나님의 계획에 대한 확언과 자녀의 삶에 대한 하나님의 약속 (성경 구절을 인용하라)

◆ 자녀의 타고난 재능, 능력 그리고 성품에 대해 칭찬해주라

◆ 자녀의 마음속의 갈망을 충족시켜달라고 구하기 (목표와 열망)

◆ 자녀의 이름의 뜻을 풀어주고 자녀가 당신과 가족에게 얼마나 소중한 지를 말해주라

◆ 자녀의 삶과 꿈에 대한 당신의 지원을 약속하라

아서 골드버그(Arthur Goldberg)는 이런 말을 했다. "두 손을 아이의 머리 위에 얹고 다음 기도문을 암송할 것을 권장한다."

주님께서 너를 에브라임과 므낫세와 같이 만들어 주시기를 원하노라. (아들에게)

주님께서 너를 사라와 리브가와 레아처럼 만들어 주시기를 원하노라. (딸들에게)

주님께서 너를 축복하시고 지켜주시기를 원하노라.

주님께서 그의 임재하심이 너에게 비치시고, 너에게 은혜를 베푸시기를 원하노라.

주님께서 그 얼굴을 네게로 향하여 드사 평강 주시기를 원하노라. (민수기 6:24-26)

어쩌면 당신의 SSA 자녀는 자신의 신앙을 부인하고 하나님을 거부했을지도 모른다. 그 원인 중의 하나는 당신의 자녀가 당신에게서 분리되었기 때문이다. 자녀에게 있어서 부모는 눈에 보이는 하나님의 상징이다. 따라서 자녀는 당신을 통해 하나님의 남성성과 여성성을 인식한다. 그렇기에 자녀가 당신이 가진 그 기준으로부터 분리된다면, 그는 자연스럽게 하나님

으로부터도 끊어지게 될 것이다. 또한 서로 다른 신앙관을 가진 사람들이 당신의 SSA 자녀에게 심한 정죄와 비판을 가했을 것이다. 많은 교회에서 동성애는 모든 죄 중의 최악이라고 가르치고 있는 것처럼 말이다.

당신의 자녀가 믿는 집안에서 자라났다면, SSA를 성경 말씀과 조화시켜 보려고 수년 동안 애썼을 지도 모른다. 만약 하나님께서는 그의 SSA와 상관없이 그를 사랑하신다는 것을 알지 못했다면, 마음의 위안을 얻기 위해서라도 자신의 믿음을 버려야 했을 것이다. 안 그래도 당신의 자녀는 자신의 SSA로 괴로워하고 있는데, 많은 신앙인들이 SSA에 대해 비판적인 태도를 보였기 때문이다. 그러면 그럴수록 자녀는 하나님으로부터 더욱 멀어지는 느낌을 받았을 것이다. 그가 하나님과 가까워지려 할수록 더욱 고통과 거절을 느꼈기 때문이다.

이 점을 염두에 둔다면, 자녀가 당신의 축복 기도를 기꺼이 받아들이지 않을 것임을 예상할 수 있다. 그가 아주 많은 상처를 받았다면, 그가 당신을 받아들이는데 오랜 시간이 걸릴 지도 모른다. 무슨 일이 있더라도, 인내하며 포기하지 말아야 한다. 당신의 자녀는 아주 화가 났으며 상처를 받았겠지만 여전히 당신을 필요로 한다. 이것이 SSA와 모든 동성애적 관계 저변에 깔린 모순적인 성격이다: "당신이 필요해요. 그러나 너무나 가까이 다가오지 마세요. 당신의 품 안에 안아주세요. 안돼요. 너무나 아파요. 이봐요, 돌아오세요. 당신을 원해요. 저리 가세요. 도와주세요. 마음속으로 죽어가고 있어요. 누군가 저를 구해주세요."

최선을 다하고 나머지는 하나님께 맡기라

이제 당신은 하나님이 아니라는 결론에 도달했을 것이다. 숨을 쉴 수 있을 정도의 안도감을 가질 수 있을뿐더러, 이것은 분명 맞는 말이다.. 이제 당신은 SSA 자녀와 더 깊이 친해지기 위해 최선을 다하고서 하나님의 보살핌에 당신의 자녀를 맡겨야 한다.

우리가 보아온 것처럼, 하나님께서 사람을 즉시로 치유하시는 일은 드물다. 그러므로 즉각적인 해결책에 시간과 기도를 낭비하지 말라. 즉각적인 치유라는 개념은 인간 성장과 발달 과정으로 볼 때 모순이다. 마음과 정신을 회복하려면 상처가 일어났던 과정을 되돌아보는 일이 필요하다. 이 모든 일은 상당 기간에 걸쳐 이루어졌기 때문이다. 따라서 자녀가 자신의 성정체성에 대해 어떤 갈등의 과정을 겪다가 "동성애자"에 이르게 되었는지를 귀 기울여 들어보아야 한다. 현재로부터 시작해서 과거로 거슬러 올라가라. 메뚜기가 여러 해 갉아먹은 것을 하룻밤 또는 심지어 몇 달이라는 짧은 기간에 회복할 수는 없는 일이다(요엘 2:25 참조). SSA를 형성하는데 수개월이나 수년이 걸렸다. 그 피해를 돌이키는데도 수개월과 수년이 걸릴 것이다.

그 기간 동안 당신 자신과 배우자 그리고 특히 당신의 자녀에게 인내심을 가지라. 하나님께서 그분의 온전하신 역사를 이루시도록 기다리라. 그분께 힘과 지혜와 이해 그리고 무엇보다 사랑을 달라고 구하라. 최선을 다하라. 그리고 나머지는 하나님께 믿고 맡기라.

질문) 귀하는 남자끼리, 여자끼리의 동성애도 사랑의 한 형태라고 보십니까, 혹은 그렇지 않습니까?

2017년 6월 1주 (5월 30일~6월 1일)		조사완료 사례수 (명)	목표할당 사례수 (명)	동성애 인식		
				사랑의 한 형태(%)	그렇지 않다(%)	모름 응답거절 (%)
전체		1,004	1,004	56	35	9
지역별	서울	203	198	60	30	10
	인천/경기	299	300	54	38	8
	강원	28	30	–	–	–
	대전/세종/충청	107	105	52	35	13
	광주/전라	106	101	49	44	7
	대구/경북	100	101	58	34	8
	부산/울산/경남	150	157	56	35	10
	제주	11	12	–	–	–
성별	남성	553	498	56	35	9
	여성	451	506	56	35	9
연령별	19세-29세	154	174	81	14	5
	30대	183	176	70	25	5
	40대	188	208	66	27	7
	50대	216	203	46	44	10
	60대 이상	263	244	27	57	16
직업별	농업/임업/어업	30	27	–	–	–
	자영업	145	137	56	37	7
	블루칼라	175	167	47	42	11
	화이트칼라	311	319	70	24	7
	가정주부	180	191	47	42	11
	학생	65	71	82	13	5
	무직/은퇴/기타	98	92	28	58	15
이념 성향별	보수	233	227	47	45	8
	중도	313	307	54	38	9
	진보	349	361	67	26	7
	모름/응답거절	109	109	44	38	18
동성애 영향요인	선천적/타고남	277	281	74	22	4
	양육/사회환경	491	493	45	47	7
	양쪽 모두에 영향	132	131	72	19	10
동성결혼 법적허용	찬성	326	339	90	6	4
	반대	597	583	35	55	10

*50사례 미만은 수치를 제시하지 않음. 한국갤럽데일리 오피니언 www.gallup.co.kr

PART 3

관계 치유

PART 3에서는 SSA의 수많은 원인을 알아보고, SSA 자녀가 치유를 받고 본래적인 이성애를 경험하려면 어떤 조치가 필요한지에 대해 배우게 될 것이다. 당신의 사랑하는 자녀와 서로 이야기를 나누고 경청하라. 자녀가 원하는 사랑의 언어를 배우라. 동성 부모들이여, 당신의 SSA 자녀와 귀중한 시간을 보내라. 이성 부모들이여, 당분간 뒷짐을 지고 지켜보라. 바로 지금이 당신 가족의 삶의 방식과 서로 사랑을 주고받는 방식에 변화를 주어야 할 때다.

제4단계 SSA의 원인을 조사하라

어떤 사람이든 그냥 "동성애자"가 되는 일은 결코 없다. 본질적으로 동성애는 사람의 정체성이라기보다는 그 사람의 생각, 느낌, 욕구나 행위라고 설명하는 것이 더 적절할 것이다. 더 나아가 동성에게 매력을 느끼는 경험 자체가 윤리적으로 잘못된 것은 아니다. 왜냐하면 우리가 보아온 것처럼, 동성애는 마음의 상처를 치유하고 충족되지 못한 애정의 욕구를 채우려는 시도이기 때문이다. SSA는 누군가가 그런 욕구를 건강하지 못한 방식으로 채우려고 할 때 비로소 윤리적인 문제가 된다. 동성애적 행위는 고통에 대한 심리적인 방어인 셈이다. 그런데 SSA를 갖고 있는 사람을 판단하고 정죄한다면, 그의 영혼에 다시 상처를 입히게 된다. 불 위에 기름을 붓는 격이 되는 것이다. 그렇기 때문에 당신 자신과 사랑하는 가족 그리고 도와주는 공동체에게 SSA의 진실을 바르게 교육 시키는 것이 중요하다.

아서 골드버그(Arthur Goldberg)는 이렇게 말한다.

레위기 18장 22절이 동성애적 행위를 하는 이들에게 죄책감을 줄 수 있다. 하지만 2000년 전에 기록된 탈무드를 보면 히브리어 "to'eivah"(가증스러운 것, abomination)는 "당신이 잘못된 길로 인도 되었다(You have been led astray)"는 단어들의 머리글자를 모은 단어라고 설명한다. 이 고대의 지혜서는 성적 행위를 통해 충족되지 못한 애정 욕구를 채우려는 것은 잘못된 판단이며, 이 모든 잘못은 고칠 수가 있다고 말한다. 따라서 SSA는 2500년 전에도 치유 가능한 것으로 인식되었다고 볼 수 있다.

따라서 우리는 사람들이 다음 요점들을 반드시 이해하도록 도와야 한다.

1. *태어날 때부터 SSA를 갖도록 결정된 사람이 있다는 그 어떤 확실한 증거는 없다.* 동성애에 대한 단순한 생물학적 또는 유전적인 원인을 입증하는 결정적이고도 과학적인 데이터는 없다. 과학적 연구는 생물학적 및 유전적 요인이 일부 원인 제공 역할을 할지는 몰라도 동성애적 욕구가 심리학적, 환경적 그리고 기질적 영향의 복잡한 상호작용에서 기인한다는 것을 보여준다.

2. *아무도 단순히 SSA를 갖도록 선택하지 않는다.* 이러한 욕구는 대부분의 경우 해결되지 않은 어린 시절의 상처와 충족되지 못한 애정 욕구의 결과이다. 그러한 욕구를 실제 행동으로 옮기는 여부는 그 사람의 선택과 명백하게 연관되어 있다.

3. 사람들은 동성애적 성향에서 이성애적 성향으로 변화를 추구하는데 있어서 그들의 선택에 소망을 가질 수 있다. 연구는 아무도 변화될 수 없다는 주장이 거짓말임을 입증한다. 변화는 어떤 사람들에게는 가능하다.

4. 한번 습득해서 습관이 되었다 하더라도 바꿀 수 있다는 것에 희망의 이유가 있다.

치유의 과정은 4 단계로 이루어진다. (1) SSA의 근본 원인을 이해하고, (2) 다른 사람들로부터 지원을 받으며, (3) 충족되지 못한 애정 욕구를 같은 성별의 사람들과 건전하고 치유적이며 비성적인 관계로 채우라. 그리고 (4) 애초에 그 욕구를 불러일으킨 상처를 치유하라. 그러면 이성을 사랑하고자 하는 욕구가 자연스럽게 일어날 것이다.

5. 그것은 게이('기쁘다'라는 의미)도 나쁜 것도 아니다. 나는 SSA를 하나의 현상으로 본다.[20] 동성애적 생활방식에 대해 게이(기쁨)의 의미는 전혀 없다. 실제로 동성애적 섹스는 여러 가지 성병(STD, sexually transmitted disease)과 면역결핍증 바이러스(HIV) 감염으로 이어진다. 그리고 비록 동성에 매력을 느끼는 것이 "나쁘지는 않지만," 동성애적 관계에 참여함으로 그러한 욕구를 행동화하는 것은 높은 의학적 위험과 관련되어 있을 뿐만 아니라 사람들이 진정으로 찾는 것을 얻지 못하도록 방해한다. 왜냐하면 이들의 욕구는 성인이 아닌 아이의 욕구이기 때문이다.

전부 해결되지 않은 상처와 충족되지 않은 사랑에 대한 욕구에서 비롯된 것이다. 대부분의 동성애적 욕구의 실제 근거는 동성 부모와 동성 동료들과의 긴밀한 유대감과 애착 관계 형성에 대한 욕구이다. 유년기와 청소년기에 기본적인 애정 욕구가 채워지지 않았기 때문에 그 욕구들은 사춘기 이후에 성적으로 변모한다. 그러면 세상에서는 "당신은 동성애자다"라고 말한다.

상처 받은 영혼에게 성적 정체성을 부여하는 것은 어이없는 일이다. SSA

20) 리처드 코헨(Richard Cohen) 저, 이성애자로 커밍아웃하기(Coming Out Straight) (PATH Press, 2016), p. xi.

는 청소년이나 성인 마음속에 있는 상처받은 아이의 도와달라는 부르짖음이다. 다시 말하지만 상처가 치유되고 충족되지 못한 애정 욕구가 건강한 동성 관계로 채워지면, 그 사람은 자신의 성 정체성을 충분히 경험하고 이성애적 욕구가 뒤따를 것이다. 그렇기 때문에 부모와 사랑하는 가족들이 너무나 중요한 것이다. 그들은 SSA의 해소에 적극적인 역할을 담당할 수 있다. SSA를 경험하는 사람은 누구든지 심리성적(psychosexual), 심리사회적(psychosocial) 그리고 심리적인(psychological) 발달의 필수 단계를 완성하기 위해서 동성의 누군가와 유대감을 형성하고 애착 관계를 맺으려 하는 것이다.

내가 상담했던 여러 부모들은 자녀가 동성의 누군가에게 매력을 느낀다는 것에 역겨움을 느꼈다. 만약 당신도 이런 생각을 갖고 있다면, 역겨움에서 동정으로 생각을 바꾸는 여정이 필요하다. 치유를 향한 길은 이해의 길이며, 기나긴 여정이다. SSA를 더 이해할수록 당신과 당신 가족은 사랑이라는 목적지에 더 빨리 도착하게 될 것이다. 책으로 공부하고, 영화를 보며, 이런 문제를 갖고 씨름하는 사람들의 이야기를 들어보고, SSA를 경험한 다른 사람들을 만나보라. 그들이 자신이 겪었던 여정을 당신과 나누는 동안 귀를 기울이라. 그들로부터 배우는 가운데 당신의 마음이 사랑하는 가족을 향하여 열릴 것이다.

당신의 자녀가 SSA를 가지고 있다고 믿는 이유에 관한 평가서를 작성하라

당신의 자녀나 사랑하는 가족이 왜 SSA를 경험하는지 이해하는 것이 중요하다. 당신은 이렇게 자문할지도 모른다. "내가 무엇을 잘못했지?", "우리가 무엇을 잘못했나?", "누가 우리 아이에게 이런 짓을 했지?" SSA가 생긴 원인이 단 한 가지인 경우는 드물다. 이는 여러 변수들의 복합적인 결과이다.

다음은 동성애적 욕구로 이어질 수도 있는 10가지 요인들의 목록이다.[21]

1. **유전.** 유전된 상처, 해결되지 않은 가족 문제, 오해, 거절을 좋아함. SSA의 중심에는 비소속감, 어울리지 않는 느낌 그리고 다르게 느끼는 것이 있다. 이러한 느낌과 생각은 한 사람의 종교적 또는 문화적 혈통에서 유전되었을 수도 있다. 이것은 일명 동성애자 유전자(gay gene)라 불리는 것과 동일하지 않다. 하지만 이러한 혈통 문제는 한 아이를 거부적인 성향으로 가득 채울 수 있다.

2. **기질.** 과민성, 높은 유지보수성, 예술적인 본성, 성별에 부합하지 않는 행위. SSA에 유전적인 것이 있다면 더 큰 민감성에 대한 경향일 지도 모른다. 여기서 아이는 어떤 주어진 상황에 대해 다른 아이들보다 더 민감하게 반응한다. 흔히 이들은 다른 사람들의 기분이나 정서에 더 예민하게 반응한다. 그들은 더 수동적일 수도 있으며, 따라서 성격상 덜 공격적이다. 물론 민감한 아이들이라고 모두 SSA를 형성하지는 않는다.

어떤 아이는 예술적인 본성을 지닐 수도 있으나 부모나 형제 또는 동료들에게 그러한 재능이 외면당할 수 있다. 그 자녀는 성별에 부합되지 않는 행위를 나타낼 지도 모른다. (예를 들어, 소년이 인형을 갖고 놀며 다른 여성적인 활동에 몰두하거나, 여자아이가 운동을 잘 하면

---

21) Ibid., pp. 28-53.

서 남자들과 어울리는 경우다.)

3. **이성애 정서적 상처(Hetero-emotional wounds).** 밀착(enmesh-ment) 이는 아이가 이성 부모와 지나치게 결속되어 있는 경우로서, 그 이성 부모의 행위를 모방하는 것을 말한다. 예를 들면, 아들이 남성적이기보다 더 여성적으로 행동하거나 딸이 여성적이기보다는 더 남성적으로 행동하는 경우이다. 때때로 이러한 성향을 가진 아이들이 잘못된 성별을 갖고 태어난 것처럼 느낀다. 많은 경우, SSA가 있는 아들은 어머니와 정서적으로 얽혀 있으며, 아버지로부터 멀어져 있다. 이들은 어머니의 여성성을 내면화하는 경향이 있으며, 아버지가 나타내는 남성성에는 거리감을 둔다. 딸은 아버지에게 더 가깝고 어머니로부터 멀어질 수도 있다. 그러면 그녀는 아버지의 남성성을 내면화하며, 어머니의 여성성을 거부한다. 다른 경우도 있다. 아들이 그의 부모가 딸을 원했다는 것을 들었거나 딸이 부모가 아들을 원했다는 것을 알았을 경우다. 그러면 이들은 부모를 기쁘게 하고 그들의 사랑을 얻기 위해 이성의 행위를 따라 하기도 한다.

4. **동성애 정서적 상처(Homo-emotional wounds).** 정서적 유대감의 부재와 부자나 모자 간의 안정적인 애착 관계의 부재, 동성 부모의 학대나 정서적 무관심에서 생긴 상처. 동성애 정서적 상처는 SSA를 경험하는 이들이 종종 겪는 핵심적 문제다. 아들은 그의 아버지와 충분히 애착 관계를 형성하지 못하거나 그의 사랑과 남성성을 내면화하지 못한 경우다. 딸은 어머니와 충분히 애착 관계를 형성하지 못하거나 그녀의 사랑과 여성성을 내면화하지 못한 경우다. 이는 성별 분리로 이

어지며, 이는 차후에 동성에 매력을 느끼는데 기초를 제공한다. 아이가 경험할 수 있는 가장 파괴적인 일 중의 하나는 아버지나 어머니의 정서적 무관심이다. 이것은 아이가 SSA를 형성하는데 직접적인 영향을 미친다. 기억해 둘 것은 대단히 민감한 아이들은 거절을 인식한 다음, 동성 부모로부터 정서적으로 분리될 지도 모른다는 것이다. 이 거절당하는 느낌은 그 아이의 마음속에만 존재하지 당신이 처한 현실에서는 전혀 드러나지 않을 수도 있다.

5. **형제간 상처/가족 간의 역동적 관계.** 깔아뭉개는 말이나 학대적인 대우나 욕설이 여기에 해당된다. 흔히 SSA를 겪고 있는 소년들은 형제들을 적대시하거나 자신이 형에 못 미친다고 느낀다. 이들은 형제들이나 동성 친척들로부터 욕을 듣거나 신체적 학대를 당할 수도 있다. 이러한 민감한 아이들은 흔히 다른 가족 간의 모든 문제를 해결하여 사람들을 만족시키려는 사람들이다. 셀 수 없을 만큼 많은 부모들로부터 이런 말을 들었다. "내 아들은 완벽한 소년이었으며, 완벽한 신사였어요." 그 "착한 소년들"을 조심하라. 소년들은 대체로 그렇게 착하거나 친절하도록 의도되지 않았다. 왜냐하면 소년들은 원래 적극적이고, 사교적이며, 짓궂기 때문이다.

6. **신체 이미지 상처.** 성장이 늦은 아이, 신체적 장애나 질병이 있는 아이, 운동 신경이 좋은 소녀, 스포츠를 못하는 소년들, 비정상적으로 키가 작거나 크거나 말랐거나 과체중인 아이들 그리고 눈-손의 협응력 (eye-hand coordination)이 떨어지는 아이들이 여기에 해당된다. 수많은 SSA 청소년은 자신의 외모나 신체적 부족이나 성적인 기량의 부

족을 느낀다. 이들은 동성 부모로부터 분리되어 어쩌면 동성 형제나 동성 동료들로부터 거부를 당했을 지도 모른다. 그래서 자신의 성 정체성으로부터 분리되었을 가능성이 높다. 그 결과가 상당한 성적 부족감이다. 만약 이들이 성장이 늦는 사람들이라면, 그들은 동료들로부터 다르다는 느낌을 받거나 소외당했을 것이다. 이들이 동료들보다 키가 작거나 큰 것이 소외감을 더 가중시켰을 지도 모른다. 많은 SSA 남성들이 이렇게 말하는 것을 들어왔다. "나는 체육 시간에 늘 가장 마지막으로 팀에 뽑혔어요." 그 결과 늘 놀이에서 제외되어 동성 동료들과 애착 관계를 형성하는데 악영향을 입었을 수도 있다.

7. **성적 학대.** 성적으로 학대를 받은 것을 근거로 한 동성애적 낙인 또는 패턴화이다. 동성 활동은 진정한 사랑이나 애정을 받지 못한 아이들이 저질적이고, 강제성을 띤 성경험을 통해 배울 때 비롯될 수도 있다. SSA를 경험하는 수많은 이들은 아이나 청소년 때 성적으로 학대를 당했다. 아이들은 동성 부모나 동성 동료들로부터 따스함과 애정을 경험하지 못하면 학대를 당하기가 더 쉽다. 그러면 섹스는 동성의 다른 사람들과의 정서적 및 관계적 친밀감의 대체물이 되어버린다. 이런 성적 행위의 패턴은 시간이 지날수록 더 깊어지며 SSA의 발달에 대한 예측의 변수가 된다.

(경고: 당신의 자녀가 SSA로 씨름하고 있다고 해서 무조건 성적 학대를 당했을 것이라 가정하지 말라. 학대는 여러 가지 기여하는 요인 중의 하나일 뿐이며, 동성에 매력을 느끼는 것의 전제 조건이 아니다.)

8. **동성사회적 상처(socio-emotional wounds).** 욕설이나 왕따를 당하

거나 외모에 대해 놀림 당하는 경우가 이에 해당한다. 많은 소년 소녀들이 동성 동료의 거부 때문에 엄청난 정서적 상처를 받는다. 이들은 어디에도 어울리지 못하며 욕을 먹는다. 예를 들면 "계집애 같다", "게이", "괴상한 놈", "레즈비언", "톰보이" 같은 놀림을 받는다. 이런 일을 겪는 아이들은 소년인 경우 여자 친구들과 더 편안해 하며 전형적인 남성 활동으로부터 거리를 둔다. 이들이 "커밍아웃"하면 자신처럼 어디에서도 소속감을 느끼지 못하던 사람들의 공동체에서 즉각적인 환영을 받는다. 동병상련이란 말처럼 말이다.

9. **문화적 상처.** 매체, 교육 시스템, 정치적 기관, 연예계, 학계 그리고 인터넷에 의한 사회적 세뇌 - (동성애자가 된 것은 "타고난 것이며, 불변하다"는 거짓된 개념) 때문에 생긴 경우다. 오늘날 우리 청년들은 거짓된 문화와 교육 때문에 동성애의 유혹을 받고 있다. 실제로 "동성애자"나 "양성애자"가 되는 것이 최신 유행이기도 하다. 이러한 거짓된 신화들이 어리고, 외부에 쉽게 영향 받는 아이들을 무차별적으로 공격하고 있다.

많은 아이들이 편부모 가정에서 자라고 있으며, 동성 멘토나 동료의 관심과 애정을 갈망한다. 동성 부모와 동성 동료와의 정서적 유대감을 형성하고 싶은 욕구는 사춘기를 거치면서 성적으로 변질된다. 매체, 교육 시스템, 그리고 연예 산업은 이제 "게이"라 불리는 거짓된 정체성을 만들어냈다. "게이"('기쁘다'라는 뜻)라는 것은 없다. 단지 사랑을 갈망하는 상처받은 아이들만 있을 뿐이다.

10. **다른 요인들.** 이혼, 부모의 사망, 입양, 종교, 이성 동료에 의한 거부가 여기에 해당된다. 민감한 아이는 부모가 죽거나 이혼을 했다면 이

를 개인적 거절로 인식할 수도 있다. 이것은 그의 성별에 혼란스러운 느낌을 줄 수도 있다. 종교적 교리가 동성애를 비난하고, 아이들이 자신의 잘못이 아닌데도 동성에 매력을 느끼면 엄청난 죄책감과 수치심에 사로잡히게 된다. '어떻게 사랑이 많으신 하나님께서 나에게 이런 일을 하실 수가 있지?' 또한, 어떤 아이가 부모로부터 분리된다면, 그는 대개 부모의 "하나님"이나 종교적 믿음을 거부하게 될 것이다.

입양아는 친부모에게서 거절당한 느낌을 받을 수도 있으며, 새 가족에 결코 안정적인 애착 관계를 형성하지 못할 수도 있다. 이런 거절감은 불안의 패턴을 형성하면서 무의식 깊숙이 내주할 수도 있다.

그리고 나약한 성 정체성(또는 성 정체성의 부족)을 가진 소년은 여자와 데이트를 신청했다가 거절당한 경험을 했을 지도 모른다. 그 거절로 인해 소년은 남자라는 생각에 자신감을 갖지 못하게 된다.

딜레마에 빠짐

남녀에게 SSA의 형성으로 이어지게 만드는 기여 요인들이 몇 가지 있다. 이러한 여러 요인들이 복합적으로 생기면서, 자신이 "성별 딜레마(gender double bind)"에 빠졌음을 자각하게 된다. 심리치료사 데이비드 매터슨(David Matheson)은 이런 현상을 다음과 같이 말한다.

딜레마(double bind)라는 것은 당신이 무엇을 하든 고통과 문제에서 빠져나올 수 없는 것 즉, 탈출구가 없는 상황을 말한다. 이러한 소년들이 겪는 최악의 딜레마는 소년이 되는 것은 나쁜 것이라고 배우는 점이다. 이것을 성별 딜레마(gender double bind)라 부를 수 있다. 그들은 자신의 남성성을 강력하게 주장하면 처벌을 받게 된다. 반대로 자신의 남성성을 버리면 깊은 상실감을 경험하게 된다. 청소년들은 주변 환경으로부터 이에 대한 고민을 해소할 수 있는 어떤 도움도 받지 못한 채 성적 행위를 통해 이러한 고민을 억누르거나 감추고 있다. 성별 딜레마는 남성이나 남성성에 대해 반감을 갖는 어머니(또는 아버지)가 자신의 아들은 다른 소년들과 다르다고 칭찬하는 데서 흔히 만들어진다.[22]

이 성별 딜레마의 본질은 어머니가 남자의 남자다움을 문제라고 여기기 때문에, 그 소년은 남자답게 자라지 못하게 되고 결국은 문제가 되는 것이다. 그래서 그에게 출구가 안 보이는 것이다. 그는 어디로 가야 할지를 모른 채 두 세계 사이에 끼어 있다. 그는 한 편으로는 "나는 남자다"라고 생각하지만 다른 한 편으로는 "나는 남성적인 사람이 되고 싶지 않아. 그러니까 나는 실제로 남자는 아니다. 내 안에 무언가가 빠졌다."고 생각한다.

피터(Peter)와 바바라 와이덴(Barbara Wyden)은 "이성애자로 자라나기(Growing Up Straight)"에서 이 진퇴양난의 딜레마에서 핵심적인 요인이 아버지의 영향이라고 지적한다.

전문가들은 아버지의 역할이 동성애에 있어서 주된 문제 중의 하나이며, 어쩌면 가장 큰 문제라는데 동의한다. 어쩌면 어머니들은 그동안 자녀를 동성애자로 만들었다는 너무 많은 비난에 시달려왔다. 이는 이 문제에 있어서 아버지의 역할이 더욱 중요했음을 제대로 인식하지 못한 결과다. 그래서 부모들은 이것이 왜 결정적인 요인인지에 대해 더 잘 이해해야 한

---

22) 데이비드 메테손(David Matheson) 저 "변화의 네 가지 원리: 남성성으로의 여정 주말을 위한 부재(Four Principles of Change: A Supplement for the Journey into Manhood)" (2003), pp.3-4.

다.[23)]

주드 마머 박사(Dr. Judd Marmor)는 이런 식으로 표현했다. "우리 시대와 문화에서 동성애적 적응이 일어나게 하려면 (1) 손상된 성 정체성(남성성 또는 여성성의 느낌)을 만들고, (2) 이성과의 친밀한 접촉을 두렵게 만들고 (3) 동성의 일원들과 성적인 발산을 위한 기회를 제공하는 것이 필요하다."[24)]

조셉 니콜로시 박사(Dr. Joseph Nicolosi)는 동성애에 빠지기 전에 가족과의 건강치 못한 삼각관계에 대해 가르친다. 예민한 아들은 어머니에게 과잉 애착 관계를 형성하며, 아버지와는 거리감이 꽤 있고, 동성 동료들로부터 거부를 당했다.[25)]

동성애 문제와 씨름하는 사람들의 화상회의 수업(Struggler's Teleconferen-cing Classes)이 북경에 있는 어떤 남자에게는 생명줄과도 같았다. 왜냐하면 그의 국가에는 지역 자원이 없었기 때문이다. 그는 다음과 같은 관찰을 했다.

가끔씩 길거리의 소년들이 노는 것을 지켜보곤 한다. 이들은 "불량한 소년들"이며, 담배를 피워대며, 서로에게 욕을 해댄다. 이들은 서로 끌어안고, 서로 만지기 같은 친밀한 행동을 종종 한다. 이들이 거칠어 보이긴 하지만,

---

23) 피터(Peter)와 바바라 와이덴(Barbara Wyden) 저 "이성애자로 자라나기(Growing Up Straight)" (New York : Stein and Day, 1968), p. 18.

24) Ibid., p.19.

25) 조셉(Joseph)과 린다 아메스 니콜로시(Linda Ames Nicolosi) 저, 동성애를 예방하기 위한 부모의 안내서(A Parent's Guide to Preventing Homosexuality) (Downers Grove, Ⅲ. : InterVarsity Press, 2002).

계집애들 같거나 남자 동성애자들 같지는 않다. 그래서 소년과 남성들은 자랄 때 친밀한 관계를 맺는 것이 정상이라고 생각한다. 그래야 그 소년은 자신이 지극히 정상적인 소년임을 제대로 알게 될 것이며, 게이로 자라지 않을 것이다.

어떤 십대들이 수영장에서 서로 노는 것을 지켜보았다. 서로 어깨 위에 올라타며, 뒤에서 포옹하고, 다른 이들의 가슴과 허리를 붙든다. 이들은 서로의 은밀한 부위까지 만지고 보면서 농담을 한다. 이들은 서로의 상체를 만지기 좋아한다. 하지만 그렇다고 성적으로 그러는 것 같지는 않다. 오히려 용감하고 버릇없지만 친밀하게 지내는 것이다. 그것을 그들은 좋아하는 것 같다. 동시에 이들은 여자 친구를 원하기도 한다.

누군가가 자신이 뭔가를 갖고 있는 것을 알면 부족함을 느끼지 않을 것이다. 하지만 그가 무엇인가 부족하다고 느끼면 그것을 얻으려고 열망 할 것이며, 거기에 끌릴 것이다. 만약 어떤 학생이 강제로 공부해야 하고 다른 아이들처럼 밖에서 노는 것을 금지 당했다면, 선원이나 건설 노동자의 삶을 동경하게 될 것이다. 그는 이들의 강인한 방식과 햇볕에 검게 그을린 피부를 동경할 것이다. 반면에, 자신감이 부족하고, 남자들에 대한 지식이 없는, 교육을 받은 사람은 자신이 나약하고 쓸모가 없다고 느낄 수도 있다.[26]

통찰력을 가지고 그의 입장이 되어 보면 사실 마음이 아프다. 그는 놀라운 사람이다. 내가 그를 수년 동안 알고 지냈지만 그는 놀라운 진전을 보였다. 실제로, 그는 결혼을 했으며, 첫 아이를 가졌다. 우리의 화상회의에

---

26) 저자의 허락을 받아 사용함

처음 참여 했을 때는 SSA에 대해 전혀 아는 것이 없었다. 그저 자신에게 뭔가 맞지 않는 것이 있음을 아는 정도였다. 하지만 그는 열심히 배웠고, 치유와 성장을 위해 필요한 모든 일을 성실하게 다 해냈다.

국제 치유 재단(International Healing Foundation)의 씨름하는 사람들의 화상회의 수업(Struggler's Teleconferencing Class)에서는 참가자들에게 우리가 위에서 살펴보았던 10가지 변수들을 근거로 하여 그들의 SSA의 원인을 평가해 보라고 요청한다. 여기에 두 가지 본보기가 있다.

바니의 평가

유전. 우리 집은 여러 면에서 역기능적 가정이었다. 우리는 독일계이며, 애정표현은 많지 않고 냉랭함만 있었다. 어머니가 자란 가정 배경에는 완벽주의가 있었다. 그래서 자녀에 대한 어머니의 태도는 늘 만족하지 못하는 느낌이었다. 또한 나는 우울증에 빠지는 성향이 있었다고 생각한다. 왜냐하면 나의 어머니와 그녀의 어머니도 우울증을 겪었기 때문이다.

기질. 나는 낯이 두껍지 않았다. 그래서 사람들의 말이나 부정적인 태도에 상처 받기 쉬웠다. 나는 쉽게 울었고 지금도 그렇다. 하지만 위로는 거의 받지 못했다. 오히려 "진짜 울 거리를 주겠다"는 말이 내가 자주 듣는 표현이었다. 나는 어머니와 같이 "톰보이"였다. 부모님은 이것을 막지 않고 오히려 격려했다. 부모님은 내게 장난감 군인들과 장난감 총과 같은 남자들의 장난감을 사줬다. 나는 두 명의 오빠가 있었는데 그들의 친구가 내 친구였다. 그들에게는 내가 유일한 여자였다. 나는 여자 옷이 불편했으며 드레스와 스타킹을 싫어했다. 내가 화장을 해보려고 하면 아버지는 "위장크림"(역주-전투에 나갈 때 얼굴과 몸에 바르는 물감)을 칠하느냐고 놀려댔다.

이성애 정서적 상처(Hetero-emotional wounds). 나는 아버지에게서 사랑한다는 말을 한 번도 들어본 적이 없다. 내가 예쁘다고 말씀하신 것도 들어본 적이 없다. 내가 못 생겼다고 하지는 않으셨지만 내가 과체중이었을 때 "쥐어짜는 것"을 좋아하는 남자친구를 만나게 될 거라고 하셨다. 아버지는 나를 각별하게 대해주신 적이 없었다. 외가 친척 중에 여자 사촌이 있는데, 그녀의 아버지는 그녀를 무척 예뻐했다. 그녀를 공주라 부르며 애지중지했다. 나는 너무나 질투가 났다. 나는 아버지와 친밀한 느낌을 받지 못했다. 그는 우리를 부양하셨으며, 모든 필요를 채워주셨지만 정서적으로는 거리가 멀었다. 오빠들과도 친밀하지 않으셨다. 우리를 위해 물건을 만들어주시곤 했지만 애정을 표현하는 데는 서투르셨다.

동성애 정서적 상처(Homo-emotional wounds). 어머니와 나는 너무 밀착되어 있었다. 그녀는 많은 개인적 문제들을 나에게 쏟아놓듯 말했다. 나는 고작 10살 밖에 안 되었는데도 말이다. 그래서 나는 어머니의 감정을 돌봐주어야 한다는 책임감이 들었다. 그럼에도 불구하고 한 편으로는 어머니에게 거절당하는 느낌을 받았다. 그녀와 예전에는 다정하게 지냈지만 어느 날 갑자기 나를 차갑게 대하셨다. 도대체 내가 무슨 잘못을 했기에 나를 멀리하시는지가 궁금했다. 그리고 가장 안 좋았던 기억은 성적인 학대였다. 8살 때 어머니는 내게 잊을 수 없는 일을 시켰다. 심지어 3살 정도였을 때 목욕탕에서 내 친구들과 성적인 놀이를 한 것에 대한 벌로 그녀에게 성적인 행위를 하도록 시켰던 일도 기억한다. 내 레즈비언 행위의 대부분은 그러한 학대를 재현한 것임을 안다. 그렇게 할 때만 내가 주도권을 갖고 다른 여성을 만족시킬 수 있었다.

형제간 상처/가족 간의 역동적 관계. 오빠들은 짓궂었다. 특히, 나보다 다섯 살 위인 오빠가 그랬다. 나랑 놀아주지도 않고 보호하지도 않았다. 내가 주변에 있는 것을 원치 않는 것 같았다. 부모님이 우리들끼리 놀게 놔두면 오빠들은 내가 울 때까지 나를 심하게 괴롭히며 놀려댔다. 그들은 내가 예쁘다고 절대로 얘기하지 않았으며, 그들의 남자친구들에게 소개시켜 주지도 않았다. 오빠들은 내가 여동생이라는 것을 학교의 다른 여자애들에게 알리지 말라고 했다. 때로는 내가 입양된 아이라고 말하기도 했다. 내가 뚱뚱하고 자주 울어서 그랬던 것 같다.

신체 이미지 상처. 나는 사춘기 이래 과체중이었고 체중을 줄일 수가 없었다. 부모님도 과체중이었기에 이를 대수롭지 않게 여겼다. 하지만 다른 사람들은 적어도 처음에는 나를 좋아하지 않았다. 친구를 만들려면 그들이 내 몸을 초월해서 나를 볼 수 있도록 많은 노력을 해야 했다. 나는 생리를 하는 게 싫었다. 다른 사람이 나를 성적으로 만지는 것이 혐오스러웠으며, 여자의 성기를 갖고 있는 것은 문제만 일으킬 뿐이라는 생각이 들었다.

성적 학대. 나는 지금까지 살아오면서 몇 명의 남자들에게 성추행을 당하기도 했다. 내가 8살이었을 때 우리 가족은 여행을 떠났는데 열차의 차장이 나를 부적절하게 만졌다. 또한 내 친구의 아버지의 친구가 나를 애무했으며, 내가 걸스카우트 프로젝트의 일환으로 도와주고 있던 어느 65살 된 할아버지도 나를 성추행 했다. 그와 나는 자주 키스를 했으며 나를 애무했다. 나는 당시 13살이었는데 내가 40대가 되기까지 그 일에 대해 나에게 책임이 있다고 느꼈다. 그 밖에도 여러 사례가 있다. 나는 남자와 성관계를 하거나 구강성교를 하지는 않았지만 내게 끔찍한 기분이 들게 한 성적 접촉의 사례는 여러 차례 있었다.

동성사회적 상처(socio-emotional wounds). 나는 또래 여자 아이들과 편안하지가 않았다. 그렇지만 나보다 몇 살 더 어린 여자 아이들과는 잘 지냈다. 실제로 몇 안 되는 여자 친구들이 있었는데 우리는 이웃 어르신들을 방문하며 많은 시간을 보냈다. 왜냐하면 그 연세 드신 분들은 내 이야기에 귀 기울여 주셨기 때문이다. 고등학교 때 인기 없는 여자들의 모임을 발견했다. 그래서 우리는 우리만의 조그마한 패거리를 만들었다. 우리는 지금까지도 친구로 지내고 있으며, 나는 그들에게 감사한다. 하지만 많은 상처를 극복하기에는 충분하지 않았다!

다른 요인들. 나는 부모님이 나를 원하지 않았다는 사실을 알고 있다. 내 위로 오빠가 두 명 있었는데, 어머니는 내 바로 위의 오빠가 겨우 5개월밖에 안 되었을 때 나를 임신했다. 이 사실은 그녀에게 충격이었으며, 아버지도 나를 원하지 않았던 것 같다. 또한 어머니가 이모에게 내가 여자여서 실망했다고 말하는 것을 듣기도 했다.[27]

아드리안의 평가

유전. 아버지는 정서적인 면이 부족한 분이셨다. 그는 자신의 아버지와의 개인적인 문제 때문에 여동생과 나에게 냉담하셨다. 따라서 나는 모든 친척 남성들로부터 거리감을 느꼈다. 어머니는 별난 분이셨고, 애정에 늘

---

27) 보니는 이제 어머니를 용서했고, 그녀의 삶 속에서 번창하고 있다. 그녀는 결혼했으며, 이제 다른 사람들이 원치 않는 SSA로부터 치유를 받는데 도움을 주는 사역을 인도하고 있다.

굶주렸으며, 사람들의 관심을 받고 싶어 했다. 사실 외가 쪽 친척은 이상했다. 부모님은 결혼하면서 양쪽 가문과 모두 거리를 두고 지내셨다.

기질. 나는 상당히 예민하고, 아주 예술적이며, 사람을 기쁘게 하는 성격을 가지고 있다. 나는 사람들이 시키는 그대로 할 뿐만 아니라 그 이상을 하며, 다른 사람들이 원한다고 생각하는 것을 항상 수행하고 베푼다. 성적도 뛰어나고, 깔끔하고 깨끗하다. 내 자신보다 다른 사람들을 먼저 돌본다.

이성애 정서적 상처(Hetero-emotional wounds). 내 주변의 모든 여자들은 남편을 우습게 안다. 나는 어머니와 아주 가까웠지만 그녀는 수없이 나를 방치했다(학교, 댄스 수업이나 그 언제든 제때에 데리러 온 적이 없다). 그녀는 단호한 성격 때문에 많은 일들을 망쳐놓았다. 그녀는 나한테 묻지도 않고 일을 벌이며, 내 삶에 대해 최종적인 결정을 혼자 내려버린다. 나에게 있어서 모든 이성애 정서적 관계는 애증 관계이다.

동성애 정서적 상처(Homo-emotional wounds). 아버지는 항상 나를 무시했다. 무관심 외에 그가 나에게 보여주었던 감정은 분노였다. 그가 코치를 맡고 있던 운동을 강제로 시켰는데 나는 그것이 너무나 싫었다. 차라리 내 여동생들과 인형 놀이를 하거나 드레스를 입는 놀이를 하고 싶었다. 부모님 중 그 누구도 나의 발표회나 수영 대회에 온 적이 없다. 아빠는 그저 TV만 봤고, 그것이 우리 관계의 실상이었다.

형제간 상처. 내 여동생은 장애가 있어서 나는 그녀의 오빠이자 돌보미이며 친한 친구의 역할도 해야만 했다. 그래서 친구를 사귈 수 없었다. 나는 그런 동생을 미워하는 죄책감에 시달리기도 했다. 나는 내 생각을 가질 수가 없었다. 동생에게 괜찮은지 먼저 물어보고 동의를 얻어야 했기 때문이다. 나는 그저 동생의 친구가 되어주어야 했다.

신체 이미지 상처. 나는 키가 매우 크지만 내 키에 대해 결코 자부심을 느끼지 못했다. 나는 흐느적거리게 키만 클 뿐이지 마르고 창백했다. 거기다 나는 누구나 눈치 챌 수 있는 빨간 머리와 금발 눈썹을 지니고 있는데 이게 항상 신경 쓰인다. 내 치아도 맘에 들지 않고, 심한 여드름으로 오랜 기간 고생했다.

동성애 사회적 상처. 나는 늘 놀림을 당했으며, 동성 친구가 없었다. 나는 정말 친구들과 어울리고 싶었다. 그래서 늘 착한 척을 했으며, 선생님에게는 충견이었고 아첨꾼이었다. 나는 남자들의 활동에 일체 참여하지 않았다.

문화적 상처. 나는 매체 마니아였다. TV를 너무 좋아했다. 댄스 문화는 동성애자의 문화다. 그래서 나는 이런 모든 일과 여러 종류의 사람들에게 노출되었다. 예를 들어, 우리 무용단 전체가 게이바(동성애자들이 출입하는 술집)에 가기도 했다.

교육 시스템. 좋은 선생님은 전부 여성이었다. 내가 좋아하거나 존경했던 남자 선생은 한 명도 없었다. 내 남성 동료들은 나에게 언어로 학대했으며, 나는 여자 취급을 당했다.

인터넷. 한 동안 포르노에 중독되어 있었다.

다른 요인들. 나는 목사의 아들이었다. 그래서 교인들 앞에서 더 잘 해야 했다. 우리 가족의 유일한 규칙은 교회에 출석하는 것이었다.[28]

---

28) 아드리안은 이제 그의 아름다운 아내와 결혼했으며, 그들의 가족을 시작하고 있다!

기억할 것은 SSA는 항상 해결되지 않은 어린 시절의 상처와 충족되지 않은 애정 욕구의 증상이라는 점이다. 처음에는 어렵겠지만 자녀의 상처와 필요를 조사해보라. 이 10가지 요인을 사용하여 왜 당신의 자녀가 SSA를 경험하고 있다고 생각하는지 그 목록을 작성해보라. 이 평가서를 당신의 자녀에게 보여주지 말라. 이것은 오로지 부모로서 어떻게 하면 당신의 자녀를 가장 잘 사랑할 수 있는 지를 발견하고 치유의 과정에 어떻게 도움이 될 수 있을 지를 찾기 위한 참고 목적으로 만든 것이다. 양쪽 부모가 서로 별도의 평가서를 작성한 다음에 상대방과 나눠 보는 것도 좋을 것이다.

당신 자녀의 SSA에 대한 여러 원인을 작성하다보면 격한 감정이 일어날 수도 있다. 자신에게도 비통해 할 시간을 허락하라. 당신의 배우자와 친구들에게 지원을 받으라. 당신의 감정을 혼자서만 삭이지 말고 다른 사람들에게 표현하라. 이것이 더 빠른 치유를 가져다주며, 배우자와 자녀에게 더 가까이 다가갈 수 있게 해준다. 천천히 하라.

SSA에 관한 도서 모음을 만들라

동성애의 원인과 치유에 관한 유용한 도서 모음을 만들라. 또한 동성애 운동과 그 활동에 대하여 배우라. 당신의 자녀가 무엇을 배웠는지를 알게 되면 지금 현재 자녀가 어떤 시각으로 세상을 보고 있는지를 이해하게 된다. (권장 도서와 인터넷 사이트는 이 책 말미의 자료를 참조하라.)

당신 자녀의 사고방식을 이해할 수 있도록 동성애 옹호 자료를 읽어보는 것도 중요하다. 하지만 마음을 단단히 먹고 읽어보라. 왜냐하면 그런 자료들은 당신의 마음속에 혼란을 불러일으킬 수 있다. 이 자료들은 당신을 몹시 화나게 하고, 격분하게 하며, 역겹게 만들 수도 있다. "동성애" 운동가들은 수십 년 동안 이런 투쟁을 해왔음을 기억하라. 그들에게는 시간과 돈, 인원 그리고 자원들이 있다. 그들은 대개 수입이 높은 독신자와 독신녀들이며, 자녀가 없고 시간이 아주 많은 사람들이다. 그들은 분노와 원망 그리고 아픔을 원동력 삼아 움직인다. 그들의 요구는 자신들의 생사가 걸려 있는 내용이다. 그들은 날마다 자신의 목숨을 건다. 왜냐하면 그들은 우리가 용납해주기를 원하고 필요로 하기 때문이다. 문제는 SSA의 진실에 대하여 전혀 모른다는 것이다. 그래서 다시 한 번 말하건대 당신이 감정적으로 안정되어 있을 때에만 그들의 사이트와 책을 읽으라. 이 실태 조사는 당신을 교육시키기 위함이다. 따라서 이 정보를 당신의 SSA 자녀와 나누거나 보여주지 말라. 이 부분에 대해서는 6단계에서 더 자세히 설명하겠다.

심리치료사 찾기

당신의 자녀가 스스로 변하고 싶은 갈망이 있지 않은 한 심리치료사를 만나보라고 강요하지는 말라. 그리고 때가 되면, 먼저 심리치료사의 자격과 SSA를 얼마나 성공적으로 다루어봤는지를 자세히 조사해 본 후에 데려가라. 자녀에게 이 분야의 경험이 거의 없거나 전무한 치료사를 만나게 하는 것은 유익보다는 상처를 입힐 가능성이 높다. 또한 이 문제를 단순히 "기도"로 해결하려 하거나 "악령을 쫓아내려" 하는 치료사를 만나게 하는 것도 바람직하지 못하다. 어느 부모가 자녀를 어떤 종교인에게 데려 갔는데 그 사람이 자녀를 "퇴마"시키려 했던 여러 경우를 알고 있다. SSA 자녀는 그 즉시로 치료에 흥미를 잃어버리게 된다.

내가 이전에 "동성애 옹호" 심리치료사들에 대해 언급했던 것을 기억하라. 이것이 정신건강 전문가와 회복 운동의 기본 입장이다. 사실, 이들은 동성애를 받아들이지 않는 사람들에게 "내면화된 동성애 혐오증"이라는 새로운 진단을 내리고 있다. 이 말은 내담자가 자신의 SSA를 받아들이지 않는 이유가 동성애를 향한 사회적 또는 종교적 편견 때문이라고 설득하는 것이며, 결국 동성애를 받아들이게 만들려는 속셈이다. 그러므로 심리치료사를 선택할 때 조심하라.

당신과 자녀가 도움을 구할 때가 되었다고 결정되면, 다음의 몇 가지 질문을 심리치료사에게 먼저 문의해보라.

◆ SSA와 성적 성향 전환(reorientation) 치료 분야에 대해 어떤 교육과 훈련을 받았는가?

◆ 동성애와 SSA에 대한 당신의 개인적인 신념은 무엇인가?

◆ 당신은 "동성애 옹호 치료"를 하거나 믿는가? (이 질문을 하는 것이 중요하다. 심리치료사를 면담할 때 심지어 그들이 종교인이더라도 어떠한 추측도 하지 말라.)

◆ 당신은 원치 않는 SSA로부터 치유를 받고 싶은 사람들을 돕는데 얼마나 성공했는가?

◆ 당신은 동성애에서 이성애적 지향으로 전환하는데 성공적으로 도움을 준 적이 있는가?

◆ 성공률이 어느 정도 되는가?

◆ SSA에 대해 개인적인 경험이 있는가? (나처럼, 몇몇 심리치료사들도 동성애로부터 벗어난 사람들도 있다. 하지만, 훌륭한 심리치료사가 되

기 위한 필수조건은 아니다.)

♦ 내 아이를 상담하게 된다면, 어떤 치료적 접근을 사용할 것인가? (치
료적 접근에 대해 더 자세히 알기 원하면, 이성애자로 커밍아웃하기
(Coming Out Straight)의 4장과 6장 을 읽어보라.)

심리치료사들이 하나님에 대한 개인적인 믿음이 있다고 주장하더라도
그것이 SSA를 이해하고 있는 것으로 추측하지 말라. 많은 기독교 심리치
료사들이 동성애가 "타고난 것이며, 불변"이라는 잘못된 개념을 믿고 있다.
또한 어떤 심리치료사들은 SSA를 다루는데 도움을 줄 수 있다고 말은 하
지만 여전히 "동성애 옹호 치료"를 믿고 있기도 하다. 그들이 이런 종류의
치료를 하는지 직설적으로 물어보라.

가족 치료를 개인 치료와 비교하여 고려해볼 수도 있다. SSA는 체계적인
문제이며, 아버지와 어머니, 그리고 모든 자녀들을 포함한 가족 전체가 참
여함으로 치유가 가속화될 수 있다. 이렇게 하면, SSA를 가진 자녀에게 초
점을 두는 것이 아니라 모두가 가족 치유에 참여하게 된다. 이 방법을 원
한다면 가족과 함께 일해 본 경험이 있는 유능한 심리치료사를 찾도록 하
라. 이 방법 자체가 기술인데, 많은 심리치료사들이 가족 치료를 불편해하
거나 이에 대한 훈련을 받지 않은 경우가 있다.

영화 치료

예술을 관찰함으로 이 시대의 문화를 읽을 수 있다. 예술은 삶을 모방하
고 있기 때문이다. 오늘날 예술계에는 SSA를 겪고 있는 많은 남녀들이 있

다. 그들의 삶을 예술로 표현하고 있는 것이다. 나는 SSA를 겪고 있는 사람들이 각본을 쓰고, 감독을 하며, 제작한 동성애 영화를 여러 편 빌려서 봤다. 이러한 영화들은 동성애적 삶의 불행과 고통에 대한 가장 좋은 증거이다. 이 영화들은 동성애적 삶이 실제로 얼마나 외롭고 만족을 주지 못하는지를 가르쳐준다. 사전에 경고하건대 여기 열거한 영화를 빌린다면 당신이나 다른 가족 일원들에게 정서적 고통이나 불안을 야기할 수도 있다. 다음 영화들 중에 하나 또는 그 이상을 볼 것을 고려해보라. 하지만 사랑하는 가족 (SSA 자녀를 제외하고)과 영화를 시청하고, 시청한 다음에 당신의 생각과 감정을 나누어라.

- ◆ **딥 엔드(The Deep End).** 어머니는 아버지가 바다에 나가 있는 동안 그녀의 아들을 과잉보호하며, 마음대로 다룬다. 아들은 아버지의 사랑을 갈망한다. 이는 전형적인 삼각 관계이다. 민감하고 예술적인 아들, 엄마에 대한 과잉애착, 아버지로부터의 거리감.

- ◆ **브레이킹 더 서피스: 더 그래그 루가니스 스토리(Breaking the Surface: The Greg Louganis Story).** 다시 한 번 말하지만, 전형적인 삼각관계가 묘사된다. 올림픽 금메달리스트 다이빙 선수인 그래그 루가니스는 학대하는 아버지와 과잉보호하는 어머니 밑에서 자란 입양아다. 이 민감한 아이는 운동선수로서의 성취를 통해 아버지의 사랑을 얻으려 하고, 결국 다른 남자들과의 학대적인 관계를 통해 그 사랑을 얻으려 한다.

- ◆ **래터 데이즈(Latter Days).** SSA를 앓고 있는 사람들을 종교적으로 거

부하는 것에 관한 충격적인 논평이다. 이 영화는 무지로부터 오는 상당한 해악을 보여준다. 이 이야기는 그의 SSA를 억누르고 있는 몰몬교 선교사가 "동성애자" 남성에게 유혹을 받는 것에 관한 이야기이다. 이 영화는 그의 부모가 전부 잘못된 방식인 판단과 비난으로 반응하는 것을 보여준다. 그들은 아들을 "치유"하기 위해 끔찍한 프로그램에 보내지만 결국 그의 남자친구에게로 도망가게 된다.

◆ 엔젤스 인 아메리카(Angels in America). 퓰리처상을 수상한 극작가 토니 커쉬너(Tony Kirshner)가 각본하고 2003년도에 에미상을 수상한 이 드라마는 SSA를 겪으며 고뇌하는 영혼들이 1980년대에 에이즈(AIDS)의 발병을 직면하면서 서로에게서 위로와 위안을 찾는 참으로 비극적인 이야기이다. 이 이야기에는 희망이나 구원이 제시되지 않는다. 작가는 SSA의 실체와 변화 가능성에 대해 전혀 이해하지 못하고 있다.

◆ 노멀(Normal). 이 영화는 어떤 남자가 자신이 잘못된 몸에 태어났다고 믿고 결혼 25년 만에 그의 성별을 남성에서 여성으로 전환하려는 내용을 그리고 있다. 다시 말하지만, 이 영화도 성 정체성 장애에 대해 전혀 이해하지 못하고 있다. 그의 아버지와의 관계에서 수치심 주기, 욕하기, 그리고 언어 학대를 수반한 짤막한 암시만 있을 뿐이다.

◆ 브로크백마운틴(Brokeback Mountain). 2005년도에 오스카상을 수상한 이 영화는 아주 혼란스러워하는 두 명의 카우보이들의 불행을 묘사한다. 이 영화는 안타깝게도 이들이 함께 살았더라면 경험했을 만족스럽지 못한 삶을 배제시킨다. 두 사람은 상처를 입었으며, 둘 다

경험하지 못했던 동일한 것 즉, 건강한 부모의 사랑을 갈구하고 있다.

◆ **퀴어 애즈 포크(Queer as Folk) and 엘 워드(The L Word).** 이 두 종류의 쇼타임 드라마 시리즈는 동성애적 활동에 참여하는 남녀들의 하루살이 같은 삶의 방식을 묘사한다. 이 쇼들은 마음의 준비를 단단히 하고 보라. 이 쇼는 역겨움, 충격 그리고 고통스런 감정을 불러일으킨다. 반면에 부모-자녀 관계를 치유하고 사랑의 동맹을 결성하는데 도움을 줄 아름다운 영화들도 많다. 예를 들어, 프리퀀시(Frequency), 꿈의 구장(Field of Dreams), 아빠 수업(Man of the House)(체비 체이스와 파라 포셋이 주연한 옛날 버전의 영화), 라이프 애즈 어 하우스(Life as a House), 가라데 키드(Karate Kid), 디즈니의 더 키드(Disney's The Kid), 더 맨 위드아웃 어 페이스(The Man Without a Face), 다운 인 더 델타(Down in the Delta), 코치 카터(Coach Carter), 그리고 굿 윌 헌팅(Good Will Hunting) 등이 있다.

톰의 이야기

영화와 소설은 우리에게 많은 교훈을 준다. 하지만 실제 삶에 진리가 있다. 다음 1인칭 이야기를 통해 나의 내담자 중 한 사람의 마음속을 살펴보자. 그가 몇 년 전 내게 왔을 때, 그는 철저히 남자에게만 매력을 느꼈다. 하지만 지금은 이성애적 욕구가 나타나고 있으며, 여자와 연애 할 준비를 하고 있다.

32살이 되었을 때 나는 내 SSA에 대해 신중하게 생각하며 치유받기로 선택했다. 이 장애와 너무 오랜 기간 씨름을 해왔기에 이것을 배제한 삶을 거의 생각할 수 없었다. 그것이 얼마나 내 마음을 사로잡고 나를 마비시킬 정도로 고통스럽게 했는지를 적절히 표현할 수 있는 단어가 없다. 이 글을 쓰고 있는 나는 35살이며 회복의 여정을 계속하고 있다. 너무 오랜 기간 동안 잠들어있던 내 참된 남성적 잠재력을 회복하기 위해 움직이고 있다. 나의 SSA를 직면하기로 결심한지 2년 반 밖에 안 되었지만 이 여정은 아주 오래 전부터 시작된 것처럼 느껴진다. 어떻게 보면 그렇기도 하다.

이 모든 일은 내 나이 6살 때 시작되었다. 그 당시 아버지는 극심한 알코올 중독자였는데 형(나보다 7살 연상)은 아버지에게 반항하고 있었으며, 어머니는 어떻게든 우리 가족이 흩어지지 않게 하려고 애를 쓰고 있었다. 그 즈음 나는 학교에 다니기 시작했는데, 다른 아이들이 부모님과 어떻게 지내고 있으며, 그들은 어떤 삶을 살고 있는지를 보기 시작했다. 나는 예나 지금이나 아주 예민한 사람이라 주변 환경과 어떤 상황의 분위기를 아주 빠르게 파악한다. 나는 우리 집안에서 뭔가가 제대로 돌아가지 않고 있다는 것을 곧 인식했다. 아버지뿐만 아니라 우리 가족 전체가 말이다. 세월이 지나면서 아버지의 중독 증세는 점점 심해졌고 그와 함께 우리 가족의 생활도 구렁텅이로 빠져들었다.

내가 10살이었을 때 어머니는 아버지에게 최후통첩을 했다. "술을 그만 마시지 않으면 내가 당신을 떠날 거예요." 그는 실제로 술을 그만 마셨고, 다시는 술에 손을 대지 않았다. 비록 아버지가 술에 잔뜩 취해서 집으로 돌아올까 걱정하던 밤은 끝났지만, 여전히 그와의 관계는 결코 편안치 못했다. 특히 그가 금주한지 얼마 안 되었던 초기 시절에 우리 가족은 마치 아무런 일이 없었던 척하는 놀이를 했다. 마치 아버지의 알코올 중독으로 일어났던 소란이 별 것 아니라는 듯이 말이다. 오늘날까지 아버지는 단 한 번도 자신이 잘못했다고 인정하지 않았다. 거의 25년째 금주를 했음에도 술 마시던 시절에 대한 얘기를 꺼내지 않는다. 더 최악인 것은 그 일들에 대해 전혀 책임을 지지 않는다는 것이다.

내가 어른이 되고 아버지를 좀 더 이해하게 되면서, 아버지가 여러 면에서 알코올중독자 협회(Alcoholic Anonymous)가 "건성 중독(또는 마른 주정)"이라 부르는 사람 즉, 더 이상 술을 마시지는 않지만 그의 사고가 여전히 중독자처럼 왜곡된 사람임을 알게 되었다. 그리고 아주 어렸을 적부터 나는 아버지처럼 되느니 차라리 죽겠다고 생각하기도 했다. 그런 말을 했던 것이 기분 나쁘고 슬프지만 사실이다. 아버지가 계속해서 금주를 하는 동안에도 그와 결코 잘 지내지 못했던 형은 자기 갈 길을 가고 있었다. 형은 많은 부분에서 아버지를 격분하게 만드는 독특한 능력을 갖고 있었다. 왜 그냥 입을 다물고 평화를 유지할 수 없을까? 나는 13살이 되었을 즈음에 절대로 형처럼 되지 않겠다고 또한 다짐했다.

그 폭풍우 같은 시절에 내가 무엇보다 가장 하고 싶었던 단 한 가지 일은 어머니를 보호하는 것이었다. 내가 보기에 그녀는 충분히 겪을 만큼 겪었다. 아버지가 그녀에게 냉담했던 것, 그녀가 내 형과 아버지 사이를 중재하면서 받은 스트레스, 그 전반적인 상황이 그녀에게 주었던 고통. 이것은 너무나 가혹한 일이었다. 나는 절대로 어머니에게 상처를 주지 않겠다고 결심했다. 그 과정에서 나는 그녀의 대변인이 되었다. 어떻게 보면, 그녀의 정서적 "남편"이 된 것이다. 그녀에게 과도한 애착관계를 형성했다고 해도 그것은 과언이 아니다.

그 와중에 지나치게 남성적인 지역에서 나의 극단적인 예민함과 부족한 운동신경은 내게 극심한 고통을 안겨주었다. 나는 다른 소년들과 어울리지 못했다. 수동적이었고, 싸우는 것이 두려웠다. 옷을 잘 입기를 좋아했으며, 나약하고 뚱뚱했다. 나는 내가 처한 삶의 상황에 늘 짓눌려 사는 느낌을 받았다. 그래서 다른 사람이 되고 싶었다. 13살이었던 7학년 봄에, 나의 SSA가 시작되었다.

내가 처음으로 매력을 느꼈던 소년은 나보다 한 살 위였으며, 그는 내가 "만약 ~했더라면" 되었을 수 있는 모든 것이었다. 그는 똑똑했고, 운동을 잘 했으며, 옷을 잘 입었고, 아주 멋져 보였다. 그 시점에서는 내가 이 남자에 대해 끊임없이 생각하는 것이 이상하다고 생각하지 않았다. 내가 그 당시에 스스로 자문해 보았던 것은 '내가 어떻게 하면 그를 더 닮을 수 있을까? 내가 어떻게 그로 변할 수 있을까? 어떻게 하면 그가 나를 좋아하게 만들 수 있을까?'였다.

고등학교에 입학하자 다른 소년들에게 이런 감정을 또 다시 느꼈다. 이들은 늘 똑같았다. 날씬하고, 옷을 잘 입으며, 앳된 얼굴이었고, 믿음직했다. 나는 이들이 어떻게 옷을 입고 행동하는지, 무엇을 좋아하는지를 연구했고, 그들을 흉내 냈다. 무엇보다도 이들이 나를 좋아하도록 만들고 나의 가장 절친한 친구가 되도록 만들려고 부단히 노력했다. 온통 내 마음을 사로잡은 이 모험이 나에게 불러일으켰던 긴장감과 흥분은 말로 표현할 수가 없었다. 나는 그런 모든 감정이 일으켰던 불안을 해소하려고 이들을 생각하면서 자주 자위행위를 했다. 그런데도 나는 내 감정의 성격에 대해 깊이 부인했다.

내가 하고 있는 일에 대해 드물게 돌아볼 때면, 내가 너무나 좋아했던 이 소년들이 나에 대해 같은 감정이 거의 없음을 인식했다. 그러나 이것도 나를 멈출 수 없었다. 나의 정서적인 갈망과 소속되고 싶은 욕구는 너무 강렬했다. 몇 번이고, 내가 아무리 어떤 남자를 쫓아다니고, 강박적으로 좋아하며, 함께 하고자 갈망해도 어떤 식으로든 매번 내 마음은 상처를 받았다. 내가 원하는 대로 일이 한 번도 이루어진 적이 없었다. 얼마 안 되어 다른 누군가에게 내 주의를 돌리면 똑같은 일이 반복될 뿐이었다.

나는 천주교신자였다. 그래서 나의 SSA로 인한 감정은 나에게 죄책감과 수치심의 근원이 되었다. 나에게도 "여자친구들"이 있었지만 그건 필요에 의해서 두었을 뿐이다. 나는 여자들을 향한 감정보다 남자들을 향한 감정이 더 강하고 격렬했음을 누구에게도 말할 수 없었다. 이는 엄청난 양의 체력을 소모했으며, 내가 "정상"인척 열심히 연기하도록 만들었다.

7학년과 8학년 사이의 어느 여름에 내가 신뢰하고 흉내 내려 했던 어떤 남자가 어떤 행사가 끝난 뒤 나를 집까지 차로 태워다 주겠다고 했다. 그러면서 그는 내게 얼마나 자주 자위행위를 하는지, 그 행위를 어떻게 하며, 그것을 좋아하는지를 물어보았다. 나는 그 일로 큰 충격을 받았다. 그의 질문은 나를 극도로 불편하게 만들었다. 하지만 그의 관심을 너무나 원했기 때문에 불편하다는 말을 못했다. 그러다 이런 얘기가 몇 분 정도 오간 뒤 그는 부드럽게 말했다. "네가 그걸 어떻게 하는지 보여줘."

이 사건이 일어난 지 21년이 지났지만 그 순간 내가 경험했던 두려움을 아직까지도 정확하게 설명할 수가 없다. 나는 왜 그의 말에 순응했지? 그가 요청했던 것을 내가 왜 했지? 나는 두려웠다. 그렇게 하지 않기에는 너무나 두려웠기 때문이다. 그가 원하는 것을 하지 않으면 그가 나를 더 이상 좋아하지 않을까봐 두려웠다.

그의 요청에 따라 내가 바지를 내리자 그는 나를 힐끔 쳐다보고는 나를 조롱하고 비웃기 시작했다. 나는 말로 형언할 수 없는 모욕감을 느꼈다. 더 혼란스러웠던 것은 몇 분 뒤 그가 계속해서 나를 집에 태워다 주면서 마치 아무 일도 없었다는 듯 별 것 아닌 일을 계속해서 떠들었다는 점이다. 그 이후로 수개월, 수년 동안 그를 자주 만났는데 그는 나에게 그런 짓을 하라고 요청하지 않았다. 하지만 그 이후로 그가 한 짓은 어떻게 보면 더 파괴적이었다. 그는 계속해서 나를 비하했던 것이다.

그 사건에 대해 누구에게도 절대로 얘기하지 않겠다고 내 자신에게 약속했다. 내 마음속에서 그 사건을 지워버리려 했지만 그 이후로 20년 동안 극심한 수치심과 혼란을 느끼면서 내 마음 속에 계속 지니고 다녔다. 더 나이가 들면서 오랜 기간 동안 정말로 끔찍한 성적 학대를 경험했던 다른 소년들의 이야기를 들었다. 그래서 내 자신이 경험했던 일은 실제로 별거 아니었다고 스스로를 설득하려 애썼다. 하지만 그것이 그렇지 않음을 나는 마음속 깊이 느끼고 있었다.

그러는 동안에 정상적인 삶을 추구하려 했지만 남자들에게 계속해서 매력을 느꼈다. 여전히 여자 친구들도 있었지만 우리 관계가 신체적으로나 정서적으로 친밀해지자마자 내 주변에 자동으로 벽을 쌓게 되었다. 마침내 몇 년 동안 "내 자신을 스스로 속인" 뒤 24살이 되었을 때 나는 남성 동성애자일 가능성이 높다는 결론을 내렸다.

이제 적극적으로 다른 남자들을 찾아다녔다. 내가 매번 그렇게 할 때마다 구역질이 날 뻔했지만 나는 내 감정을 더 깊이 탐색해보고 싶었다. 점진적으로 남자들에 대한 나의 정서적 애착은 육체적 관계로 변모했다. 그런 관계가 일어날 때마다 더 우울하고, 혼란스러우며, 외로웠고, 내 행위가 역겨웠다. 모든 일이 괜찮다고 내 자신을 설득하려 부단히 애를 썼지만 그렇지 않다는 것을 내 마음 속에 무언가가 아주 잘 알고 있었다.

이중생활을 하면서 이성애자인 척하며 살던 패턴이 3년 정도 이어지던 무렵, 나를 회복의 길로 들어서게 해준 남자를 만났다. 그는 지난 14년 동안 내가 갈구했던 모든 특징을 다 가진 사람이었다. 그는 불가능해 보일 정도로 잘 생겼고, 옷을 잘 입었으며, 앳된 얼굴을 가졌다. 내가 평생 갈망했던 종합 선물 세트나 다름없었다. 그 때 나는 사랑에 빠진 게 아니라 지금 생각해보면 소름 끼칠 정도로 집착에 빠져버렸다. 그 당시에 내가 생각했던 것이 분명히 기억난다. "내가 그의 우정을 쟁취할 수 있다면, 내 삶은 완벽해질 거야." 그가 내 곁에 있으면 내 갈망과 외로움은 끝날 것이라 확신했다.

그 다음 1년 반 동안 나는 병적인 투지를 가지고 그를 쫓아다녔다. 그리고 내가 일부러 내 자신을 그에게 증명할 때마다, 내가 매번 희생할 때마다, 한 밤 중에 차로 그의 집을 지나칠 때마다 마음 속 깊숙이 나에게 심각한 문제가 있음을 알았다. 사실 그는 내가 그를 얼마나 좋아하는지 결코 몰랐다. 아니 어쩌면 알았을 지도 모른다. 요점은 내 열망이 한 번도 화답을 받지 못했다는 것이다. 그보다 더 최악인 것은 그가 전혀 상관하지 않는다는 느낌을 받았다는 점이다.

그 고통은 나를 마비시킬 정도였다. 그에 대해서 생각하는 것을 멈출 수가 없었으며, 내 강박증을 완화시키기 위해 나는 첫 번째로 만난 남자와 성적 관계를 맺으러 한 밤 중에 충동적으로 나갔다는 것이다. 이런 일이 수개월 동안 이어지던 어느 겨울 밤 나는 이전보다 더 외롭고 고립된 상태에서 내 아파트에 홀로 앉아 있었다. 망가져버린 내 삶을 생각하면서, 특히 한 해 동안 내가 쫓아다녔던 모든 남자들을 생각하면서 나는 비참함에 울었다. 그리고 나는 새롭게 결심하고 서약서를 썼다. 이 서약을 어떻게 지킬 수 있을지도 모르면서도 말이다. 하지만 내가 그 때 깨달은 것은 이 감정적인 고문을 더 이상 지속해서는 안 된다는 것이었다. 이런 일을 다시는 반복하지 않을 것이라고 내 자신에게 다짐했다.

물론 나의 SSA 욕구는 최선을 다해 억눌러도 지속되었다. 이따금씩 욕망이 너무 강하게 일어나 동성애자와 하룻밤 관계를 맺게 되었다. 나는 정말로 하고 싶지 않았지만 3년이 지나도록 그 맹세를 반복해서 깼다. 결국 나는 다른 사람의 도움이 필요함을 스스로 인정하게 되었다.

그러나 나는 다른 사람에게 도움을 구한다는 것이 매우 두려웠다. 내 삶을 누군가에게 말한다고 무슨 방법이 있을까? 내가 진정으로 남성 동성애자인가? 나는 정말 변화될 수 있을까? 1년 가까이 이런 의문을 갖고 씨름을 했다. 한 번 더 용납할 수 없는 관계로 내 마음이 산산조각이 나자, 마침내 나는 인터넷으로 나와 같은 남자들에게 도움을 줄 수 있는 어떤 기관이 있는지를 검색해보았다. 그 때 "누구도 SSA를 갖고 태어나지 않았다"는 문구가 적힌 건강한 성생활에 대한 긍정적인 접근(Positive Approaches to Healthy Sexuality)을 찾았다.

바로 이것이다. 내가 여태까지 줄곧 옳았다. 나는 동성애자로 살 이유가 없는 사람이었다. 그 다음 리차드 코헨이 집필한 "이성애자로 커밍아웃하기(Coming Out Straight)"를 읽었다. 나는 그가 집필한 내용에 너무 많이 공감했으며, 그가 열거한 SSA의 원인에서 내 자신에게 있는 것을 몇 가지를 인식했다. 나는 내가 극도로 예민하고, 알코올 중독자이며 학대적인 아버지가 있고, 어머니와 아주 밀접한 유대 관계를 맺고 있으며, 성적 학대의 이력이 있는 전형적인 SSA를 앓고 있는 남성이라는 것을 알게 되었다. 내가 늘 미심쩍었던 것 즉, 나의 SSA의 감정이 우연히 일어난 것이 아니었음을 확인시켜 주었다. 나는 두려움과 좀 더 씨름을 하고나서 리처드와 상담 약속을 잡았다.

그의 사무실에서 이 모든 것을 해결할 수 있으리라 생각했다. 오직 우리 둘 사이에서만 말이다. 다른 사람들에게 손을 내미는 것의 중요성을 강조할 때까지 그렇게 생각했다. 그런데 다른 사람들에게 얘기를 하라고요? '농담이겠지' 라고 생각했다. 그러나 그는 내가 시도해보기로 동의할 때까지 이 필요성을 확언하고 재차 확언해주었다. "정말 당신이 장담하신 대로 되어야 합니다!" 라고 나는 리처드에게 경고했다.

얼마 안 있어 내가 그 동안 겪었던 일 중에서 가장 은밀하고 구체적인 사항까지 나눌 수 있는 소수의 남자들을 만나게 되는 축복을 받았다. 이 남자들은 환상적이었다. 나는 이전에 그 누구에게도 털어놓은 적이 없던 심적 고통과 좌절 그리고 실패담을 얘기하면서 그들과 리처드를 몇 시간 동안 계속 끝없이 사로잡았다. 내가 이렇게 마음을 여는 것은 뜻밖의 일이었다.

그 와중에 리처드는 내 내면의 아이 즉, 내 안에 있는 상처 입은 어린 소년과 재 접촉하는데 다음 한 해를 보내야 한다고 설명해주었다. 처음에는 이것이 미친 짓이라고 생각했다. 나는 그 아이가 내면에 있든 없든 어떠한 아이와도 연결감을 느끼지 못했다. 하지만 33살이 된 어른이 아닌 나의 내면의 아이가 실제로 치유를 받아야 됨을 서서히 깨닫게 되었다. 이 과정은 쉽지 않았으며, 나의 내면의 아이와 접촉하는데 오랜 시간이 걸렸다. 왜냐하면 "그"가 너무나 깊은 상처를 입었기 때문이었다. 내가 그에게 애정어린 아버지 즉, 내가 가졌던 적이 없던 종류의 아버지가 되어주어야 한다는 것을 배웠다. 그렇게 해야지만 내 SSA로 이어진 일평생 동안의 고통과 두려움 그리고 외로움을 극복할 수 있는 것이다. 이 치유의 여정을 따르는 동안 내 SSA의 감정이 정말로 사라지기 시작했다.

그런데 다른 어려운 문제가 일어났다. 나에게 망신을 주었던 남자를 직면할 필요가 있었다. 뒤돌아보면, 내가 어떻게 그렇게 용감할 수 있었는지 지금도 놀라움을 금치 못하고 있다. 왜냐하면 나는 성격상 두려움과 직면할 수 없는 사람이기 때문이다. SSA를 치유하기 시작한지 17개월이 된 후 그 사람을 만나서 말할 때 나는 강력한 하나님의 권능을 느꼈다. 솔직히 그런 강력한 체험은 처음이다. 그 경험으로 많은 힘을 얻었지만 그것은 모든 일을 제자리로 되돌려놓는 큰 과정의 일부였다.

아버지와 접촉하려 했던 시도도 잘 되었다고 말했으면 좋겠지만 내가 결코 고려해본 적이 없는 무언가를 배웠다. 나는 악령과도 같은 문제들을 직면할 용기와 통찰력이 생겼지만 아버지는 그렇지 못했다. 이러한 직면, 모든 일을 제자리로 돌려놓는 작업, 고통을 다루는 일, 나의 내면의 아이에게 귀 기울이기, 다른 남자들과 나누기 그리고 내 참된 본성이라 느꼈던 것을 받아들이는 이 모든 과정은 점진적으로 진행되었지만 '내 자신을 잃어버리게 만들던 저변에 깔린 두려움'을 확실하게 없애버렸다.

드디어 내가 진정으로 되어야 할 남자가 누구인지를 알아가고 있는 중이다.

내가 이 글을 쓰는 가운데 리처드는 내가 치유 여정 중에 "4단계"라 불리는 단계에 있다고 한다. 내가 밟아야 할 다음 단계는 이러한 일들을 나의 어머니와 얘기하고 내 이성애적 상처를 치유하는 것이다. 어떻게 이루어질지 확실치 않지만 염려하지 않는다. 곧 여자들과 데이트를 시작할 것이며, 그렇게 될 거라고 믿는다.

치유 과정은 오랜 시간이 걸린다. SSA로부터 벗어나는 것을 서두를 수는 없다. 그렇지만 단언컨대 내 과거의 행위로 되돌아가는 것은 상상조차할 수 없는 일이다. 나는 변화가 가능하다는 것을 안다. 내가 그 살아있는 증거이다.[29]

> 인간의 나약함에 굴하지 않고 계속해서 단호한 의지를 가지고 나아간다면, 이러한 싸움을 해본 적이 없는 사람들도 충분히 극복할 수 있는 강력한 힘이 나오게 되어 있다.
>
> 로렌스 리머(LAWRENCE LEAMER), '팬타스틱(FANTASTIC)' 중에서.

---

29) 저자의 허락 아래 사용됨.

제5단계 효과적인 의사소통 기술을 활용하라

SSA를 겪고 있는 아들이나 딸과 친밀감을 형성하는데 가장 중요한 방법은 좋은 의사소통 기술을 사용하는 것이다. 우리 대부분은 이 의사소통의 기술에 대해 배워야 할 것이 많다. 왜냐하면 이런 기술은 타고나는 것이 아니고 연습을 요하기 때문이다. 상대방과의 대화를 경청하고 나누는 기술을 제대로 배워 본 사람은 별로 없을 것이다. 다음에 나오는 몇몇 기술들을 배우자나 SSA를 겪고 있지 않은 다른 자녀 또는 친구들과 먼저 연습해보는 것이 도움 될 것이다. 그 후에, SSA 자녀와 대화를 더 많이 하다 보면, 효과적인 의사소통을 할 수 있습니다.

특히 효과적인 의사소통의 비결은 반영적인 경청법(reflective listening)이다. 상대방의 말을, 간추려 요점을 표현하며, 상대방의 생각과 감정에 공감하는 방법이다. 반영적인 경청은 상대방이 하는 말에 동의한다는 의미가 아니다. 그것은 단지 상대방이 무슨 얘기를 하는지를 이해하고 관심 있게 듣고 있다는 의미다. "나는 옳고 당신은 틀리다"는 식의 대화는 안 좋은 의사소통이다. "당신의 생각과 감정을 이해하며, 당신도 내 생각과 감정을 이해할 거예요"라는 식의 대화가 좋은 의사소통이다. 이는 합의를 암시하지 않는다. 그것은 존중과 배려를 의미한다.

많은 부모들은 자녀와 동성애적 문제를 논하는 것이 어렵다고 하소연한다. 무언가 마땅히 이야기해야 할 주제가 있는데 아무도 그것에 대해 이야기하지 않는다. 좋은 의사소통 기술을 사용함으로 SSA에 대한 건강한 대화를 하는 방법을 배우게 될 것이다. "언제부터 동성에게 매력을 느끼기 시작했니?"와 같은 열린 질문을 할 수도 있다. 그런 다음, 대화를 이어가기 위해 반영적인 경청법을 사용하라. 그렇게 하면 방어적으로 반응하지 않아도 되며, 또한 자녀의 반응을 개인적으로 받아들이지 않아도 된다. 이렇게 하는 것이 당신의 의사소통을 더 깊은 수준으로 들어가게 도와준다.

직면을 해야 한다면, 싸움을 현명하게 거는 것이 당신에게 대단히 중요하다. 항상 대화를 생각과 감정과 욕구 쪽으로 이끌어가고, 판단적인 말은 가급적 피하라. 그리고 거의 모든 사람이 남의 조언을 듣기 보다는 내 말을 들어주고 내 마음을 이해해 주길 원한다는 사실을 기억하라. 다음 기술을 지혜롭게 적용하면 자녀가 당신의 사랑에 대한 확신을 다시 갖게 될 것이다.

좋은 경청자가 되어라

1. **눈을 마주치라.** 당신에게 말하고 있는 사람의 눈을 바라보는 것이 중요하다. 이는 당신이 주의를 기울이고 있으며, 관심이 있음을 보여준다.
2. **몸짓, 말투와 단어를 인지하라.** 말보다 더 중요한 것은 몸짓과 표현하는 말투다. 그렇기 때문에 눈 맞춤이 중요한 것이다. 말보다는 얼굴 표정과 몸짓 그리고 움직임을 통해 그 사람에 대해 더 많은 것을 인지할 수 있다.

3. **침묵도 허락하라.** 침묵은 상대방에게 줄 수 있는 가장 큰 선물 가운데 하나이다. 침묵의 순간을 말로 채우려 하지 말고, 당신의 자녀 곁에 그저 함께 "있어주라." 침묵의 순간에 그와 함께 앉아 있음으로 당신이 늘 "곁에" 있음을 알려주며, 그의 생각과 감정을 더 깊이 파고 들어갈 기회를 얻게 된다.

4. **그들의 입장이 되어서 동참하라.** 당신의 의견을 제시하기보다 상대방의 입장이 되어서 그의 시점에서 보도록 하라. 이것은 반영적 경청법을 통해서 이루어질 수 있다. 여기서는 상대방이 하는 말을 간략하게 요점만을 확인하고 상대방의 생각과 감정에 공감하는 것이다. 하빌 헨드릭스 박사(Dr. Harville Hendrix)의 이마고 치료(Imago Therapy) 훈련 세미나에서 요약한 반영적 경청법 개발의 3 단계는 다음과 같다.

a. **짤막하게 요점을 표현하라.** 당신의 자녀가 몇 마디를 하는 동안 귀를 기울이라. 그런 다음 당신이 들었던 말을 반영하고 이렇게 덧붙여라. "이런 뜻이란 말이지?" 또는 "내가 제대로 이해했니?" 혹시 잘못 들었다 해도 염려하지 마라. 그가 바로잡아 줄 것이다. 무엇인가를 빼먹었다 해도 그가 알려줄 것이다. 그러면 당신이 자녀의 말을 제대로 이해할 때까지 다시 한 번 반영하며 표현해보라. 그런 다음 "더 할 말이 있니?"라고 물어보라. 귀 기울이고 다시 한 번 반영해보라. 계속해서 반영하여 표현해보고 이렇게 물어보라. "더 할 말이 있니?" 그가 "아니오, 제가 할 말은 다 했어요"라고 한다면, 당신이 들었던 것 중에 기본적인 내용을 요약해보라. 그리고서 "네가 기본적으로 하고자 한 말이 이거지?" 라고 확인해 보라. 이렇게 하는 것

이 오래 걸릴 지도 모른다. 인내심을 가지라.

자신의 생각이나 감정 또는 억양을 당신의 반영적 경청법에 넣지 마라. 당신의 생각과 100 퍼센트 달라도 괜찮다. 그저 그와 함께 참여하고 당신이 들었던 말을 반영하기만 하면 된다. 그러면 자녀는 이해 받고, 배려 받으며, 존중 받는 느낌이 든다.

실례 :

그가 이렇게 말한다. "아빠가 내 동성애를 뜯어고치려 하거나 치유하려 하는 게 진저리가 나요."

당신은 이렇게 말한다. "아빠가 너의 동성애를 뜯어고치려 하거나 치유하려 하는 게 진저리가 난다는 말이지. 내 말이 맞니?"

그가 이렇게 말한다. "네! 맞아요. 아빠가 나를 뜯어고치는 게 싫어요. 나는 있는 그대로의 내 자신에 만족해요. 제발 아빠, 저를 동성애자로 사랑해주고 그대로 놔둘 수 없을까요?

당신은 이렇게 말한다. "내가 너를 뜯어고치는 게 싫고, 네 모습 그대로에 만족하며, 내가 그저 너를 동성애자로 사랑해주고 그대로 놔두면 된다는 거구나."

자녀가 이렇게 말한다. "네, 아빠, 드디어 이해하시는 거 같네요. 나는 아빠의 아들이에요. 아빠가 저를 사랑하는 것을 알아요. 나를 있는 그대로 받아들여주시기를 바랄 뿐이에요."

당신은 이렇게 말한다. "너는 내 아들이고, 내가 너를 사랑하는 것을 알고, 너를 있는 그대로 받아들여주기를 바란다. 그 말이니, 아들아?"

그가 "네. 아빠, 바로 그거에요. 내 말에 귀 기울여 주시고 이해해 주서서 감사해요."

당신은 그와 공감했다. 그가 살고 있는 바로 그 곳에서 그와 공감했다. 당신의 개인적인 생각과 감정 그리고 욕구를 나누는 대신에 그의 것과 공감했다. 이렇게 하는 데는 많은 연습과 인내심이 필요하다.

그런 다음 이렇게 요약하라. "내가 듣기로 내가 너의 동성애를 뜯어 고치려 하거나 치유하려는데 진저리가 났고, 너를 있는 그대로 받아 들이지 않아서 상처를 받았다는 말이고. 또한 나에게 정말로 원하는 것은 나의 사랑이며, 너를 동성애자 남자로서 받아들이기를 바란다. 이 말이지?"

그가 이렇게 말한다. "네, 아빠, 바로 그거에요."

b. 생각에 공감하라. "네가 하는 말이 이해가 된다. 왜냐하면…" 여기 서는 다시 한 번 그의 입장이 되어서 그가 어떻게 생각하는지를 상 상해야 한다. 그의 생각에 동의하는 것이 아니라 확인하는 것이다. 당신이 할 말을 다 끝내고 "이 말이 맞니?"라고 말하라. 맞지 않아도 걱정하지 마라. 그가 바로잡아 줄 것이다. 그리고서 그가 하는 말을 반영해서 말하고 "너는 그렇게 생각하니?"라고 말하면서 끝을 맺으 라. 긍정적인 반응을 얻으면 다음 단계로 넘어가라.

실례 :

당신은 이렇게 말한다. "네가 하는 말이 이해가 된다. 왜냐하면 너 는 남성 동성애자로 태어났고, 그것이 너 자신이라고 믿기 때문이지. 내 아들로서의 팀과 남성 동성애자로서의 팀 사이에는 차이가 없다. 그들은 동일한 한 사람일 뿐이다. 따라서 너를 변화시키려 하지 말고 너를 남성 동성애자로 받아들이는 것이 필요하다는 거지. 이것이 네 생각이지? 내가 제대로 이해했니?"

그가 이렇게 말한다. "네. 아빠. 제대로 이해하셨어요. 나는 남성 동성애자로 태어났고, 원래 그런 거예요. 아빠가 나를 '변화시키려' 하는 것이 전혀 이해가 되지 않아요. 남성 동성애자가 바로 제 자신이에요."

당신은 이렇게 말한다. "네가 남성 동성애자라는 거지? 네가 그렇게 태어났기에 너를 "변화시키려" 하는 어떠한 노력도 이해가 되지 않는 다는 뜻이지? 내 말이 맞지? 더 할 말이 있니?"

그가 답변한다. "아니오. 아빠. 제대로 이해하셨어요. 이해해주셔서 감사해요."

c. 감정에 공감하라. "이 모든 것을 고려해본다면, 네가 …. 것을 느낄 것이라고 상상이 가는구나."

"슬프다, 화가 났다, 기쁘다, 두렵다, 죄책감이 든다, 수치스럽다, 행복하다, 실망했다, 혼란스럽다" 등과 같은 정서를 나타내는 단순한 단어를 사용하라. 다시 말하지만, 틀렸다고 염려하지 마라. 당신의 자녀가 바로잡아 줄 것이다. 그리고서 당신이 들은 말을 반복하라. "아, 그래서 ….를 느끼는구나." 당신은 확인만 받으면 된다. 당신이 할 일을 마친 것이다. 축하한다. 당신은 상대방의 말을 성공적으로 경청했고 존중했다. 이런 식으로 효과적인 경청이 이루어진다. 이는 개발할 필요가 있는 기술이다.

실례 :

당신은 이렇게 말한다. "네 말을 다 듣고 보니, 네가 얼마나 답답하고, 슬프고, 외롭고, 지친 느낌이 들었었는지 상상이 간다. 그랬던 거지?"

그는 이렇게 답변한다. "네, 아빠, 저는 너무나 외로웠고, 아빠와 엄마에게 정말로 화가 났으며, 너무 답답했어요. 아빠의 아들로 사는 건 좋지만 내가 아닌 누구인척하며 살려는 것은 너무 고통스러웠어요. 그래서 상처를 많이 받았고, 모든 것에 지쳤던 거예요. 전 그저 아빠의 사랑과 용납이 필요할 뿐이에요. 그것이 제게 가장 큰 의미가 있을 거 같아요, 아빠. 저를 그저 있는 그대로 사랑해주세요."

당신은 이렇게 말한다. "고맙다, 아들아. 네가 너무 외로웠고, 아빠와 엄마에게 정말로 화가 났다는 것을 알았다. 그리고 내가 아닌 누구인 척하며 살려는 것이 너무 고통스러웠다는 것. 그리고 네가 정말로 우리에게 원하는 것은 단지 너를 있는 그대로 사랑해달라는 것임을 알았다. 이것이 맞니, 아들아?"

그가 이렇게 답변한다. "네, 아빠. 고마워요."

당신의 몸짓 언어를 주의하라. 말하는 사람에게 "마음을 열고" 귀를 기울이고 있음을 의식적으로 보여주라(절대로 팔짱을 끼지 말라). 그가 하는 말에 관심을 보여주라. 당신의 자녀의 어조와 다른 어조를 사용하려 하지 말라. 당신이 냉소적인 어조를 사용하면, 자녀는 당신이 여전히 자신을 거부하고 있다는 느낌을 받게 된다. 그러면 친밀해지려는 당신의 노력은 헛수고가 될 것이다. 당신의 목소리에 화가 난 어조가 있다면, 자녀는 즉시로 방어적인 자세를 갖게 될 것이다. 기억할 점은 동의할 필요는 없다는 것이다. 이해하기 위해서 그저 귀를 기울이기만 하면 된다. 반영적 경청법은 많은 연습과 인내심을 필요로 한다. 이 간단한 의사소통 기술은 상대방의 시점에서 삶을 보도록 도와준다. 그 무엇보다도 중요한 것은 깊은 숨을 쉬면서 하라는 것이다!

효과적인 의사소통자가 되어라

효과적인 의사소통은 탓하거나 명령하지 않으면서 당신의 생각과 감정과 욕구를 나누는 방법이다. 이렇게 하면 듣는 사람이 당신의 메시지를 받아들이는데 도움이 된다. "나"로 시작하는 문장보다 "너"로 시작하는 문장을 사용하면 듣는 사람이 방어적이 되어서 마음을 닫아버린다.

1. 효과적인 나눔을 위한 실제적인 도구들

　a. 눈맞춤. 다시 한 번 말하지만, 시선을 잘 맞추어 보라. 바닥이나 다른 데를 보는 것이 아니라 서로의 눈을 바라보도록 하라.

　b. 신체적 접촉. 어떤 형태로든 건강한 접촉을 사용함으로 두 사람 사이에 어떤 통로를 만들어라. 자녀의 손을 잡거나, 그의 어깨에 손을 얹거나 무언가 중요한 것을 나눌 때 안아주라. 이것은 당신의 메시지를 더욱 깊이 있게 받아들이는데 도움이 될 것이다. 신체적 접촉은 연결의 통로 역할을 하며, 말하는 사람과 듣는 사람 사이에 더 큰 친밀감을 준다.

　c. 책임감 있는 언어. "너"로 시작되는 문장이 아닌 "나"로 시작되는 문장을 사용함으로 당신의 생각과 감정 그리고 욕구를 자신의 것으로 소유하라.

첫 번째 예 :

해로운 접근: "너는 사람들이 '남성 동성애자'로 태어났다는 것을 믿어서는 안 된다. 너는 실제로 '남성 동성애자'가 아니다. 너는 그런 말도 안 되는 소리에 세뇌를 당한 거야."

더 나은 접근. "지금쯤이면 알겠지만, 나는 사람들이 '남성 동성애자'로 태어났다고 믿지 않는단다."

두 번째 예 :

해로운 접근: "너는 하나님의 뜻에 역행하고 있다는 사실을 알아야 해. 네가 그런 식으로 살고 있다는 것을 부끄럽게 생각해야 한다고."

더 나은 접근: "나는 하나님께서 너를 SSA를 가진 사람으로 창조하지 않으셨다고 믿는단다."

위에 나온 "너"로 시작하는 문장의 사례들은 아이를 탓하고 수치심을 주며, 관계를 더 악화시킨다. 당신의 목표는 열린 의사소통을 만들어서 사랑의 힘으로 치유할 수 있도록 하는 것이다. 기억할 점은 당신은 누구를 통제하거나 변화시킬 수 없다는 것이다. 자녀의 눈을 바라보며, 그의 손을 잡고, "나"로 시작되는 문장을 사용할 때 자녀에게 당신의 진심이 전달 될 것이다. 또한 그렇게 하는 것이 당신이 원하는 안정적인 애착을 형성하는데 도움을 줄 것이다.

2. **갈등 해소를 위한 기술들.** 당신 자녀의(또는 다른 사람들의) 말이나 행동 때문에 상처를 받았거나 화가 났을 때 자신을 건강하게 표현하는 방법을 몇 가지 열거해 본다.

a. 데이터. 문제가 되는 특정 사건에 대한 그의 말이나 행위를 밝혀라. 과거의 몇몇 특별한 날들의 일을 마치 항상 그랬다거나, 그 때는 늘 그랬다는 식으로 표현하지 말라. 화가 났을 때 '항상'이나 '절대로'라는 단어의 사용을 피하는 것이 좋다. 생각해보면, 이러한 단어들은 아이들이 화가 났을 때 사용하는 단어들이다. "내가 너와 대화하려고 하면 너는 항상 나를 피했어." 대신에 이렇게 말하라. "내가 너와 말하려고 했을 때 네가 자리를 피했었지."

b. 감정. 자신의 감정을 표현할 때 가급적 단일 단어를 사용하라 (예를 들어, 슬프다, 화가 났다, 기쁘다, 두렵다, 상처 받았다 등) 예: "내가 너에게 말하고 있는데 네가 자리를 피하니까 상처가 되더라."

c. 생각. 당신의 의견, 판단 또는 신념을 간단하게 말해라. 다른 말로 하자면, 그 데이터를 어떻게 해석했는지를 간단히 말하라. 예: "너에게 말하고 있는데 자리를 피한 이유가 무엇일까 생각해보았다. 두렵지만 그건 네가 나에게 관심이 없고, 내 생각이나 의견이 네게 필요 없다는 것처럼 느껴지더구나. 나도 어릴 적 아버지에게 그랬던 일이 생각나면서 마음이 많이 아팠다." 상대방을 탓하기보다 당신의 반응을 자기의 것으로 소유하라. 그렇게 하면 당신을 힘없는 "피해자"가 아닌 더 강한 사람으로 만들어준다.

d. 필요. 당신이 원하는 것을 확실하게 설명하라. 당신의 요청을 구체적으로 알 수 있도록 하라. 예: "너에게 부탁하고 싶은 것은 내가 말할 때 내 말에 동의가 안 되더라도 귀를 기울이고 끝까지 들어달라는 거야. 그렇게 해주면 정말 고맙겠다." 폭넓거나 광범위한 부탁

을 하지 말라. 당신의 부탁이 단순하고 구체적일수록 당신이 원하고 필요로 하는 것을 얻을 확률은 더 높아진다.

e. 주는 것. 당신이 제공하고자 하는 것을 표현하라. 예: "내가 하는 말에 상처를 받았거나 기분이 상했다면 알려주렴. 네가 하고자 하는 말을 기꺼이 들을 마음이 있단다." 이렇게 하면 당신의 생각을 나누게 되고, 상대방과 관계를 더 잘 맺고 싶어 하는 당신의 바람을 보여줄 수 있다.

당신의 생각과 의견을 나누는 동안 제발 설교나 잔소리를 늘어놓지 말라. 이 유혹에 넘어가면, 당신과 자녀 간의 사랑의 연대감을 잃어버릴 수도 있다. 기억할 것은 당신의 목표는 자녀와 안정적인 애착관계를 형성하는 것이며, 그 방법은 책임감 있는 의사소통을 통해서 이루어지는 것이다.

3. 긍정을 통해 유대감을 촉진시키기 위한 전략들. 자녀의 인격이나 행위에 대한 긍정의 말을 함으로써 자녀를 격려하고, 약한 부분을 강화하는데 도움을 주라. 예: "네가 내 딸이어서 나는 너무 자랑스럽다.", "너는 아주 여성스럽단다.", "네 그림 솜씨는 정말 어디 가든 알아줄 거야.", "나는 네 모습 그대로를 사랑한다.", "너는 나의 아름다운 딸이다." 억지로 하는 말이나 준비된 말을 하는 것처럼 하지 말고 자연스럽게 진심으로 말할 수 있도록 깊이 생각하며 기도하라. 마음에서 우러나온 긍정의 말을 할수록 자녀의 마음을 얻을 수 있다. 긍정은 마음을 부드럽게 해준다.

연습하고, 연습하고, 또 연습하라

우선, 효과적인 의사소통을 위해 이러한 기본적인 기술들을 익히고 활용하라. 그런 다음, 계속해서 연습하다 보면 예술의 경지에 이르게 된다. 경청과 나눔을 위해 효과적인 도구들을 개발하는데 많은 시간을 투자할 때 이런 일이 일어날 것이다. 당신이 더 경청하고 나눌수록 당신과 사랑하는 자녀는 더 친밀해질 것이다. 물론 그 과정 중에 분명 시행착오를 겪게 될 것이다. 하지만 우리는 모두 실수를 통해서 배운다. 그렇기 때문에 연습이 아주 중요한 것이다.

당신의 배우자, 부모, 자녀, 친구들 그리고 직장 동료들과 같이 당신이 사귀는 모든 사람들에게 이러한 의사소통 기술을 사용해보라. 이러한 기술은 모든 관계에 더욱 친밀감을 갖게 해준다. 좋은 의사소통을 연습하는 것은 역기를 들면서 하는 근력 훈련과 아주 비슷하다. 당신이 정기적으로 역기를 들며 좋은 몸 상태를 유지하면 당신이 예상치 못한 상황에서 무거운 것을 들어야 할 때 그것을 들어 올릴 수 있는 힘을 갖게 된다. 마찬가지로 의사소통 기술을 열심히 연습하다보면, 당신의 자녀와 긴장이나 갈등이 생길 때, 반영적 경청법과 책임감 있게 당신의 생각과 감정 필요를 나눔으로써, 자녀와 더 깊은 친밀감을 갖게 될 것이다.

신뢰는 모든 관계의 필수적인 부분이며, 의사소통에 있어서의 신뢰는 상대방을 판단하지 않고 그의 말에 귀를 기울임으로써 얻게 된다. 우리가 논의해온 기술들은 편하게 대화 할 수 있는 판단적이지 않은 분위기를 형성하는데 가장 이롭다. 때로는 당신의 자녀가 당신이 정말로 자신을 사랑하는지 확인해보려고 일부러 도전할 수도 있다. 무슨 말을 하기 전에 숨을 한두 번 깊이 들이 마시라. 당신의 반응은 당신의 직감에 역행하는 가운데 반직관적이어야 한다. 맹렬히 비난하지 말라. 반격하지 말라. 입술을 깨물고, 숨을 깊이 들이마시며, 좋은 반영적 경청법을 적용하라. 대부분의 경우 자녀가 하는 질문이나 말이나 당신에게 하는 도전은 눈에 보이는 것과 다르다. 그가 무슨 말이나 행동을 하든지 확인하고 싶은 것은 "정말로 나를 사랑하나요?"이다.

의사소통 기술을 제대로 끌어올리려면 당신의 자녀가 "동성애자" 정체성을 선택한 것에 대해 일단 실망을 버려야 한다. 항상 이 점을 염두에 두라. SSA를 가진 사람들은 그들의 "동성애자" 정체성과 그저 사람이 되는 것의 차이를 분간하지 못한다. 또한 그들은 SSA가 상처와 충족되지 못한 애정 욕구의 결과임을 이해하지 못한다. 그들은 마음속으로 "동성애자"이다. 그리고 그들을 "게이"나 "레즈비언"으로 받아들이지 않으면, 그들의 시점에서 당신은 그들을 사랑하지 않는 것이다. 그들을 사랑하지만 그들의 동성애는 사랑하지 못한다는 것이 그들에게는 이해가 되지 않는 것이다.

당신과 자녀 사이의 유대감을 공고히 하려면 당신 말의 단어 선택을 조심하라. 미리 기도하면서 적절한 단어를 선택하여 말하라. SSA를 가진 사람들에게 말은 굉장한 영향력을 끼친다. 왜냐하면 그들은 대체적으로 아주 예민한 성격을 가지고 있기 때문이다. 호흡을 깊이 들이마시고, 생각을 먼저 한 다음에 반영적 경청 기술을 적용하라. 그리고 대화 중에 당신이 뒤로 밀리거나 열띤 논쟁으로 변하거나 하려던 시도가 잘 안 될 때는 그냥 들어주는 "꿀 먹은 벙어리"가 되라.

다시 한 번 반복할 가치가 있어서 말하는데, 이 치료 계획의 주된 목표는 동성애적 행위를 막으려는 것이 아니라 애초에 왜 그러한 감정이 형성되었는지를 이해하려는 것이다. SSA는 발달적 및 정서적 욕구를 충족시키려는 시도이다. 핵심은 당신의 자녀가 그의 감정과 생각과 욕구를 마음을 열고 나누게 함으로써 당신의 자녀를 사로잡은 SSA에서 벗어나도록 돕기 위하는 데 있다.

제 6 단계

당신과 SSA 자녀 사이의 관계를 재정립하라

이번 단계에서는 SSA 자녀가 부모에게 마음을 활짝 여는 방법에 대해 몇 가지 제안을 하고자 한다. 이것이 지금은 거의 불가능해 보이지만, 내 말을 믿고 실천해본다면 꼭 그렇지만은 않을 것이다. 당신이 본 장의 성공 사례를 읽으면서 끝까지 인내 한다면 자녀와 완전히 새로운 관계를 얻을 수 있음을 확신하게 될 것이다.

물론, 사람에게는 각자 자기만의 특별한 시간표가 있다. 치유의 시기는 개인의 기질과 상처의 정도에 따라 달라지며, 당신과 조력자들이 자녀에게 얼마나 시간을 투자할 수 있는지에 따라서도 달라진다. 당신이 할 수 없는 것은 하나님께서 하시면 된다. 그러므로 나머지는 그분께 맡기도록 하자.

후회를 표현하라

지금쯤 당신은 SSA의 발생 원인에 근거하여 지난 날 자신이 저지른 과오 목록을 적어보았을 것이다. 그렇다면 이제 자신이 후회하고 있는 것을 당신의 SSA 자녀에게 솔직하게 고백할 준비를 하라. 이에 대한 도움을 얻기 위해 제1단계에서 죄책감 실천용으로 작성했던 문제의 목록을 살펴보도록 하라. 그리고 당신의 잘못에 대해 용서를 구하기 위한 적절한 장소와 시간을 마련하라.

무슨 말을 해야 할까? 어떤 말을 골라서 할까? 부모들은 알맞은 말을 알맞은 때에 하기 위해 많이 염려한다. 솔직히 말해 대본은 의외로 간단하다: "_____ [후회하는 행위나 단어를 구체적으로 말하고] 에 대해 매우 미안하구나. 용서해 주겠니?"

당신이 고민하며 처음으로 사과하고 용서를 구할 때, 당신의 자녀는 그런 잘못들이 자신에게는 별 문제가 되지 않았다는 듯이 넘어가려 할지도 모른다. 하지만 절대 놀라거나 당황하지 말라. 그것은 일종의 자연스러운 방어 전략이다. 어쩌면 "네. 용서해요." 또는 "아니요. 용서 못해요." 아니면 "괜찮아요. 아버지는 훌륭한 분이셨어요." 또는 "아빠, 그딴 문제 때문에 걱정하지 마세요. 지나간 일인데요, 뭘." 하고 반응할 수도 있다.

핵심적인 질문으로 반응하라: "내 말이나 행동이 어떻게 느껴졌니?" 이 단계에서 당신은 이러한 질문을 수 없이 반복해야 할지도 모른다: "그때 너의 기분이 어땠니?", "그때 너의 기분이 어땠어?" 자녀가 감정적으로 솔직한 반응을 보일 때까지 이 질문을 반복해서 하라. 영화 "굿 윌 헌팅(Good Will Hunting)"은 반복의 효과를 잘 보여주고 있다. 심리치료사는 윌에게 다음과 같이 말한다. "네 잘못이 아니야. 네 잘못이 아니야. 네 잘못이 아니라고." 이러한 말을 들은 윌은 마침내 자신의 마음을 열고 비통해한다.

만약 자녀가 마음의 문을 열고 말하기 시작할 때 부모는 입을 다물고, 마술과 같은 이런 말을 반복하라. "…[자녀의 이름]야, 고맙구나. 그래 계속 말해보렴"과 같은 말을 반복해서 사용하라. 이 시점에서 당신은 상황을 해명하려 하지 말라(당신이 왜 거기에 없었는지, 그 당시 가정에 무슨 일이 일어나고 있었는지, 당신이 무슨 생각을 하고 있었는지 등). 해명은 변명으로 들릴 뿐이다. 오히려 해명을 계속 하면 자녀는 다시 감정적으로 마음을 닫을 수 있다.

기억해야 할 것은 <u>산채로 파묻힌 감정은 결코 죽지 않는다</u>는 사실이다. SSA는 발달장애이며 분리장애이다. 당신의 자녀는 당신과 성공적인 애착 관계를 형성하지 못했다. 따라서 당신이 지난 날 있었던 일에 대해 그것을 합리화하고, 정당화하려고 시도한다면 그것은 그들을 변화시키거나 치유하는데 아무런 도움이 되지 못한다. 이 시점에서 당신이 할 수 있는 최선의 방법은 경청하고 진심 어린 마음으로 사과하는 것이다. 먼저는 당신의 자녀가 많은 감정을 표현하게 하라. 그러고 나면 지난날에 대한 당신의 생각을 듣는 일에도 자녀가 마음을 열게 될 것이다. 그렇기에 입을 다물고 있는 것이 낫다!

당신의 딸은 자녀의 입장에서 당신이 전혀 생각하지 못했던 것들에 대해 탓할 수도 있다. 혹여 딸이 완전히 잘못 이해하고 있을 수도 있다. 하지만 자녀가 무슨 말을 하든 논쟁하거나 방어하려 하지 말라. 딸로 하여금 자기의 감정과 생각을 자유롭게 말하도록 하라. 다음과 같은 말만 계속해서 반복하라: "네 느낌을 말해줘서 고맙구나, [자녀의 이름]. 계속해서 더 말해 보렴." 그리고는 다시 귀를 기울여라. 그녀와 계속 의사소통을 할 때 필요할 경우 이 말을 반복하라. "고맙다, [자녀의 이름]. 더 말하렴." 이것은 자녀로 하여금 더욱 깊은 생각과 감정을 기억해내게 하므로 자연스러운 치유 과정의 시작이 될 것이다. 당신의 생각과 감정은 제쳐두고 자녀로 하여금 상처와 아픔을 표현하게 하라.

그저 귀 기울여주고, 앨리스 밀러(Alice Miller) 박사의 말처럼 "공감하는 증인(sympathetic witness)"이 되어주는 것이 매우 중요하다. 감정은 감정일 뿐이다. 그것은 옳은 것도 그른 것도 아니다. 자녀의 인식은 그의 인식이며, 치유를 위한 핵심은 애통해하는 것이다. 다시 말하지만, "치유를 위해서는 반드시 감정을 표현한 다음 현실을 직시해야 한다." 우리에게는 해답이 필요하지 않으며, 상황을 더 호전시키거나 일의 상황을 바르게 이해시키려는 사람이 필요한 것도 아니다. 우리는 단지 동정 어린 증인으로서 우리가 과거에 잃었던 것에 대해 함께 애통해 할 누군가가 필요할 뿐이다.

이 과정에서 당신은 SSA 자녀의 분노를 수용할 준비를 하면서, 분노는 상처와 아픔에 대한 방어라는 것을 기억하라. 자녀의 분노를 경청하여 사랑으로 반응할수록 자녀가 치유될 확률은 높아진다. 이때 치유가 단번에 일어나지 않을 수도 있다. 여러 번 시도를 해야 할 지도 모른다. 흔히 치유 과정은 마치 양파 껍질을 벗기는 것과 비슷하다고 한다. 일정 기간 동안에 걸쳐 한 겹씩 벗겨내야 한다.

지금까지 살펴본 것처럼 "동성애적" 정체성을 가진 사람들은 자신들이 그런 식으로 태어났다고 믿기 때문에 당신의 사과나 SSA에 빠지게 만든 가족의 문제를 바로 잡으려는 시도에 관심을 보이지 않을 수 있다. 그렇기에 상처 받은 자녀들이 과거에 대해 자신의 솔직한 생각과 감정을 표현할 수 있을 때까지 여러 차례 시도하며 많은 노력을 해야 한다.

여기서 한 가지 주의해야 할 것이 있다. 당신의 사과가 SSA를 치유하려는 방법으로 비추게 해서는 안 된다. 당신의 사과와 동성애 문제가 완전

별개의 것이 되도록 하라. 당신은 단지 과거의 실수에 대해 책임을 지는 부모일 뿐이다. 당신의 겸손하고도 화해를 위한 모습에 초점을 맞추라.

유대감 형성과 경계선

어린 아이의 생애 첫 3년 동안 이루어지는 인생의 처음 두 단계는 미래 모든 관계의 틀을 형성시킨다. 지금부터 이러한 단계들에 대해 살펴보도록 하자.

1단계. 임신에서 생후 1년이나 1년 6개월에 이르는 1단계는 유대감의 형성기이다. 이 단계에서 가장 중요한 역할을 하는 사람은 어머니이다. 어머니와 아이 사이에는 공생 관계가 있다. 아이는 삶의 모든 기능에 대해 엄마를 전적으로 의지한다. 이 단계에서 아버지가 아이를 돌보는 일에 관여한다 할지라도 안정된 애착 관계를 형성시키는 것은 어머니와 아이 사이의 유대 관계이다.

1단계에서 자녀가 안정적인 애착 관계를 경험할 때, 그들은 유대감과 안정과 사랑과 이해와 보살핌을 받고 있음을 느끼게 된다. 따라서 이렇게 자란 아이는 "나는 내 감정과 생각과 욕구를 나눌 수 있어. 왜냐하면 내 주위에 있는 사람들이 나의 욕구를 들어줄 것이니까."라는 태도를 갖게 된다. 반면 이 시기에 그 욕구가 충족되지 못한 아이들은, 존 볼비(John Bowlby)의 연구에서 밝힌 것처럼, 그들은 반항하고(관심을 끌기 위해 우는) 좌절하며(그들에게 먹을 것을 주거나 기저귀를 갈아주거나 안아주러 오는 사람이 없을 때), 분리(나는 그 누구도 내 욕구를 채워줄 수 없다고 생각해. 그래서 그냥 입을 다물고 있거나 귀엽게 행동하거나 아니면 행동으로 보일거야)에 이르게 된다. 이는 향후 애착 관계 문제의 기초가 된다.

2단계. 2단계는 1년 6개월에서 3살까지에 이르는 기간으로, 아이가 기어다니고 걸으면서 조금씩 말하기 시작하는 시기이다. 이때 아이들은 어머니로부터 분리되고 그들 자신의 정체성을 발견하는 자신감을 경험하면서 적절한 경계선을 배운다. 우리는 이 단계를 분리의 시기, 개별화 그리고 분화(differentiation)의 시기라고 말할 수 있다. 아이는 이때 "나는 당신이 아니야"라고 말하는 법을 확실히 배우게 된다. 이 발달 단계가 중요한 이유는 아니(no)라는 부정어가 바로 이때부터 기능을 나타내기 때문이다. "아니야!"는 "내가 스스로 무언가를 하고 싶다"는 뜻이다. 이 나이의 아이들은 엄마와 아빠와 명백하게 다른 자신을 확립하려고 한다.

이 시기에 아이가 엄마에게서 벗어나 탐색하는 것을 격려 받고 동시에 자신이 다칠 수도 있다는 적절한 경계선을 배운다면, 그들은 자기가 인정 받고 있음을 느끼고 스스로 조절(self-regulation)하는 기술을 배우게 될 것이다. 2단계를 성공적으로 통과할 때, 아이는 자신에 대해 강한 능력과 소중함, 유능함을 느끼게 된다.

많은 SSA 남성들을 보면 전형적인 남자들이기보다는 더 순하고 "착한 소년들"이었다. 그들은 엄마에게 어떤 문제도 일으키지 않는 아이였다. 하지만 그것이 결코 건강하다는 의미는 아니다. 왜냐하면 남자 아이들은 천성적으로 여자 아이들보다 공격적이어서 종종 문제를 일으키기 때문이다. 주체적인 존재가 되고 자기의 남성성을 발견하기보다 엄마의 감정에 공감하고 엄마를 기쁘게 하려는 착한 어린 남자 아이를 조심하라. 당신의 아들이나 손자에게서 이런 일이 일어나는 것을 본다면, 그의 감정을 표현하고 부모의 돌보미가 되지 않도록 적극적으로 격려하라.[30] 여자 아이들 중에 남자보다 더 공격적이고, 소란스러우며 드센 아이가 있을 수 있다. 아빠와 엄마가 이것을 자연스럽게 인정해주면, 그들은 타고난 이성애가 꽃을 피우게 된다. 하지만 이것을 비판하거나 가로막으면 오히려 그들의 성정체성을 위태롭게 만들 수가 있다.

아들의 삶에서 아빠가 이러한 2단계에 관여하는 것은 매우 중요하다. 딸은 계속해서 엄마와의 성정체성을 동일시할 것이다(우리는 둘 다 여자야. 나는 엄마를 닮았고, 엄마는 나와 비슷하지). 하지만 아들은 자기와 엄마가 별로 닮지 않았다는 것을 곧 발견하게 된다(엄마는 나와 달라. 나도 엄마와 다르고). 그를 남성의 세계로 이끌어야 할 사람은 그의 아버지나 또는 다른 남성 역할 모델이어야 한다. 그는 이제 "아빠, 나는 아빠를 닮았어요. 우리는 서로가 비슷해요."라는 사실을 깨닫게 된다. 아버지를 통한 신체적 혹은 정서적인 경험이 불가능할 때, 아들은 성정체성을 파악하는 중요한 이 단계를 상실하게 된다. 이러한 성정체성 발달 단계의 상실은 훗날 소년들에게 SSA의 원인이 될 수 있다.

소녀들에게는 이 단계에서 엄마와의 안정적인 애착 관계 형성이 필요하다. 만약 딸이 엄마보다 더 공격적이거나 그녀의 성격이 엄마와 정반대일 경우, 그것은 유대감 형성에 지장을 줄 수 있다. 그리고 딸이 엄마를 멀리할 때 이것 역시 건강한 모녀의 애착 관계 형성에 지장을 줄 수도 있다. 엄

---

30) 더욱 자세히 알기를 원하면 조셉(Joseph)과 린다 아메스 니콜로시(Linda Ames Nicolosi) 저의 「동성애를 예방하기 위한 부모의 가이드」 (A Parent's Guide to Preventing Homosexuality)(Downers Grove, Ill.: InterVarsity Press, 2002)를 읽어보라.

마는 딸의 세계에 들어가 건강한 여성 동맹을 결성할 필요가 있다. 딸은 자기 엄마를 여성성의 안전하고 건강한 역할 모델로 볼 수 있어야 한다. 그래야 그녀는 자기 엄마와 같은 여자로 성장하고 싶어질 것이기 때문이다.

우리는 바니와 아드리안의 SSA가 어떻게 형성되었는지에 대해 살펴보았다. SSA는 매우 일찍부터 시작된다. 많은 사람들이 "나는 어렸을 때부터 SSA를 갖고 있었어요" 라고 말하는 이유가 바로 여기에 있다. 치명적인 상처(core wounding)는 발달 단계의 아주 초기에 입었을 가능성이 높다.

오래된 상처를 들춰내어 살피는 것은 가슴 아픈 일이다. 당신은 자녀와의 유대감 형성을 위해 노력하면서 그와 함께 울고 있는 자신의 모습을 발견하게 될 것이다. 분명히 말하건대 당신이 감정을 표현할 때는 당신의 자녀도 그의 감정을 나타낼 가능성이 높다. 왜냐하면 SSA를 갖고 있는 사람들 다수가 민감한 아이들이기 때문이다. 이것은 치유하는 과정에서 당신에게 유리하게 작용한다. 민감한 아이들은 다른 아이들에 비해 감정을 쉽게 느끼는 경향이 있기 때문이다. 하지만 이러한 아이들은 안정된 애착 관계를 형성하고 있지 않다는 점에서, 지나치게 많은 규칙과 경계선을 설정하기 보다는 친밀함과 나눔의 동맹을 결성하는데 초점을 두도록 하라. **기억해야 할 것은 경계선(boundaries)을 설정하기 전에 유대감 형성(bonding)이 먼저라는 점이다.**

반면에 당신의 자녀가 제멋대로 행동하고 통제 불가능할 경우에는 확고한 경계선과 훈육이 필요하다. 이렇게 늦은 시점에서 경계선의 설정이 필요한 이유가 무엇일까? 그렇지 않으면 자녀가 당신이나 다른 사람들을 이용하려 들기 때문이다. 또한 이러한 경계선을 세워야 당신의 자녀가 당신이나 다른 사람들을 이용하지 않으려는 자제력을 배울 수 있기 때문이다. 부모의 위치를 지키고 자녀에게 결코 자리를 내어줘서는 안 된다. 자녀가 버릇없게 굴 때 자신의 뜻대로 하도록 방임하는 것은 사랑이 아니며, 그것은 실패에 이르는 공식이 된다. 그러나 자녀가 순종적이고 제대로 훈육되었다면, 그 "착한 아이"는 유대감을 형성시키는데 관심을 집중할 것이다. 당신에게는 많은 시행착오가 필요할 것이다. 어떤 상황에서나 모든 아이에게 맞는 규칙이란 결코 없다. 자녀의 나이와 기질, 성격 그리고 요구 조건에 따라 많은 것들이 달라지기 때문이다.

주된 감정은 사랑, 분노, 두려움과 슬픔이다. 분노는 상처받은 마음을 보호하는데 사용되며 따라서 자녀가 이러한 치유 과정 중에 화를 낸다면, 당연한 반응이다. 모든 분노 저변에는 아파하고 상처 받은 아이가 있다는 사실을 자신에게 상기시키며 그의 분노를 수용하도록 하라. 만약 당신이 분노를 두려워한다면 이것이 매우 어려울 수 있다. 그러나 당신이 자신의 마음을 진정시키고 그에게 귀를 기울여 시간을 내준다면, 그는 분노를 통과하여 애통하는 단계로 들어가게 될 것이다. 다시 말하거니와, "고맙다, [자녀의 이름]. 더 말하렴." 과 같은 격려의 말을 사용하라.

당신의 자녀가 겪고 있는 감정에 대해 부정하지 말고 그것에 동참하라. 자녀가 한 말을 요약해서 반영해보라. 머리가 아니라 마음으로 들으라. 자녀의 잘못된 생각을 심하게 꾸짖거나 바로잡으려 하지 말라. 이것은 당신이 아니라 당신 자녀에 대한 문제라는 사실을 잊지 말라. 당신의 자녀가 나이가 어리거나 많든 간에 그는 당신을 항상 아빠와 엄마로 여기며 당신의 사랑을 필요로 한다. 이렇게 말하도록 하라. "나는 너를 사랑한단다. 그리고 우리 집은 너에게 항상 안전한 곳이란다." 마침내, 그는 자신의 아픔을 내려놓음과 동시에 당신의 사랑을 받아들이는데 마음을 열게 될 것이다.

자녀의 SSA 과정에 대해 물어보라

자녀와의 유대감 형성을 위해 노력할 때는 그의 SSA에 대해 파악하는 것이 무엇보다도 중요하다. 그렇다면 이러한 주제에 어떻게 접근해야 할 것인가? 나는 동성의 부모가 SSA 자녀에게 물어보아야 할 것으로 다음의 4가지의 질문을 제안한다. 이러한 논의에는 부모가 모두 참여하는 것이 좋다. 그러나 주도권은 동성의 부모가 가져야 한다.

1. 동성에 대한 매력을 처음 경험한 것이 언제인가?
2. 이것이 삶을 힘들게 했는가? 학교나 교회에서 놀림을 당한 적이 있는가?
3. 어떤 종류의 남자/ 여자에게 매력을 느끼게 되는가? (나이, 신체 유형, 성격 그 밖의 다른 특징들)
4. 나/ 우리에게 바라는 것이 있다면 무엇인가?

자녀가 이러한 질문에 답변을 할 때는 뛰어난 경청 기술을 활용하라. 자녀가 말할 때 끼어들거나 덧붙이거나 바로잡으려 하지 말라. 다시 말하거니와 다음과 같이 마법과 같은 말을 사용하라: "고맙구나. 계속 말해주겠니." 자녀가 겪은 여정을 파악하는 데 힘쓰라. 그의 말이 다 끝난 후에 답변하도록 하라. 가장 중요한 것은 그가 겪었을 외롭고 고통스러운 여정과 그가 경험한 것에 대해 당신이 전혀 몰랐던 사실을 아픈 마음으로 표현하는 것이다. "네가 겪은 모든 아픔과 외로움을 생각하니 나도 마음이 아프구나. 마치 내 마음이 찢어지는 것 같다. 마음 편하게 마음껏 말해 보렴. 너의 모든 것을 알고 싶으니 말이다."

당신의 자녀가 어떤 유형의 사람에게 이끌리는지를 이해하는 것은 대단히 중요하다. 왜냐하면 그것은 자녀의 SSA에 대한 많은 정보를 알려주기 때문이다. 예를 들어, 당신의 딸이 연상의 여자들에게 매력을 느낀다면, 그녀는 십중팔구 동성 정서적(homo-emotional) 상처를 가지고 있으며, 연상의 여자의 품에서 엄마의 사랑을 찾고 있을 가능성이 높은 것이다. 그녀가 만약 자기와 같은 나이의 누군가에게 매력을 느낀다면, 그녀는 동성의 또래들에게 받아들여지길 갈망하는 동성 사회적(homo-social) 상처를 가지고 있을 수가 있다. SSA를 가진 남자들도 연상이나 동일한 나이 또는 연하의 남자들에게 매력을 느낄 수 있는데 이것 역시 동성 정서적 혹은 동성 사회적 상처를 나타낸다. SSA를 가진 남녀에게는 저자이자 치유자인 리엔 페인(Leanne Payne)이 말한 "식인종적 강박증"(cannibal compulsion)"을 갖고 있을 수도 있는데, 그것은 저들이 상대방으로부터 자기의 부족한 것을 흡수하길 원하기 때문이다. 페인은 그녀의 내담자 중 한 사람을 예로 들며 이런 말을 썼다. "그는 다른 젊은 남자를 보면서 자신이 잃어버린 부분 곧 그가 인식할 수 없거나 받아들일 수 없는 부분을 갈망하고 있었다." [31]

일반적으로 말해, 많은 SSA 아들들은 그의 아버지와 동성의 또래들로부

---

31) 리엔 페인(Leanne Payne) 저 「동성애자치유」(The Healing of the Homosexual) (Westchester, Ill.: Crossway, 1985), pp. 2–5.

터 인정을 받지 못해 강한 성정체성을 내면화하지 못했다. SSA 소녀의 경우도 엄마와 동성 또래들로부터 마찬가지이다. 청년이나 어른이 된 이들은 다른 사람의 품에서 수용을 구하고 있다. 당신은 자신의 아들이 강하고 남성적이라고 생각할지 모른다. 그렇다면 그가 누군가, 특히 자기와 비슷해 보이는 남자에게서 수용을 찾는 이유는 무엇일까? 그것은 그가 성정체성의 힘을 경험하지 못하기 때문에 다른 남자와 함께함으로 그 인정을 추구하려는 것이다. 기억해야 할 것은 이것이 성정체성의 혼동(gender identity confusion)이라는 것이다. 그는 아빠와 자기 또래들로부터 분리되었을 수 있으며, 따라서 자기가 소년이라는 사실과 다른 남자들과 어울린다는 느낌을 결코 내면화하지 못하고 있는 것이다. 그는 지금 잃어버린 남성성을 다른 남자들을 통해 추구하고 있는 것이다. 사춘기 이후, 이러한 유대감 형성에 대한 기본적 욕구는 성적인 것으로 변하게 된다.

만약에 그가 젊은 남자나 소년들에게 이끌린다면, 십중팔구 그는 어렸을 적에 입은 상처를 치유하려 하고 있는 것이다. 나는 예전에 모든 여자들의 선망의 대상이 되는 건장하고 잘 생긴 엘리트 경찰을 상담한 적이 있다. 그런데 그는 13살짜리 소년들에게 매력을 느끼고 있었다. 알고 보니 그 나이 때 큰 상처를 경험했기 때문이었다. 자신의 삶 가운데 그 시기에 발생한 해결되지 않은 문제를 치유하고자 무의식적으로 어린 소년들에게 마음이 끌리고 있었던 것이다. 물론, 그것은 아픔을 치유하는데 아무런 도움이 되지 못했다.

내가 상담했던 여러 십대들은 강하고 튼튼하며 매력이 넘치는 남자들과 성관계를 맺는 것에 대해 상상해 본 경험을 갖고 있었다. 그들의 아버지는 매우 다정했지만 결단성이 부족했다. 아들들은 아버지가 가정에서 "주도권"을 갖고 강하게 이끌어주길 원한다. 그들은 강한 아버지상을 갈망했는데, 채워지지 않자 그 갈망은 사춘기 때 성적인 것으로 변한 것이다.

남자들 중에는 여성적인 남자에게 끌리는 사람이 있듯이 여자들 중에는 남성스러운 여자에게 매력을 느끼는 사람도 있다. 그것은 이성으로부터 경험한 상처를 암시하는 것이다. 즉, 남자들은 여자들과의 친밀함을 두려워하고, 여자들은 남자들과의 친밀함을 두려워하는 것이다. 그들은 위협이 되지 않는 동성의 누군가의 품 안에서 위안을 찾으려 한다. 한편 여성적인 남자와 남성적인 여자는 자신의 성별과 탈동일시(dis-identified)된 것이다. 그들은 개발되지 못한 것을 충족시키기 위해 강인한 남성이나 건강한 여성의 모습을 보이는 누군가와 함께 하길 원하는 것이다. 그들은 마음속 깊이 자신이 끌리는 그 사람이 되기를 갈망한다.

당신은 자녀가 끌리는 사람의 유형을 보고 그의 상처를 이해하고 파악하여 단계적으로 그의 욕구를 채우도록 도와줄 수가 있다. 다시 말하지만, 거부할 것을 예상하라. 이것은 어디까지나 사랑의 전쟁이다. 그는 상처를 입은 피해자이기에 아프고 화가 나 있다. 당신은 그를 당신 편으로 다시 만들어야 한다. 결국 자녀의 사랑의 대상은 당신이나 아니면 그의 동성 친구 중 하나가 될 것이다. 그러나 분명한 것은 당신은 당신의 자녀를 지속적으로 사랑할 수 있다는 점이다. 하지만 당신 자녀의 파트너는 그렇게 할

수 없을 것이다. 동성애와 관련된 통계 자료가 그것을 증명한다.[32]

자녀에게 당신이 줄 수 있는 가장 도움이 될 수 있는 지원이 무엇인지를 물어보라. 만약에 아들이 "게이"(gay) 정체성을 채택했다면, 그는 당신으로부터의 인정을 원할 것이다. 그럴 때는 다음과 같이 말하는 것이 매우 중요하다. "나는 너를 있는 그대로 사랑하고 받아들인단다." 이 말을 그대로 사용해도 될 것이다. 그렇다고 <u>이것이 당신의 자녀의 생활방식을 인정한다는 의미는 아니다.</u> 이것은 당신이 지금 그를 무조건적으로 받아들인다는 것을 의미하지 않는다. 당신에게 사랑을 받고 인정을 받기 위해 변화를 요구하기 보다는 사랑으로 그의 모든 아픔을 치유해야 한다. 그가 어떤 신념을 가지고 있든 간에 그는 당신의 수용과 사랑을 필요로 하는 상처받은 영혼이다. 그 영혼에 초점을 맞추어라. 그러면 귀한 생각이 당신에게 떠오를 것이다.

부족한 사랑의 욕구를 충족시켜라

만일 당신이 자녀를 사랑하거나 용납하지 않는다면 게이 공동체가 당신의 자녀에게 사랑과 이해를 느낄 수 있는 유일한 피난처가 될 것이다. 그러므로 당신의 집과 영적 공동체 내에 수용적인 환경을 조성하는 것이 중요하다. 당신이 공감하는 것은 불가능할지라도, 동정할 수는 있다. 자녀가 당

---

32) 데이비드 맥워터(David McWhirter)와 앤드류 매트슨(Andrew Mattison)가 쓴 「남성 부부」(The Male Couple) (Prentice-Hall, 1984)에 있는 연구에 의하면 1년에서 37년까지 지속된 156 쌍의 남성 동성 커플 중 결혼한 지 5년 미만 된 7쌍의 부부(7%)를 제외하고는 모두 성적 부정을 저질렀다고 한다. 나머지 95% 의 부부는 정상적인 관계 밖에서 성관계를 즐기고 있었는데, 이는 함께 한지 5년 이상이 지나면 100%의 커플이 성적 부정을 행했다는 의미다.

신을 가장 필요로 했을 때 그의 곁에 없었던 것에 대해 사과하라. 그리고 귀를 기울이라. 지금부터라도 곁에 있을 것을 약속하라. 단, 그렇게 할 의지가 분명히 있을 때만 그렇게 하라. 진실성이 없는 약속은 피하라. 그렇지 않으면 자녀는 또 다시 가슴이 찢어지는 것 같은 상처를 입게 된다. 그들은 과도하게 민감한 사람이라는 사실을 잊지 마라. 그것이 바로 그들이 SSA를 형성하게 된 이유 중 하나이다. 제프리 세틴오버 박사(Dr. Jeffrey Satinover)가 관찰하여 밝힌 것처럼, 그들이 불안에 보다 쉽게 노출되는 이유도 이러한 과민증 때문일 수 있다.[33]

우리는 아버지와 아들(어머니와 딸 사이도 마찬가지지만) 사이에 성격이 서로 맞지 않는 경우를 흔히 목격한다. 민감한 아들과 공격적이거나 감정이 무딘 아버지의 경우를 자주 보게 된다. 마치 4각형의 구멍에 원형의 못이 있는 것과 같은 경우다. 그들은 서로 맞지 않으며 서로 이해하지 못한다. 언젠가 아들은 미술가이고, 아버지는 스포츠에 깊이 빠져 있는 목회자 가족을 상담한 적이 있다. 아들은 살아오면서 늘 그랬듯이 자신의 생각과 감정을 어머니와 편하게 나누었다. 어머니는 아들을 제대로 이해했다. 그러나 아들과 아버지 사이에는 연결점이 없었다. 또한 아들과 동성 또래 사이에도 유대감이 없었다. 사실, 그는 자기가 미술가라는 이유로 오랫동안 놀림과 조롱을 받아왔다. 대신 그는 엄마와 학교의 다른 여자아이들에게서 더 편안함을 느꼈다. 그것은 적절한 남성성 개발에 건강하지 못한 환경이며, 따라서 SSA를 형성하기에 완벽한 시나리오였다.

---

33) 제프리 세틴오버(Jeffrey Satinover) 저 「동성애와 진리의 정치」 (Homosexuality and the Politics of Truth (Grand Rapids: Baker Books, 1996), p.222.

자녀에게는 부모의 평안에 대한 책임이 없다

또 하나의 건강치 못한 상황은 SSA 자녀가 당신의 행복에 대해 책임감을 느끼는 것이다. 그녀는 성장하면서 당신의 아픔을 보고, 관찰하거나 경험했을 수 있다. 민감한 자녀들은 부모를 편하게 해주는 모든 책임이 자기에게 있다고 믿기에 그것을 극단적으로 몰고 갈 수가 있다. 또한 이러한 생각은 일생에 걸쳐 남을 기쁘게 해주려는 패턴으로 자리 잡게 된다. 당신은 딸에게 이런 면이 있다는 것을 느낄 수도 있고 느끼지 못할 수도 있다. 그러므로 다음과 같은 질문을 해보는 것이 중요하다. "너는 나의 평안에 대해 책임감을 느끼니?" "너는 네가 나를 돌봐야 한다고 생각하니?" 그리고는 어떻게 반응하는지 주의를 기울이라. 만약에 어떤 식으로든 "네"라고 대답한다면, "나를 돌보는 것은 너의 책임이 아니란다."라고 분명히 말하라.

내가 부모들을 위한 화상 수업 시간에 이것을 가르친 뒤 한 어머니가 25살 된 아들에게 찾아가 그렇게 질문했다. 그녀는 아들로부터 확고하게 '그렇다'는 답변을 들었다. 그래서 그녀는 아들에게 이렇게 말해주었다고 한다. "너는 나의 평안에 대한 책임이 없단다. 나 스스로 자신을 돌볼 수 있을 뿐 아니라, 아빠도 나를 돌보실 거란다."

아들은 충격을 받았다. "정말요? 정말로 하시는 말씀이세요? 그럼 그 내용을 쓰고 서명해 주세요!"

그런데, 그녀는 그보다도 더 좋은 증거를 남겨주었다. 그녀는 아들에게 그날 이후로 엄마의 안녕에 대해 더 이상 책임이 없다는 문구가 적힌 증서를 만들었다. 그리고 거기에 서명하고 날짜를 쓴 다음 코팅까지 했다. 그는 너무 기쁜 나머지 그것을 액자에 넣어 벽에 걸어놓았다! 다른 부모들도 이처럼 자유케 하는 말을 SSA 자녀에게 반복해서 말하고는 비슷한 결과를 얻어냈다.

당신의 자녀가 치유되고 자랄 때 기대할 수 있는 것은?

나는 여러 부모들로부터 그들의 자녀가 원치 않는 SSA를 치료받는 동안 겪게 될 것에 대해 설명해달라는 요구를 받아왔다. 자녀들의 요구 사항과 행동 가운데는 아빠와 엄마의 마음에 전혀 들지 않는 것들이 있었다. 아래에 기록되어 있는 것은 치료 중에 있거나 또는 유년기와 사춘기, 성인기의 발달 단계를 단순히 재경험 하고 있는 당신의 SSA 자녀가 경험 가능한 잠재적인 단계들이다. 사람들은 이 단계들을 정확히 이 순서대로 거치지는 않는다. 그러나 특정한 발달 과업의 성취를 추구할 때 다음 단계들을 경험하게 된다. 자녀는…

1. 당신과의 새로운 경계선을 설정할 것이다. 그는 자기가 겪고 있는 많은 것들에 대해 당신이 아는 것을 원하지 않을 것이다. 난생 처음 그는 당신에게서 분리되고 개별화되며 스스로 자립하는 법을 배우고 당신으로부터 분화되면서 인생의 2단계(발달상 1년 6개월에서 3세까지의)를 거치면서 감정을 다시 처리하고 있는 것이다. 그는 당신으로부터 독립된 생각과 감정을 경험하고자 많은 것을 나누고 싶지 않은 가운데 자신만의 "공간"을 요구할 가능성이 높다.[34]

---

34) 삶의 대부분을 정서적으로 부모와 떨어져 살아온 10대들을 대할 때는 주의하라. 그런 경우, 그들은 엄마와 아빠 두 사람 모두와의 건강한 유대 관계의 경험을 필요로 할 것이다.

2. 관계 형성을 위한 새로운 규칙을 설정할 것이다. 당신의 SSA 자녀에게
   는 자기의 욕구를 표현하는 것이 안전하며, 자기가 어린 아이처럼 취
   급되거나 벌을 받지 않게 되리라는 것을 아는 것이 필요하다. 그는 감
   정을 잘 조절하고 책임 있는 성인으로서 그러한 감정과 생각을 표현
   하는 법을 배우고 있는 것이다.

3. 지금(SSA에 이르기까지) 당신의 자녀로 취급받기를 원할 것이다. 그는
   당신으로부터 자기가 사랑을 받으며, 당신이 보기에 충분히 용납될 만
   큼 "변해야 할" 것이 없다는 사실을 아는 것이 필요하다. 그에게는 당
   신이 판단하지 않고 경청해 주는 것이 필요하다. 그의 많은 선택에 대
   해 공감이 안 될 수도 있지만, 그것들은 당신의 자녀가 한 것이며, 사
   람은 누구나 인생의 교훈을 스스로 배우는 것이 필요하다. 그렇게 할
   때 그는 자신의 능력을 키워 보다 성숙한 성인으로 자립하게 될 것이
   다. 이 단계에서 그는 당신이 불필요하다고 생각하는 방식으로 행동하
   거나 혹은 당신이 부적절한 영향을 줄 것이라고 간주하는 사람들과
   관계를 맺을 수도 있다. 하지만 그에게는 이것에 대해 스스로 해결하
   는 것이 필요하다. 원치 않는 SSA로부터 치유받기 위해 치료 중에 있
   는 사람들은 흔히 건강한 동성의 친구들을 자신의 주변에 두는 경우
   가 있다.

4. 과거의 문제들을 해결하기 원하며 결국은 당신을 치유 과정에 참여시
   키게 된다. 아니면 당신이 그를 가족 치유 시간이나 치유 세미나에 참
   석하도록 초대하는 방법을 통해 당신의 치유 과정에 자녀를 참여시킬
   수도 있다. 이전의 단계들(다시 말해, 판단하지 않고 경청하고, 스스로

의 결정을 허락하며 새로 발견한 독립에 동의하는 것)에 대한 시험을 통과한 후에는 그가 과거 문제들에 대해 대화하는 것을 더욱 편하게 느끼기 시작할 것이다.

5. 자기가 생각하고 느낀 것과 관련하여 당신이 전혀 알지 못한 모든 것들에 대해 당신을 탓하기까지 하며 보다 깊은 상처와 아픔에 대해 나누기 시작할 것이다. 당신은 지금까지 해온 것처럼 좋은 경청법을 사용하고 있다. 당신의 자녀는 그가 애통해할수록 그만큼 더 건강해질 것이며, SSA와 그리고 그것과 관련된 행동의 필요성을 더욱 적게 느끼게 될 것이다.

6. 동성 부모와 형제, 친척 그리고 또래들과의 건강한 관계를 형성시켜 나가게 될 것이다. 자녀는 동성과의 건강한 유대감 형성을 경험하게 되면서 자신만의 견고한 성정체성을 내면화하기 시작할 것이다. 그럼과 동시에 이성애적 욕구가 나타나게 된다.

당신의 자녀가 이러한 치유와 성장의 단계를 해결해 나가는 과정에서 때로는 당신이 상처를 받고 혼란스러울 수도 있다. 하지만 이것이 당신과 당신 자녀의 삶에 새로운 계절의 시작을 의미한다는 것을 알라. 인내심을 가지라. 이때 SSA가 있는 사람들은 생각과 감정과 욕구를 정의하는 법을 배우므로 자신에 대해 보다 많은 것을 깨닫게 된다. 자녀는 자신의 성정체성 확립을 위해 이와 같은 성장 단계들을 당신과 별개로 경험해야 할 때가 있다.

자녀를 위해 긍정적 메시지를 녹음하라

우리의 자녀들은 성장하면서 충분한 격려의 말을 듣지 못한 경우가 많다. 그들은 마음 가운데 비난과 비판하는 말들로 인한 깊은 상처를 갖고 있다. 이러한 이유에서, 당신이 동성의 부모일 경우 낮은 자존감 치유에 유익한 당신의 SSA 자녀에 대한 긍정적인 메시지가 담긴 테이프나 CD를 준비하는 것을 고려하라.

엄마들이여, 딸을 위해 그들에 대한 긍정적인 메시지를 녹음하라. 아빠들이여, 아들을 위해 그들에 대한 긍정적인 메시지를 녹음하라. 이때 녹음에 들어가야 할 5가지를 아래에 제시한다. 이어서 필자가 상담했던 내담자들 가운데 몇 사람이 작성한 긍정적인 메시지의 예를 소개해본다. 그것은 내가 그들에게 성장 과정 중 부모나 친구로부터 듣기 원했던 말이나 행동의 목록을 작성해 볼 것을 권해서 얻은 결과물이다. 두 개의 목록은 당신의 자녀가 필요로 하는 것들이 무엇인지를 이해하는 단서가 될 것이다. 또는 테이프나 CD에 당신이 어떤 내용을 나누기를 바라는지 자녀에게 물어보는 것도 좋은 방법이 될 것이다.

◆ 그의 존재, 남자로서 그가 누구라는 것에 대해 이야기하라. "너는 나의 소중한 아들이란다. 나는 네가 자랑스럽다. 나는 너를 믿는다. 너의 강인한 성격을 존중한다. 네게는 강인함과 영향력이 있다. 너를 있는 그대로 사랑한다."

◆ 그녀의 행동에 있어 당신이 기특하게 생각하고 격려하고자 하는 것들을 말하라. "나는 네가 훌륭한 대중 연설가라고 생각한단다. 네가 마음만 먹으면 무엇이든 달성 할 수 있다고 믿는다. 너의 유머러스한 이

야기와 농담을 들을 때마다 나는 웃음이 저절로 나온단다. 너는 운동과 노래에도 소질이 있어." 자녀에 대해 묘사할 때는 가급적 많은 형용사를 사용하도록 하라. 당신의 말이 강하고 믿을 만 할수록 자녀의 마음에 보다 깊은 영향을 준다.

◆ 아들의 남자다운 면이나 딸의 여성적인 면을 진심으로 칭찬하라. "너는 꽤 잘생긴 남자거든." "너는 굉장히 남자답고 강하단다." "나는 네가 내 아들이라는 것이 자랑스럽단다." "너에게는 내면적인 힘이 보인다. 그건 아무나 갖지 못하는 힘이지." 자녀의 남성적인 면이나 또는 여성적인 면을 칭찬할 때는 구체적인 특징을 사용하라.

◆ 딸의 삶을 축복하는 말을 하라. "내가 바라는 것은 네가 삶의 목표, 네가 추구하는 인생의 목표를 성취하기 위해 성실히 사는 것이란다. 너는 하나님의 딸이란다. 나는 하나님께서 항상 너를 지켜주시리라는 것을 확신한단다. 그리고 네가 삶 가운데 하나님의 사랑과 우리의 사랑을 매순간 경험하기를 기도한다. 나는 무슨 일이 있더라도 항상 네 곁에 함께 있을 거란다. 너를 축복한다." "너를 믿는다"는 마법 같은 말을 사용하는 것도 좋을 것이다. 녹음할 때, 그리고 당신의 일상적인 삶 속에서 이 말을 계속해서 반복하라.

◆ 아름다운 선율의 배경음악을 사용하라. 이것은 메시지가 당신의 자녀에게 의식, 무의식적으로 보다 깊은 영향을 주는데 도움이 될 것이다.

녹음의 양은 5분 이상으로 하는 것이 바람직할 것이다. 중요한 것은 녹음의 길이가 아니라, 자녀의 마음과 영혼에 심금을 울리는 메시지에 담긴 사랑이다. 당신의 말을 통해 자녀가 사랑을 느낄 수 있도록 하라. 당신의 SSA 자녀가 자기만 특별한 관심의 대상이 되고 있다는 느낌을 받지 않도록 다른 자녀들에게도 동시에 테이프나 CD를 만들어주는 것이 좋다. 특별한 행사나 명절 선물로 메시지를 녹음한 테이프를 줄 수도 있을 것이다. 중요한 목적은 당신과 자녀 사이의 깊은 소속감과 연대 의식을 심어주는 데 있다. 이것은 매우 소중한 선물이 될 것이다.

데이빗: 나의 아버지가 했더라면 좋았을 긍정적인 말들:

- 아들아 사랑한다.
- 너와 함께 시간을 보내고 싶구나.
- 내가 너의 아버지라는 것이 자랑스럽구나.
- 데이빗, 고맙다.
- 데이빗 너는 키가 크고 잘생겼어.
- 너는 내게 정말 소중하단다.
- 아들아 너를 사랑하고 축복한다.
- 너는 재능이 아주 뛰어나단다.
- 너는 강하고 용감하고 용기가 있다.
- 데이빗 너는 사랑 받을 만한 아이다.
- 너는 내가 기대했던 것보다 더 멋진 아들이다.

데이빗: 나의 또래 친구들이 말하거나 했더라면 좋았을 긍정적인 것들:

- 우리는 너의 친구야, 너는 우리에게 소중해.
- 너는 강인하고 잘 생겼어.
- 우리는 너를 인정한다.
- 너는 아주 멋져.
- 너와 함께 있어서 즐거워.
- 너는 최고가 될 자격이 있어.
- 팀원을 뽑으라면 너를 제일 먼저 뽑을 거야.
- 내 곁에 있어줘서 고마워.
- 나는 항상 너와 친구하고 싶어.
- 사랑해 데이빗.

존이 그의 아버지로부터 받고 싶은 인정:

- 존, 너를 사랑한다.
- 네가 내 아들이라는 것이 자랑스럽다.
- 존, 너는 내게 아주 소중하단다.
- 너는 나를 꼭 빼닮은 사내다.
- 너는 내꺼야. 나는 너를 지킬 거야.
- 존, 너는 특별해. 그런 너를 사랑한다.
- 존, 항상 행운이 늘 함께하길 바란다.

- 나는 너를 존중한다.
- 네가 생각하고 느끼는 것을 나누고 싶다.
- 너와 시간을 같이 보내고 싶다.
- 너를 안아주고 싶구나.
- 네가 자랑스럽구나.
- 존, 사내들은 이런 식으로 걷는 거야.
- 존, 나는 끝까지 너와 함께 할 거야.

존이 그의 친구들로부터 받고 싶었던 인정:

- 존, 넌 내 친구야.
- 너는 우리와 한 팀이야.
- 너는 멋진 녀석이야.
- 우리는 너와 늘 함께 할 거야.

- 너는 남달라.
- 너는 용감해
- 우린 네가 필요해.

에릭: 아버지가 나에게 말해주길 바랐던 것들:

- 나는 다른 누구도 얻을 수 없는 소중한 셋째 아들을 두어서 얼마나 좋은지 모른다.

  어떤 사람에게 너를 아들이라고 부를 특권이 있겠니?

- 나는 독특하고 재능 많은 네가 너무도 자랑스럽다.

- 너는 체격도 외모도 남자답고, 매너 또한 남자답다. 특히 너의 목소리는 아주 멋지지. 너는 우리 집안 모든 남자들처럼 키 크고 잘 생겼다.

- 나는 너의 창의력과 섬세함이 하나님께서 주신 남성다운 성품이라고 믿는다. 나는 어렸을 적에 내 감정을 솔직히 나누거나 말하는 것에 대해 격려 받지 못했지만, 너는 다르기를 바란다. 자신의 감정을 제대로 이해하고 그것을 사람들에게 표현하는 법을 배우길 바란다. 너의 마음을 솔직히 나누는 일은 소중하다. 그래야 나도 너를 더 알지.
- 너는 나처럼 강인하고, 영향력이 있으며, 남자답다. 너는 타고난 지도자다.
- 너는 모든 면에서 내 맘에 든다. 너는 지적이고 예술적이며 운동도 잘 하고 사려 깊다.
- 앞으로 너와 함께 운동이나 사업, 연애 같은 남자가 알아야 할 일에 대해 나누고 싶구나.
- 너는 위대한 남자들의 계보를 잇는 사람으로서 잘 어울린다.
- 너는 항상 내 마음속에 있단다.
- 너는 남자답고 운동을 잘 한다.
- 너를 더 알고 싶다. 네가 원하는 방식으로 이야기 해보자. 나를 믿으렴. 나는 네 편이야.

에릭: 나의 또래들이 나에게 말하기를 바랐던 것들:

유년기
- 우리 집에 놀러 올래?
- 내 생일날 올 수 있니? 네가 오는 것만으로도 나는 기뻐.
- 우리 축구 하러 갈 건데 같이 갈래?

고등학교와 대학 시절

- 너를 친구로 둔 건 정말 행운이야.

- 넌 정말로 재능이 뛰어나. 무대 위에서 연기하고 노래하는 실력이 대단해.

  그건 정말 대단한 용기가 필요한 일이라구.

- 난 네가 너무 멋지다고 생각해.

- 너는 정말 멋진 녀석이야. 다른 애들도 네가 멋지다던데.

- 우리 남자들끼리 한번 모여서 멋지게 놀아보자.

- 와 넌 어떻게 그리 재능이 많니? 그림도 잘 그리고 글도 잘 쓰고, 연기면 연기,

  노래면 노래. 나한테도 좀 가르쳐줄래?

- 아까 보니 너 남자더라. 운동을 좀 하던데.

아들이나 딸에게 편지를 쓰라

당신은 생각이나 감정을 글로 옮기는 방법을 통해 자녀에게 당신에 대해 보다 잘 이해할 수 있는 기회를 줄 수 있다. 그것은 당신에게도 자신에 대한 통찰을 얻게 한다. 편지에는 다음 4가지 측면을 포함시켜야 한다:

1. **후회.** 당신이 미안하게 느끼는 말이나 행동에 대해 이야기하라. 예를 들면, 딸이 자랄 때 시간을 함께 보내주지 못한 것이나 상처가 되는 말을 한 것, 무례하게 대했다거나 양육에 대한 책임을 배우자에게 떠넘기고 관심을 두지 않은 것, 혹은 딸에 대해 비난하고 불평하는 말을 했던 일들을 후회함을 고백하라.

2. **회개.** 사과하라. 지난 날 당신의 잘못된 행동이나 거친 말, 무관심에 대해 용서를 구하라. 예를 들어, "지금까지 너를 너무 혼자 내버려둬서 미안하구나. 용서해다오.", "네 말에 귀 기울이지 않고 너에 대한 모든 보살핌을 엄마에게만 떠넘긴 것을 용서해다오.",

"네가 얼마나 멋진 사람인지 말해주지 않아 미안하구나. 용서해다오. 내 마음을 솔직하게 표현한다는 것이 참으로 어렵구나." 아들에게 당신의 이런 행동들이 어떤 영향을 주었는지 알고 싶다고 말하라. 그때에 느낀 심정이 어땠고, 지금은 어떤 마음인지를 물어보라. 그의 감정적인 대답을 받아 내는 것이 아주 중요하다.

3. **화해.** 지난날의 과오에 대해 지금 그것을 보상하기 위해 하고 싶은 것을 글로 써보라. 예를 들면 이렇다. '너와 더 시간을 많이 보내고 싶구나. 낚시 여행도 하고, 좀 더 자주 대화를 나누고 싶다. 그리고 네가 제작하는 연극에도 참석하고 싶고, 네가 관심 있어 하는 일에 좀 더 참여하고 싶구나!'

4. **회복.** 부모로서 자녀의 삶을 축복하라. 딸의 타고난 재능과 꿈에 근거하여 그녀에 대한 당신의 바람과 꿈을 작성하라. "나는 네가 훌륭한 인생을 살리라고 믿는다. 너를 축복해. 너는 하나님의 훌륭한 자녀야. 네가 너의 운명을 잘 개척해 나가리라 믿는다."

(본서 3단계의 각주에 나오는 '당신의 자녀를 축복하라'를 참고해보라.)

자녀에게 실제로 편지를 전달하기 전에 몇 차례에 걸쳐 편지를 작성해보는 것이 좋다. 처음에는 분노를 표현할 수도 있다. 자신이 느꼈던 분노와 아픔, 마음에 들지 않았던 일, 혼란과 분한 감정을 적나라하게 적어보라. 그의 동성 매력에 대한 당신의 솔직한 생각도 표현하라. 당신의 모든 감정을 다채롭게 표출하는 것이 매우 중요하다! 그런 다음에 편지의 초안들을 반드시 폐기하라. 이런 식으로 여러 번 써보고 버리는 일을 반복해보라.

그러다보면 마지막 완성본에는 당신의 본능적인 반응은 줄어들고, 오히려 과거에 당신이 잘못한 일들에 대해 용서를 구하고, 자녀와의 관계를 새롭게 갖길 원하며, 그를 사랑하며 축복한다는 내용이 많아질 것이다. 그 최종본을 자녀에게 주기 전에 먼저 배우자나 가까운 친구에게 자문을 구하라. 객관적인 입장에 있는 사람으로부터 의견을 받는 것이 좋다.

어떤 아이들은 열린 마음으로 녹음 메시지와 편지를 환영할 것이다. 반면에 어떤 아이들은 그러한 노력이 자신들을 바꾸려는 의도에서 만들어진 계략이라 생각하며 거부하기도 한다. 다시 말하지만 인내심을 가지라. 자녀에게 당신의 의도는 단순히 당신의 사랑과 후회 그리고 자녀의 삶에 대한 당신의 소망을 표현하는 것임을 알게 하라. 인내와 끈기를 가지고 대화하며 거절을 당했다 하더라도 그것을 그들의 진심으로 받아들이지는 마라.

아빠와 엄마가 아들에게 쓰는 편지

로브에게,

너를 볼 때마다 훌륭한 점들이 많음을 본단다. 너는 유머감각도 뛰어나고 재치가 번뜩이는 사람이다. 역시 너는 우리 집안의 핏줄을 타고 났다고 확신한다! 그 외에도 네게는 놀라운 재능들이 많단다.

너는 고정 관념에서 벗어나 생각하고, 사물을 다른 시각에서 볼 수 있는 능력이 있단다.

네게는 자동차나 부동산, 날씨, 음악, 영화에 대한 전문 지식과 견해가 뛰어나고, 무엇보다도 사람들과 그들의 감정, 그들이 겪고 있는 어려움에 대한 뛰어난 통찰력이 있단다.

이러한 지식과 더불어 너는 기억력 또한 뛰어나잖니. 네가 노래 가사나 자동차의 특징과 사양 또는 집의 건축 도면 등을 정확하게 기억해 낼 때마다 나는 놀라움을 금치 못한다.

너는 개성이 매우 강하며, 네가 보살피는 사람들에 대한 보호 의식이 매우 뛰어나단다. 학교에서 마약이 사방에 널려 있고 그것을 쉽게 구할 수 있음에도 불구하고 너는 그런 유혹을 거부하고 잘 이겨냈지.

하지만 내가 제일 감사하게 생각하는 너의 가장 큰 은사는 항상 다른 사람과 공감하며 그에게 관심을 갖고 사랑하는 대단한 수용력이란다. 너는 그것을 '늘 행동으로 보여주는 사람'이란다.

너에게 이렇게 굉장하고 놀라운 능력이 많음에도 불구하고, 나는 네가 스스로를 지나치게 과소평가하는 것 같아 안타깝구나. 내가 지금 이 말을 하는 이유는 네가 자신의 이러한 재능들을 깨닫고 자신감을 얻도록 내가 충분히 말해 주지 못했다는 생각이 들었기 때문이다.

나는 요즘 너를 생각하면서 내가 너를 진작부터 다르게 대했었더라면 어땠을까 하는 아쉬움에 잠긴다. 나는 우리 가족을 부양하기 위해 열심히 일했다. 열심히 일하며 자녀에게 좋은 환경을 주려 한 것이 잘못된 것은 아니지만, 너와 함께 시간을 보내는 일에 있어 균형이 부족했던 것을 이제야 깨닫게 되는구나. 나는 최근에 배운 몇 가지 사실들을 통해 네가 나를 아무리 힘들게 하고, 네가 아무리 나를 거부했을지라도 너를 계속해서 사랑해주었어야 했음을 깨닫게 되었다. 그리고 예전에는 내가 너와 단 둘이 갖는 특별한 시간이 얼마나 중요한 지를 제대로 알지 못했단다. 네가 나를 멀리했던 순간들이 실제로는 네가 나의 삶 가운데 다시 들어오기를 간절히 바란 부르짖음이었음을 이제야 깨닫게 되었다. … 내가 너에게 계속 다가갔어야 했는데, 내가 충분한 노력을 기울이지 못했음을 지금은 알 것 같구나.

나는 그 당시 우리 사이를 멀어지게 한 것이 정확히 무엇인지 알지 못한다. 나는 그것이 특별히 어떤 한 가지가 아니라, 여러 가지 사소한 것들이 쌓여서 나로 하여금 너에 대한 중요성을 느끼지 못하게 했다고 생각했지만, 그것은 전혀 사실이 아니었다.

우리는 여러 가지 면에서 닮은 점이 많은데, 특별히 아픈 감정을 표현하고 나누는 것에 있어 미숙한 편이다. 이것은 지금까지 내가 살아오면서 계속 힘들어하는 부분이기도 하고, 지금도 여전히 노력중이다. 나는 감정을 계속 억제하다가 불만과 분노를 터뜨리기 보다는 내가 느낀 감정을 함께 나누는 것이 필요함을 느낀다. 이렇게 표현하지 못하다가 나는 사랑하는 사람들에게 종종 상처를 주었다.

네 엄마와 나 사이에 이런 일이 꽤 자주 있었단다. 특히 너와 마크가 태어난 뒤에 더욱 그랬지. 네 엄마가 너와 마크를 위해 필요한 일들을 할 때 나는 마치 외부인처럼 느껴질 때가 많았단다. 네 엄마는 엄마로서의 역할을 매우 잘 했지만, 아내로서는 그다지 잘 하지 못하고 있었다는 것이 아빠의 생각이었다. 그래서 나는 너와 마크 사이에 엄마를 공유하는데 어려움을 겪었고, 엄마가 너와 네 형을 위해 바치는 시간 때문에 내가 그녀와 충분한 시간을 갖지 못하는 것에 불만이 가득했다. 그때마다 나는 서운한 마음을 혼자 삭이며 가족을 점점 멀리했다. 나는 네 엄마가 진정으로 나를 사랑한다면, 이런 내 마음과 아픔을 알 것이라고 생각했다. 그런데 네 엄마는 나를 쫓아다니며 도대체 뭐가 잘못되었냐고 묻더구나. 나는 더 상처가 되어 계속해서 가족을 멀리하게 되었단다. 시간이 지나자 네 엄마는 무언가 잘못되고 있음을 알았지만, 나는 네 엄마에게 한마디도 표현하지 않았다. 내가 마음을 표현하기에는 내 상처가 너무 깊었다. 나는 내가 느낀 고통을 네 엄마에게 갚아 주기라도 하려는 것처럼 계속해서 마음을 열지 않고 대화하지 않았다. 지금 글을 쓰고 있는 이 순간에도 나는 여전히 그때의 아픔을 느낄 수 있단다. 소외당하고 있다는 느낌, 무시당하며 다른 사람이 나를 원하지 않는다는 느낌은 칼로 마음이 찢기는 것과 같이 아팠단다.

솔직히 말하면, 엄마는 아무런 잘못이 없었단다. 네 엄마는 훌륭한 엄마와 좋은 아내가 되는 것 사이에 균형을 유지하려 노력했으며, 그 두 가지를 다 해냈다. 하지만 이 아빠는 네 엄마가 내 감정을 알고 싶어 할 때 그 서운함을 이기지 못하고 계속해서 네 엄마를 밀어냈다. 결국 나의 아픔과 고통은 내가 스스로 자초한 셈이다. 더욱 심각했던 것은 마침내 함께 보낼 수 있는 시간이 주어졌을 때조차도 과거의 아픔과 상처를 떨쳐버리지 못함으로 망쳤다는 것이다. 이상하게도 내 마음의 벽은 높고 견고하여, 나는 과감하게 대화를 시도하거나 원래의 마음으로 되돌아오기 위해 아무것도 할 수 없었다. 결국 나는 내가 그렇게도 간절히 원하고 바라던 사랑 받을 많은 기회들을 잃었다. 나는 그런 나 자신을 탓하며 늘 반복해서 후회했다.

그러다가 마침내 나는 진작부터 했어야 할 일들을 실천하기 시작했다. 나는 네 엄마에게 우리 부부 사이에 관한 나의 생각과 상처와 감정을 솔직히 나누기 시작했다. 그런 나눔을 통해 나는 네 엄마가 나를 얼마나 사랑했으며, 우리가 많은 시간을 함께 보내지 못한 것에 대해 얼마나 답답해했는지를 알게 되었다. 나는 네 엄마가 내게 얼마나 깊은 관심을 가지고 있는지를 대화를 통해 새롭게 경험했다. 그래서 나는 진작부터 네 엄마에게 말하지 않은 것을 후회했다. 만약 그렇게 했다면 아픔과 상처가 그렇게 오래가지 않았을 것이다. 하지만 그러한 것들은 내가 선택한 결정이었다. 이제 나는 네 엄마와의 사랑에 대해 말할 수 없는 안도감을 갖게 되었다. 얼마 전 예전과 비슷한 상황이 생겨서 우리가 시간을 함께 보낼 수 없었지만 예전 같은 아픔을 전혀 느끼지 못했다. 아마 그것은 네 엄마의 사랑에 대해 커다란 안정감을 느꼈기 때문일 것이다. 내가 너와의 관계에서도 이런 부분이 부족했다고 생각한다.

나는 너를 항상 깊이 사랑하고 있으며, 그러한 사랑은 내가 마지막 숨을 거둘 때까지 계속될 것이다. 내가 부족했던 부분은 이러한 내 사랑을 너에게 분명히 알리지 못한 점이다. 네게 실망스럽게 일을 처리했던 방식도 있었다고 느끼며, 너에 대한 나의 사랑을 확고하게 주기 위해 했어야 할 일들도 있었다고 지금은 느끼고 있다.

우리 삶의 어떤 부분에서 네가 다른 방법으로 내게 정서적인 도움을 필요로 했는데, 어떻게 된 것인지 나는 그 필요한 것들이 무엇인지 정확히 알지 못했거나 아니면 네가 필요로 하는 것을 어떻게 줘야 할지를 몰랐다. 그것을 원하지 않아서가 아니라 어떻게 해야 할지를 몰랐거나 또는 내가 그렇게 할 필요가 있었는지를 알지 못했기 때문이란다. 아빠는 너에 대한 내 사랑과 관심이 크다는 것을 네가 알고 있을 것이라 생각했다. 네가 어렸을 적에 너만을 위해 특별한 시간을 보내려 했던 일들이 매우 많았다는 것을 안다. 우리 단 둘이 앞뜰에서 공 던지기를 하거나 축구를 했던 때가 기억난다. 그때마다 항상 마크가 우리 사이에 들어와 너를 압도하는 바람에 아직 힘과 실력이 달린 네가 소외되는 경우가 많았지. 최근에야 그 사실을 깨달은 나는 좀 더 주의해서 우리가 함께 하기에 더 좋은 시간을 마련하지 못한 것에 대해 아쉽게 생각하고 있다. 마크가 자기 친구들과 놀고 있든지 아니면 엄마와 밖에 나가 있을 때라면 우리가 보다 많은 시간을 단둘이서 보낼 수 있었을 텐데 말이다.

그때는 내가 너와 그러한 시간을 보내는 것이 얼마나 중요했으며, 너와 함께 그런 활동을 하는 것이 네게 얼마나 필요했다는 사실을 거의 알지 못했단다. 시간이 흐른 후 네가 나와 함께 보내고 싶었던 특별한 시간을 누리지 못해서 받은 상처와 아픔이 컸을 것임을 알게 되었다. 나와 함께 하고 싶었던 그 시간을 얻을 수 없다는 것이 많이 힘들었을 것이다. 그래서 너는 더 이상 그런 시도를 중단했던 것 아니겠니?

나는 이러한 지난날의 상처가 쌓여서 네가 나를 멀리할 수밖에 없었다고 생각한다. 내가 과거에 네 엄마에게 느낀 것처럼 너도 나에 대해 똑같이 느꼈을 것이다. 내가 진정 너를 사랑한다면, 네가 무엇을 느끼고 있으며 네가 아파하고 있음을 알 것이라고 말이다. 내가 정말로 너를 사랑했다면, 네가 아무리 나를 멀리했어도 너를 계속해서 쫓아갔을 것이다. 하지만 나는 그러지 못했고, 너 또한 아픔과 상처를 이기지 못하고, 다시 상처 받을까봐 우리 사이에 마음의 차단벽을 세웠을 것이라고 생각한다.

이제 내가 바라는 것은 네가 무엇을 필요로 했으며, 나에게 아직도 필요로 하는 것이 무엇인지를 대화를 통해 나누는 것이다. 그리고 과거에 네가 원했던 방식으로 네 곁에 있어주지 못한 것에 대해 나를 용서해 주기를 바란다. 내가 너에 대해 갖고 있는 사랑을 줄 수 있도록 네가 다시 한번 마음을 열어주길 바란다. 나는 네가 내 아들인 것이 매우 자랑스럽고, 하나님께서 네게 여러 가지 훌륭한 장점들을 주신 것에 대해 감사하게 생각한다.

마지막으로 바라는 소망은 언젠가 네가 특별한 기도에 대해 하나님께 응답을 받는 것이다. 사랑하는 주님, 이러한 고난을 제거해 주실 것이 아니라, 당신께서 저에게 지라고 하신 이 십자가와 함께 이 땅에서 저에 대한 하나님의 계획을 이해할 수 있도록 저에게 지혜를 주소서. 이 십자가를 지고 갈 수 있도록 제게 당신의 은혜와 용기와 능력을 주심으로 이 십자가가 다른 사람들에게 축복이 되게 하옵소서.

나는 하나님께서 이처럼 특별한 기도에 응답하실 것이라고 믿는다. 너희 삶을 통해 마음을 열고 서로 대화를 나눈다면 치유와 사랑을 회복할 수 있음을 다른 사람들이 깨닫게 되는 좋은 본보기가 되었으면 좋겠다.

사랑하는 아빠로부터

로브에게,

나는 정말로 너를 많이 사랑한단다. 너는 남들이 거의 할 수 없는 방법으로 나의 삶을 밝게 해준단다. 로브야, 모두가 너를 사랑한단다. 너는 우리에게 웃음과 즐거움을 선사해 주지. 나는 네가 이런 말을 수없이 많이 들었으리라고 생각한다. 뿐만 아니라 너는 그 밝은 성격으로 인해 주위 사람들로부터도 그러한 사랑을 받았단다. 그런 네가 너무 자랑스럽구나.

네가 태어났을 때 아빠와 나는 얼마나 행복했는지 모른다! 엄마가 두 아들을 달라고 기도했는데, 네가 그 꿈을 실현시켜 주었단다. 임신 말기에 내게 문제가 생겨 네가 힘든 과정을 거쳐 태어날 때도 너는 생존을 위해 몸부림쳤단다. 그리고 생후 10일째 되던 날 유아 돌연사로 너를 거의 잃을 뻔 했을 때도 너는 또 다시 악조건과 맞서 싸웠지. 모든 것이 처음인 네게 쉽지 않았겠지만, 너는 그 힘든 도전의 역경을 잘 극복했단다. 그래서 그런지 네가 장난감 자동차를 가지고 노는 것만 봐도 나는 무척 행복했단다.

너는 꽤 순한 아이여서 키우기 어렵지 않았단다. 너는 지금까지 나의 삶을 사랑과 웃음으로 충만케 채워주었다. 네가 디즈니랜드에서 처음으로 무서운 놀이 기구를 타던 날, 우리에게 달려와 네 심장이 굉장히 빨리 뛰고 있다고 말했을 때 너의 용감함을 내가 얼마나 기특해 했는지 아직도 기억하고 있다. 훗날 너의 심장에 문제가 있음이 발견되어 절제술이 필요했을 때, 너는 내게 용감해지는 법을 가르쳐주었단다. 나는 몹시 두려워하고 있었지만, 너는 다시 한번 아주 용감한 모습을 보였단다. 네게는 보기 드문 내적 강인함이 있단다. 따라서 엄마는 너의 의지와 투지를 존중한단다. 때로 우리는 그것을 "고집"이라고 부르는데, 글쎄다.

너는 정말로 재미있는 사람이기도 하다. 천성적으로 조용한 성격을 가졌고, 너는 남다른 많은 예술적인 재능을 가졌다. 사물을 다른 관점에서 바라보는 예술적 감각과 창조적인 능력이 있고, 디자인과 건축학에 대한 뛰어난 안목이 있단다. 차에 대한 너의 해박한 지식은 지금도 내가 놀랄 정도지. 7살인 네가 모터 트랜드 잡지를 집어 들었을 때, 자동차에 대한 지식이 너의 상징이 될 지 누가 상상이나 했겠니! 네게는 꿈이 있었고 너는 그 꿈을 끝까지 버리지 않았지. 엄마는 그런 네가 무척이나 자랑스럽단다.

하지만 네가 살면서 겪었을 혼란을 돌아보면 말로 표현할 수 없을 만큼 슬프다. 엄마는 그 당시에 내가 어떻게 했어야 했는지를 생각해 보았단다. 나는 내가 할 수 있는 최선을 다해 너를 사랑했지만, 네 곁에 있어줬어야 할 부분에서 너를 실망시켰다. 너에게는 내가 미처 몰랐던 특별한 필요들이 있었는데도 말이다. 이것이 내 마음을 몹시 아프게 하는구나. 네게 더 주의를 기울이지 못하고, 너와 함께 유익한 시간을 갖지 못한 것이 몹시 후회스럽다.

너는 10대 초반부터 무거운 짐을 졌다. 엄마는 내가 네 생각과 감정을 좀 더 잘 이해하고, 너의 의문과 좌절에 대해 다른 해결책을 찾도록 네게 도움을 줬더라면 어땠을까 생각했다. 네가 경험한 두려움과 고통 그리고 소외감으로부터 너를 지켜주었더라면 얼마나 좋았을까 하고 아쉬워한다. 네 곁에 있어주어야 했을 때 그렇게 하지 못했다는 사실을 깨달을 때 마음이 찢어질 듯이 아프단다. 그리고 몸은 함께 있었어도 마음으로 연결되지 못해 네게 필요한 것을 인식하지 못했단다. 과거를 돌이킬 수만 있다면 좋겠지만, 그렇게 할 수 없는 현실이 안타깝구나.

하지만 이제 너의 미래를 위해 엄마가 어느 정도 역할을 할 수 있었으면 좋겠다. 지난 수년 간 그렇게 하지 못했지만 이제 네 곁에 있고 싶구나. 너의 목소리에 새롭게 귀를 기울이며 네가 참았던 아픔과 상처를 좀 더 많이 느끼고 있단다. 나는 어떤 식으로든 너를 돕고 싶단다. 너 역시도 이러한 나의 마음을 공감할 수 있으리라 생각한다. 너는 누군가가 자신의 말을 들어주고 보살핌을 받으며 자기 곁에 있어 줄 사람을 필요로 할 때 언제든지 찾아갈 수 있는 사람이란다. 그런데 그보다 더 훌륭한 것은 사람들이 네게 요구하기도 전에 먼저 찾아가 봉사하고 있다는 것이다. 엄마는 너와의 관계에 있어 그런 기회를 많이 놓쳤었지만 이제 네게서 많은 것을 배웠단다. 너와 어떻게 상호관계를 가져야 할지, 네가 삶 가운데 필요로 하는 것들을 어떻게 충족시킬 것인지, 그리고 네게 매우 의미 있는 방법으로 사랑을 표현하는 방법에 대해 아직도 더 배워야 함을 느낀다. 나는 우리가 앞으로 함께 헤쳐 나갈 수 있기를 간절히 바란다. 너는 나의 마음과 삶 가운데 특별한 위치를 차지하고 있단다. 나는 오늘 이 시간 너를 사랑하며, 그것은 앞으로도 영원히 계속될 것이다.

사랑하는 엄마가

이 부모는 아들과 함께 앉아 그에게 자기들의 편지를 읽어주었다. 편지를 다 읽고 나서 그들은 모든 것을 진지하게 나누며 함께 울었다. 그것은 그들 사이에 더 많은 신뢰와 유대감을 형성시켰다. 반면에 자기들의 편지를 우편이나 이메일로 보내고 나중에 내용에 대해 함께 나눈 부모들도 있다. 이것을 어떤 방법으로 할 것인지는 전적으로 당신에게 달려있다. 그러나 최상의 방법을 위해서는 보다 큰 친밀감을 형성시킬 수 있는 방법이 무엇인지를 생각해 보아야 할 것이다.

치유 세미나에 참석하고 가족 치유 시간에 참여하라

개인이나 부부 또는 가족 치유를 위해 유익한 여러 가지 치유 세미나 프로그램이 있다 (더 많은 정보를 알고 싶다면 부록을 참조하라). 이러한 체험 프로그램들은 당신과 자녀의 개인 및 관계적 문제를 해결하는데 도움을 주고자 만들었다. 많은 부부들은 원치 않는 SSA로 씨름했던 사람들로부터 엄청난 통찰력을 얻으며 자녀를 동반하지 않은 채 이런 세미나에 참석한다. 이러한 세미나는 그들에게 자녀의 마음과 생각을 보다 깊이 이해할 수 있게 해주었다. 이렇게 사람을 변화시키는 강력한 주말 강의는 대략 6개월 동안 심리치료 받는 것과 맞먹는 효과를 가져다준다.

가족 치유 프로그램에 참여하는 것도 고려해볼 만하다. 심리치료사들 중에는 가족 치료를 위한 훈련을 받은 자들이 있어 유익한 경험을 주기도 한다. 나는 사랑하는 가족이 SSA 문제로 시달리는 많은 가정과 함께 일하면서 수년 간 계속된 고통과 상처가 마치 눈 녹듯이 사라지는 것을 여러 차례 목격했다. 이러한 프로그램을 통해 그러한 가정의 식구들은 다른 사람들과 함께 자기의 "진실"을 나눌 수 있는 기회를 갖게 된다. 그러고 나면 아픔이 진정되고 진정한 유대감이 형성된다. 모든 상처와 분노와 아픔 밑에는 사랑과 이해와 용서가 있다.

다음은 가족의 화해에 대한 두 가지의 이야기이다. 첫 번째 것은 아버지가 아들에 대한 자기의 태도를 바꾸자 근본적인 치유가 시작된 것에 관한 이야기이다. 두 번째의 이야기는 부모가 딸의 SSA에 대한 자기들의 시각을 바꾸는 순간 그들의 삶이 보다 나은 방향으로 극적인 변화가 일어난 사건에 관한 것이다.

아버지와 아들의 화해
부모들을 위한 지원 그룹에 참석한 어머니의 글

제가 2001년도에 빌렸던 자료들을 돌려드립니다. 그 후로 아주 많은 시간이 지나갔으며, 매우 많은 일들이 있었습니다. 제가 처음으로 이 모임에

왔을 때 제 아들은 13살이었는데 그의 아버지가 그를 몹시 싫어했습니다. 하지만 제 아들이 15살이 된 지금은 아버지가 그의 가장 열성적인 팬이 되어 있습니다.

제게 있어 전환점은 「이성애자로 커밍아웃하기」(Coming Out Straight)를 읽은 것이 계기가 되었습니다. 지금까지 저는 그보다 더 슬픈 책은 읽어본 적이 없었습니다. 저는 남편과 책 내용에 대한 이야기를 나누었는데 그의 태도에 변화가 나타나기 시작했습니다. 남편은 우리 아들을 데리고 여러 차례 여행을 다녀오고, 그와 함께 스포츠를 즐겼으며 그와 대화를 나누고, 비판적이지 않은 태도로 그의 말에 귀를 기울였습니다. 가장 중요한 것은 남편이 아들에 대해 거부적인 태도를 멈췄다는 사실입니다. 이제 그는 아들을 볼 때 불만스러운 시선이 아닌 애정 어린 시선으로 보고 있지요. 남편은 우리 아들이 왜 이렇게 되었는지, 그리고 그를 성숙한 인간으로 인도하기 위해서 할 수 있는 것이 무엇인지를 알고 있어요.

당신은 우리 아들의 행동에 어떠한 변화가 일어났는지를 전혀 상상할 수 없을 것입니다. 처음에는 물론 아들이 아버지의 사랑을 거부했지요. 그런 것에 익숙하지 않고 대체적으로 남자들 주변에 있는 것에 불편함을 느꼈던 아들은 누군가 자신을 가까이 하는 것을 싫어하고 그것에 어떻게 반응해야 할지를 알지 못했습니다. 우리의 아들이 자기의 껍질로부터 밖으로 벗어나오기 시작하기까지는 일 년 동안의 인내와 시행착오가 필요했습니다. 지금은 아들이 아버지에게 먼저 다가가 아주 사소한 것들을 포함한 이런저런 일들을 말하기도 한답니다. 그는 자신의 인생에 있어 처음으로 아버지와 자신에게 편안함을 느끼고 있지요. 아들은 14살 때 난생 처음 자신의 아버지를 "우리 아빠"라고 부르게 되었지요. 그 전에는 아버지의 이름을 부르거나 "엄마의 남편"이라 부르곤 했지요. 제게 있어서 그날은 아들이 걸음마를 처음 떼었던 날보다도 더 소중하답니다. 왜냐하면 어떤 의미에서 그것은 아들이 하나님께서 그를 창조하신 인간으로서 첫 발을 내디딘 날이기 때문이지요.

딸의 귀가
엄마와 아빠가 함께 씀

우리는 세라가 19살이었을 때 그녀의 SSA에 대해 알았지만, 그 후 그것에 대해 거의 대화한 적이 없었습니다. 사라는 대학에 진학했을 때 우리에게 자기가 14살 때부터 그녀가 속한 청년부의 다른 여자 아이와 관계를 맺었다는 사실을 말해 주었지요. 우리는 동성애가 살인보다도 나쁜 것이라고 생각하며 부정적인 반응을 보였습니다. 그리고 우리는 동성애를 선택적인 것이라고 믿었지요. 우리는 그녀가 스스로 그것을 선택했다고 생각을 했습니다.

연민과 동정이 아니라, 우리는 비판적인 반응을 보였지요. 딸에게 이렇게 말했습니다. "너는 지옥에 가게 될 거야. 이건 죄악 된 행동이거든." 그 후로 우리는 많은 언쟁을 피할 수 없었어요. 그녀는 집을 나가 시내의 동성애자들의 공동체가 가까운 곳으로 이사 갔어요. 그들과 함께 있는 것이 훨씬 더 편했던 것이지요. 그곳에서는 그녀를 받아주었기 때문이지요.

우리는 4년 동안을 그런 환경에서 보냈습니다. 딸에게 경제적으로 도움을 주었지만, 그 밖에 다른 모든 것에서는 뜻이 맞지 않았지요. 서로 통하는 것이 없었기 때문입니다. 나중에야 그녀는 우리, 특히 엄마가 그곳으로 차를 몰고 가서 자기를 집으로 데려오기를 바랐다고 털어 놓았어요. 딸은 동성애자들의 공동체에 살면서 자기 인생에서 가장 잔혹한 경험을 했다고 말했어요. 그녀가 "엄마와 아빠가 저를 이리 떼에게 던져버렸어요!"라고 말했습니다. 그러나 우리는 그녀가 그곳에서 있었던 모든 것을 이야기하지 않았다는 사실을 알지요… 딸은 자기가 가장 사랑하고 필요로 했던 두 사람에게 버림받고, 외면당했다고 느꼈어요. 그녀는 자살할 생각까지 했지만, 우리에게 너무 깊은 상처를 줄 것 같은 생각에 그렇게 하지 않았다고 합니다.

우리가 딸이 필요로 했던 것을 이해하지 못했기에 그녀는 엉뚱한 곳에서 사랑을 찾고 있었던 것입니다. 우리는 하나님께서 딸을 사랑하신 방법으로 그녀를 사랑하지 않았던 것입니다. 우리는 딸에게 앞으로 이런 사람이 되기를 원한다고 말했고, 그러기 위해서는 어떻게 행동해야 하는지에 관해 자주 말했어요. 하지만 그런 행동은 그녀를 안타까운 동성애자들의 세계로 직행하게 만드는 원인이 되었어요. 우리는 한순간 우호적이다가 다음 순간에 화를 내며 "왜 이렇게 끔찍한 생활 방식으로 살아야 하니?"라는 식으로 말하곤 했지요. 우리는 딸의 친구들에 대해 비판적이었고, 그들을 절대 가까이 하지 않았습니다.

2년 반 전, 우리는 집을 사려고 했어요. 그때 성령께서 우리 마음을 움직여서 딸에게 우리와 함께 살기 원하는지를 물어보게 하셨어요. 그녀는 자신의 여자 친구도 함께 살 수 있다면 그렇게 하겠다고 대답했지요. 어쨌든 우리는 그녀의 말에 동의했습니다. 그런데 그것이 우리의 관계를 재정립하는 시발점이 되었습니다. 그러나 관계적인 면에서의 내용이 부족했지요. 우리는 그것이 딸이 선택한 반항적인 행동이라는 사고방식에서 여전히 벗어나지 못하고 있었습니다. 그러한 생각은 분노와 비난을 불러일으켰으며, 우리에게 딸이 필요로 하는 방법으로 관계 형성을 하지 못하게 한 원인이 되었습니다. 우리는 사랑을 위해 반드시 필요한 딸의 요구 사항을 계속 외면했지요.

우리 교회는 동성애에 대해 매우 비판적이었습니다. 그래서 우리는 동성애에 대해 누구와도 이야기를 꺼낼 수 없었습니다. 결국은 교회를 떠나고 말았지요. 우리는 고통과 고뇌 가운데 매우 외로움을 느꼈습니다. 교회를 그만 두고 우리가 소속될 수 있는 곳을 찾고자 절실히 노력했어요.

어느 날 딸의 여자 친구가 우리의 신용카드로 수천 불을 결제했을 때 우리는 매우 결정적인 기회를 얻었어요! 딸은 그 친구를 집에서 쫓아냈습니다. 우리는 딸에게 교회의 친구 상담원을 찾아가 볼 것을 권했습니다. 그녀는 마침내 그를 한 번 찾아가겠다고 동의하고는 정기적으로 상담 시간을 갖기 시작했지요.

2004년 말, 깊은 절망감 속에 빠져 있는 우리가 무엇인가를 해야겠다고 말했습니다. 아빠인 나는 어느 토요일 아침 나의 사무실로 갔습니다. 나는 책상 서랍 속에 쌓여 있는 종이 더미에서 수 년 동안 내가 보관하고 있던 것으로 어느 편집자에게 쓴 동성애에 대해 언급한 편지를 한 통 찾아냈습니다. 그것을 얼마나 오래 동안 갖고 있었던지 종이가 갈색으로 변해있었습니다! 저는 그것을 하나님의 개입이라고 믿었습니다. 편지에는 PFLAG와 PFOX라는 단체가 언급되어 있었습니다. 마침내 나는 PFOX 인터넷 사이트를 검색해서 그들의 사무총장인 레지나 그리그스(Regina Griggs) 씨와 대화를 나누었지요. 그녀는 내게 리차드 코헨(Richard Cohen)에 대해 말해주었습니다. 그것은 우리에게 깨달음의 시작이 되었습니다.

그 해 크리스마스 전까지 우리는 계속해서 악순환을 반복하며 일이 제대로 풀리지 않았습니다. 이것은 우리의 결혼 생활에도 피해를 주었습니다. 리차드를 만나기 전까지 우리의 마음은 어두워 있었지요. 그 무렵 우리는 부모 화상회의 수업에 참여하여 사랑/ 섹스/ 친밀감(LSI) 치유 세미나에 출석하게 되었습니다. 그 치유 세미나에서 SSA와 씨름하고 있는 사람들의 고통과 아픔은 우리 눈을 열어주었지요. 우리는 그들이 우는 것을 보면서 우리 딸도 그들과 같은 심정일 것이라는 것을 깨달았습니다!

지난 8개월 동안 우리는 지난 6년 동안보다 더 많은 진전을 보았습니다. 어제 밤에는 딸이 전화를 해서 "고통이 너무 심하게 느껴져요. 집에 가서 아빠랑 이것에 대해 이야기할 수 있을까요?" 라고 묻더군요. 예전에는 이런 일이 결코 없었습니다. 전환점은 동성애의 진실한 내막에 대해 깨달을 때 일어났지요. 마침내 우리는 딸이 동성에게 매력을 느껴 그것을 선택한 것이 아니라는 사실을 이해하게 되었답니다. 우리는 SSA가 딸의 많은 인생 경험과 사건들에 대한 인식으로부터 기인했다는 것을 깨닫게 되었습니다.

SSA에 대한 진실은 우리 마음에서 무지의 색안경을 벗겨주고 딸이 필요로 하는 방식으로 그녀를 사랑할 수 있는 마음을 주었지요. 진실이 우리를 자유케 해주었습니다. 최근에 우리 딸은 다음과 같은 말을 했습니다. "6년 동안 저는 부모님의 사랑을 느끼지 못했지만, 지금은 과거 어느 때보다도 가깝게 느끼고 있어요."

우리는 딸이 이런 식으로 태어나지 않았으며 SSA를 선택하지 않았다는 사실을 이해했을 때 그동안의 분노와 비난이 동정심과 사랑으로 옮겨갈 수 있었어요. 이것은 우리가 화상 수업과 LSI 치유 세미나 참석을 통해 배운 가장 커다란 교훈이었습니다. 우리는 그곳에서 SSA와 씨름하고 있는 많은 상처받은 부모들의 마음을 목격했습니다. 그리고 우리는 우리 딸의 훌륭한 진면목(眞面目)을 더욱 인정하게 되었습니다.

우리는 대부분 사람이 게이나 레지비언으로 태어난다고 믿었습니다. 하지만 그것은 사실이 아닙니다. 우리는 이러한 핵심적인 사실을 깊이 이해했을 때 이유를 불문하고 딸을 사랑하기 시작했어요. 지난 몇 달 동안을 우리는 딸이 자신의 감정을 털어놓는 것에 귀 기울이며 지냈습니다. "고맙다, 세라야. 계속 더 말하렴."이란 마법과 같은 말은 우리에게 딸이 겪었을 엄청난 아픔을 목격하게 했습니다. 우리는 그녀와 함께 지옥을 갔다 왔으며 앞으로도 필요할 때마다 그것을 계속할 것입니다. 딸은 이제 날마다 우리와 똑같이 강한 유대감을 형성하고 있어요. 그녀는 정기적으로 심리치료를 받고 있으며, 믿기 힘들겠지만 멋진 청년과 열애 중에 있습니다! 그래요, 그녀는 지금 남자와 데이트를 즐기고 있습니다.

딸은 우리가 배운 회복의 모든 단계를 밟았습니다. 그녀는 교과서적인 사례가 되고 있지요. 그녀는 이렇게 말했어요. "나는 엄마가 아니라 나의 여자 친구로부터 정서적인 만족을 누리고 있었어요. 엄마랑은 전혀 유대감을 느끼지 못했어요." 그녀는 이런 말을 할 때 깊은 혼란에 빠져 있었습니다. 그럴 때마다 우리는 다음과 같이 반복해서 말했습니다. "고맙구나,

세라야. 계속해서 더 말하렴." 딸의 입에서는 우리가 듣게 될 것이라고 배운 것과 똑같은 말이 나왔었지요. 그녀는 자기가 엄마인 내게서 거부당하고 홀로 버려진 느낌이었다고 말했어요. 만약에 우리가 SSA의 원인과 딸의 독특한 기질로 어떠한 생각을 갖게 되었는지를 이해하지 못했다면, 아마 우리는 여전히 폐쇄적이었을 것입니다. 하지만 우리는 딸이 경험했던 상처의 원인을 이해하게 되면서, "고맙구나, 세라야. 더 말해보렴." 이라고 단순히 말할 수 있었습니다.

예전에는 우리가 절대 할 수 없는 말이었지요. 딸이 과거의 아픔을 토해내면 우리는 분명 방어적으로 말하면서 오히려 딸이 무엇을 잘못했는지를 설명하는데 모든 시간을 보냈을 것입니다. 하지만 우리는 "고맙구나, 세라야. 더 말해주겠니"라는 마법과 같은 말을 사용하는 법을 배우면서 정말 좋은 효과를 보았습니다. 우리는 논쟁으로는 딸을 동성애로부터 벗어나게 할 수 없다는 사실을 깨달았습니다. 동성애 문제는 정서적인 것이 기초를 이루고 있는 문제입니다. 모두 상처와 관련된 것이지요. 그러므로 먼저 정서적 치유를 하지 않으면 딸의 행동을 바꾸는 것이 불가능했어요.

오늘날 세라는 치유 중에 있습니다. 자신의 마음을 열기 시작했어요. 그녀는 매우 단시간 내에 수백만 마일을 달려왔어요. 세라가 우리에게 이 문제를 처음 털어놓았을 때 우리는 딸이 동성애에서 벗어나게 할 수 있는 기회가 있었어요. 만일 그때 지금 알고 있는 것들을 알았더라면, 세라가 치유 받을 수 있도록 돕고 이렇게 불행한 모든 일이 일어나는 것을 사전에 막을 수 있었을 겁니다. 우리는 SSA의 진실과 우리 딸이 어떻게 생각하는지에 대해 이해하지 못했기에, 모든 것을 잘못했어요. 따라서 우리는 모두가 값 비싼 대가를 치러야 했습니다. 딸이 우리보다 훨씬 더 큰 대가를 치른 것은 말할 것도 없고요. 이제 우리는 그녀가 무엇을 하고 어디를 가든 상관하지 않고 무조건 사랑할 겁니다.

우리는 지금 우리 지역의 PFOX 지부에 참석해서 사람들과 함께 우리가 배운 놀라운 사실들을 나누고 있습니다. 다른 부모들이 우리가 저지른 것과 같은 실수를 범하지 않도록 그들을 적극적으로 돕기 원합니다. 우리는 그들에게 자녀와 함께 지옥에 갔다 오는 것이 필요하다는 사실을 강하게 심어주고자 노력하지요. 그 외의 다른 방법이란 절대 없어요. 이것은 사랑싸움입니다. 가장 많이 그리고 가장 오래 사랑하는 사람이 승리하게 되지요!

세라는 그녀의 부모가 이 이야기를 쓴 뒤 얼마 안 있어 10대 때 자기를 학대한 여자와 조우(遭遇)했다. 처음에 그녀의 부모는 딸이 그녀와 다시 어울릴 것이 걱정됐다. 그러나 세라는 그 젊은 여자가 얼마나 깊고 쓰라린 상처를 갖고 있다는 것을 알게 되었다. 이것은 그녀에게 이른바 동성애자 삶의 불행에 대한 가장 큰 증거가 되었다. 세라는 개인적으로 그리고 부모와 더불어 더욱 많은 치유를 경험한 뒤 데이트를 시작했다. 마침내 그녀는 훌륭한 남자를 만나 2006년 여름 결혼을 했다. 그녀의 부모는 자신들 모두가 경험한 변화에 놀라움을 금치 못했다.

제7단계

자녀를 위한 사랑의 언어를 발견하라

게리 채프먼 박사(Dr. Gary Chapman)가 쓴 「5가지 사랑의 언어」(The Five Love Languages)를 읽어보라. 이 책은 당신에게 자녀의 인격에 대한 중요한 통찰을 제공해줄 것이다. "사랑의 언어"란 말은 우리가 다른 사람이 표현하는 사랑에 대해 그것을 경험하는 방법을 말한다. 모든 사람은 제1의 사랑의 언어와 제2의 사랑의 언어를 갖고 있다. 우리는 자녀들의 사랑의 언어에 대한 탐구를 통해 그들의 인격과 그들의 성장을 도울 수 있는 방법을 보다 잘 이해할 수 있다.

지금부터 5가지 사랑의 언어에 대해 간단히 소개하고자 한다.[35]

첫 번째 사랑의 언어: 인정하는 말

1. 말로 칭찬하라.

a. 자녀의 존재나 그녀가 어떤 사람(그녀의 특성과 속성)이라는 것을 인정하라. 예를들면, "너는 대단히 훌륭한 여자란다." "나는 너의 너그러운 마음을 인정한단다." "너는 아주 예민하고 재능이 뛰어난 여자란다." "너는 굉장히 아름답고 여성적인 여자란다."

---

35) 게리 채프먼(Gary Chapman) 저, 「5가지 사랑의 언어」 (Chicago: Northfield Publishing, 1995).

b. 자녀의 행동이나 그가 하는 일(당신이 좋아하는 행동)을 인정하라. 예를 들면, "너는 패션 감각이 매우 뛰어나구나." "쓰레기를 내다 버려줘서 정말로 고맙다." "숙제를 끝낸 너의 성실성을 높이 산다."

2. **격려의 말을 하라.** 자녀의 눈높이에서 세상을 보려고 노력하라. 그에게 중요한 것이 무엇인지를 배우도록 하라. "네가 학교 연극에 발탁되다니 너무 흥분이 되는구나. 나는 네가 맡은 역할을 멋지게 해내리라 믿는다."

3. **애정 어린 말을 하라.** "나는 너를 사랑한단다." "너는 내게 굉장히 큰 의미가 있는 사람이란다." 이때 어감이 중요한데, 특히 민감한 자녀일수록 그렇다.

4. **사람들 앞에서 자녀를 칭찬하라.** 가족들과 다른 사람들 앞에서 딸에 대해 인정하는 말을 하라. 딸에게 그녀가 얼마나 훌륭하다는 것을 말하라.

5. **인정하는 말을 글로 표현하라.** 당신의 자녀를 인정하는 말을 메모지나 편지 또는 이메일로 써서 보내라.

존은 훌륭한 아버지였지만 18살 된 아들과 함께하는 시간을 거의 갖지 않았다. 로비가 그의 아내와 자신에게 동성애자라는 사실을 밝혔을 때 존은 자기가 변해야 한다는 것을 알았다. 로비가 민감하고 재능이 뛰어난 청년이라는 것을 깨달은 그는 즉시 칭찬과 인정하는 말을 하기 시작했다. "아들아, 나는 네가 뛰어난 남자라고 생각한다. 아버지가 네 곁에 함께 있어줘야 했는데 그렇게 하지 못해 미안하다. 지금부터라도 너와 함께 대화하고 네 이야기를 듣는 것에 보다 많은 시간을 보내려 한다." 그러자 로비가 화를 냈다. "왜 이제서예요? 너무 늦었어요!" 그래도 아빠는 포기하지 않았다. "나는 지금 여기에 있고, 절대 물러서지 않을 것이다." 그는 자녀양육에 끈질기게 매달렸다. 쉬운 일이 아니었지만 말이다.

존은 로비의 훌륭한 인격을 계속 칭찬해주었다. "나는 네가 굉장히 다이내믹한 음악가라고 생각한다. 네가 노래하는 것을 들으면 정말 좋단다. 네게는 하나님께서 주신 너무나 큰 재능이 있다." 그가 아들을 지속하여 칭찬하면서 로비의 마음이 가라앉았다. 존은 인정하는 말을 하는 것이 로비의 마음속으로 직행하는 길이라는 것을 발견했다.

두 번째 사랑의 언어: 함께하는 시간

1. **연대감.** 당신의 자녀와 그가 좋아하는 것(당신이 좋아하는 것이 아니라)에 초점을 맞추라.

2. **진실한 대화.** 자녀의 생각과 감정, 욕구를 표현하는 말에 집중하며 공감하는 대화와 좋은 경청기술을 사용하라. 분석하거나 문제를 해결하려 하지 마라. 그저 반영적인 경청법을 활용하고, 가끔씩 "고맙다, [자녀의 이름]. 더 말하렴."이란 말을 하라.

3. **"너"(you)로 시작되는 문장보다 "나"(I)로 시작되는 문장을 사용하라.** 상대방을 판단하지 않고 당신의 생각과 감정과 욕구를 나누는 법을 배워라. 설교하고 강의하려 하지 말고 가르치거나 훈육하는 방법을 택하라. 그렇지 않을 경우 바로 상대의 마음을 닫게 한다. 두 사람이 정반대의 성격 유형, 즉, 한 사람은 사해와 같은 성격(나누는 것을 좋

아하지 않는)이고 상대방은 수다쟁이(말하는 것을 멈추지 못하는)일 때는 관계에 균형을 위해 일정하게 나누는 시간을 정하는 것이 중요하다.

4. **함께하는 활동을 하라.** 평생 잊지 못할 훌륭한 추억거리(예를 들어, 야영이나 등산, 연극이나 연주회 참석, 함께 떠나는 여행과 같은)를 만들어라. 자녀의 관심사에 동참하라.

마이크의 원천적 사랑의 언어는 함께하는 시간이다. 그의 아빠는 함께 나누거나 또는 아들과 눈을 마주하고 직접 대하는 것에 익숙하지 않았다. 몇 차례의 집중적인 가족 심리치료 프로그램을 마친 후 마이크의 아빠는 자기의 마음과 생각을 열고 아들의 세계에 동참했다. 그는 눈을 마주보는 좋은 경청 기술을 활용하는 법을 배웠다. 그들은 함께 캠핑을 떠났는데, 그것은 마이크에게 있어 천국을 다녀오는 것과 같은 경험이었다. 그것은 그의 아버지에게도 값진 시간이었다. 마이크는 이렇게 말했다. "아빠, 아빠하고 단 둘이 대화하고 웃는다는 것이 제게는 마치 온 세상을 다 얻은 기분이에요. 이 여행을 영원히 잊지 못할 것 같아요."

세 번째 사랑의 언어: 선물 받기

1. **선물은 마음으로부터의 사랑을 표현하는 것이다.** 선물은 상대방에 대한 사랑을 나타내는 시각적인 상징이다.

2. **자녀가 좋아하는 것이 무엇인지를 알아내라.** 그가 바라는 것과 관심사를 알아보라.

3. **선물은 구매하거나 직접 만들 수 있다.** 선물 받기가 사랑의 언어인 자녀에게 선물을 주는 것은 자녀의 사랑 탱크를 가득 채워줄 것이다.

4. **의례나 의식. 선물을 줄 때는 그것에 의미를 부여하라.** 생일이나 특별 행사 혹은 단순한 깜짝 선물에 따라 다르게 말이다. 선물은 단순히 물질적인 대상이 아닌 사랑의 표현이다.

5. **당신 자신을 선물로 주어라.** 당신의 존재 자체가 유력한 선물이다. 특별히 고통을 겪고 있는 순간에는 더욱 그렇다.

6. **선물은 노력하지 않고 받는 은혜다.**

7. **죄책감에서 선물을 주지 마라.** 그것은 위선적인 시혜(施惠)가 될 수 있다.

제인은 자기 딸인 젠이 다른 여자와 오랫동안 집착된 관계를 맺고 있었다는 사실에 마음이 몹시 상했다. 그것은 그녀의 영적 신념과 180도 상반되는 것이었다. 그럼에도 불구하고 그녀는 젠을 사랑했는데, 그것은 딸과의 관계를 계속 유지하기 위해서였다. 많은 경우, 그녀는 딸이 말할 때 마치 혀를 깨물다시피 하고 귀를 기울였다. 젠과 그녀의 파트너인 린 사이에는 종종 충돌이 생길 때가 있었다. 그럴 때면 젠은 엄마에게 전화해, "제발 지금 좀 와보세요. 지금 엄마가 정말 필요해요."라고 말했다.

제인은 차를 타고 4시간 반 동안 운전해서 딸의 집에 갔다. 그때 젠이 파트너와의 관계에서 겪는 아픔과 괴로움에 대해 말하면 경청하고, 그녀를 위로해 주었다. 이런 일이 1년 반 동안 이어졌다. 그때마다 제인은 차를 몰고 다녀갔다. 제인이 딸에게 준 가장 큰 선물은 그녀가 가장 힘들 때 딸을 위해 "곁에 있어준 것"이었다.

결국 젠이 정신을 차리게 되었다. 그녀는 인생이 그런 식이 되어서는 안 된다는 것을 깨달았다. 그녀는 파트너와 헤어지고 엄마에게 도움을 청했다. 제인은 가장 많이 그리고 가장 오랫동안 사랑하는 자가 승리한다는 것을 보여준 증인이었다.

네 번째 사랑의 말: 섬김

1. **자녀에게 도움이 될 수 있는 특별한 것을 하라**(예를 들면, 무엇인가를 함께 만들거나 기술을 가르치거나 함께 숙제를 하거나 또는 세차를 하라). 이것은 시간과 노력과 생각을 투자하는 것이다. 우리가 자녀에게 그들이 스스로 할 수 없는 것을 해준다거나 그들이 배우고 싶지만 방법을 몰라 하지 못하는 것을 그들에게 가르쳐주는 것은 매우 중요하다.

2. **자녀에게 요구가 아닌 부탁하는 법을 배우도록 도와주라.**

3. **자녀에게 당신이 그를 위해 해주기 원하는 것의 목록을 작성하게 하라.**

4. **자녀의 불평은 그의 사랑의 언어를 이해하는 단서가 된다**(예를 들면, "아빠가 공 던지는 법을 가르쳐 주면 정말 좋겠어요"와 같은). 자녀의 나이가 5살이든 아니면 50살이든, 그들과 함께 시간을 보내기에 너무 늦었다는 것은 결코 있을 수 없다.

5. **항상 가까이 하되 자녀가 당신을 짓밟고 다닐 수 있는 현관 매트처럼 되지는 마라.** 그렇게 한다면, 그들은 당신을 존경하지 않을 것이다. 아이들에게는 유대감의 형성과 동시에 경계선이, 사랑과 동시에 한계가

필요하며, 그렇게 할 때 안심과 안정감을 느끼게 된다.

6. **고정관념을 극복하라.** SSA 증상이 있는 아이들은 종종 매우 예민하게 반응한다는 사실을 염두에 두라. 그것은 아버지 된 자들이 특히 기억해야 할 부분이다. 딘 버드(Dean Byrd) 박사는 인형을 갖고 놀기 좋아하는 어린 아들을 둔 아빠들을 향해 훌륭한 조언을 하고 있다. "바닥에 앉아 그와 함께 인형을 갖고 놀아 줘라. 아버지가 아들의 세계에 동참할 때 아들도 역시 아버지의 세계에 더욱 기꺼이 동참할 의향을 갖게 된다." 이것이야말로 매우 효과적인 방법이다.

찰리는 선생님이었다. 그는 아이들을 다루는 능력이 뛰어났지만, 아들 팀과의 사이에는 통하는 것이 전혀 없었다. 찰리에게는 3명의 아들들이 더 있었는데 그들은 그와 잘 지냈다. 많은 SSA 아이들처럼 팀은 대단히 예민했다. 찰리는 그의 아들과 함께 공감대를 형성할 수 있는 기회를 찾기 위해 오랫동안 열심히 노력했다. 마침내 그는 공통점을 찾아냈다. 그것은 자동차였다. 팀은 일과 학교 때문에 차가 필요했다. 그래서 찰리는 약간 손볼 데가 있는 중고차를 사 주었다. 그들은 함께 엔진을 정비하고, 변속기를 손봤다. 아버지가 팀과 함께 시간을 보내며 아들의 차를 위해 작업한 것은 아들에게 자기가 사랑을 받고 있다는 것을 느끼게 했으며 아버지의 눈에는 그것이 특별하게 보였다. 꽤 재미있는 현상으로, 팀은 종종 부모의 집에 들러 아버지한테 "오늘 차 작업하는 것 좀 도와주시겠어요?"라고 부탁하곤 한다. 자동차는 아버지와 아들이 만나서 나눌 수 있는 하나의 공감대가 되었다.

다섯 번째 사랑의 언어: 신체 접촉

1. 신체적 접촉은 정서적인 사랑을 전달한다.

2. 아기들은 생존을 위해 안아주고, 뽀뽀해 주며, 흔들어주고, 요람에 태워 흔들어 어르며, 쓰다듬어 주는 것이 필요하다.

3. 사춘기 청소년과 성인에게는 발전을 위해 많은 건강한 접촉이 필요하다.

4. 건전한 비성적(非性的)인 접촉을 하라. 이러한 것들로는 자녀의 손을 잡아주거나 포옹 또는 팔로 딸의 어깨를 감싸 안아주는 것 등이 있다.

5. 접촉은 정서적 친밀감과 사랑을 뜻한다. 융통성을 가지라. 자녀의 신호를 따라라. 성인이 된 그들은 포옹 받거나 잡아주는 것을 원할 수도 있다.

6. 건전한 접촉은 안정된 애착감 형성에 도움이 된다. 이것은 특히 SSA를 겪고 있는 자들에게는 잘 어울린다. 아들들은 아빠를 필요로 하고, 딸들은 엄마를 필요로 한다.

7. SSA를 겪고 있는 사람들은 남녀를 불문하고 대부분 접촉이 부족하다. 그들은 건전한 접촉을 갈망하며, 결국은 자기들의 욕구 충족을 위해 "게이" 세계로 가게 된다.

앨런은 특별히 감정을 드러내 놓고 표현하지 않았다. 그녀는 온통 남자들만 있는 가정에서 자랐다. 주위 어디를 봐도 남성 호르몬이 흐르는 환경에서 그녀가 부드럽고 온유한 성격을 갖는다는 것은 쉽지 않았다. 그녀의 어머니는 앨런을 한 번도 따뜻하게 팔로 감싸 안아준 적이 없었다. 따라서 그녀가 딸 수잔을 낳았을 때 공개적으로 애정 표현을 하는 것이 쉽지가 않았다. 이는 수잔의 마음과 정신, 신체 그리고 영혼에 아픔과 갈망의 원인이 되었다. 그녀는 자라고 성숙하면서 동성애적 욕구가 많아졌다. 엄마 앨런은 그녀의 동성애적 감정을 비판하며, "이런 끔찍한 행동을 하다니 넌 반드시 지옥에 가고야 말거다."라고 말했다.

다행히도 그들이 다니는 교회 목사님이 SSA를 갖고 있는 아이들을 돕는 데 필요한 지식을 갖고 있었다. 그는 수잔의 부모를 만나 어머니인 앨런에게 수잔이 정말로 필요로 하는 것은 친밀감, 즉 따스함과 애정의 표현이라는 것을 말해 주었다. 마침내, 많은 노력 끝에 수잔은 어머니에게 안기는 것이 어떤 것인지를 느끼기 시작했다. 그녀는 울음을 터뜨리며 말했다. "엄마, 내가 진정으로 원하고 필요로 했던 것은 엄마였어요. 나는 지금까지 다른 여자들의 품 안에서 엄마의 사랑을 찾고 있었어요." 어머니가 지속적으로 안아주고 육체적 접촉을 공개적으로 표현하자 수잔의 마음에서는 마치 눈 녹듯이 아픔이 사라지기 시작했다. 1년 동안의 지속적인 노력 끝에 수잔의 SSA는 약해지고, 그녀는 지금 남자 청년과 약혼 중에 있다.

사랑은 T로 시작하는 3개의 단어로 특징된다: 시간(Time), 접촉(Touch) 그리고 대화(Talk)

시간(Time). 아이들은 엄마, 아빠와 함께 무엇인가를 같이 하고 활동을 통해 서로 나누는 것을 좋아한다. 이처럼 특별한 일에 있어 가장 핵심적인 사항은 아버지와 아들 또는 어머니와 딸이 함께하는 시간이다. 당신 자녀의 관심사에 참여하라.

접촉(Touch). 모든 아이들, 특히 민감한 아이들은 그들을 잡아주고, 껴 안으며 포옹하고, 쓰다듬어 주고 어루만져 주기를 원한다. 아빠들이여, 당 신의 아들에게는 아버지로부터의 따뜻한 포옹이 필요하다는 것을 기억하 라. 이렇게 하는 것이 어떤 아버지들에게는 낯설고, 심지어는 매우 어색하 기까지 하다는 것을 안다. 당신에게 아들과의 적당한 신체 접촉을 통한 애 정 표현이 필요하다(보다 자세한 것을 위해서는 제8단계를 참조하라). 당신 이 이 문제로 고민하고 있다면, 그것에 대해 이런 식으로 생각할 경우 도움 이 될 것이다. 접촉과 관련하여, 당신의 아들은 당신이든 아니면 그의 남자 친구든 누군가로부터 접촉을 받게 될 것이다. 엄마들이여, 당신도 딸에게 이렇게 하는 것이 필요하다.

대화(Talk). 당신의 SSA 자녀는 엄마, 아빠와 함께 자신의 말을 들어주 고, 자기에게 당신이 어떤 사람이라는 것과 그가 누구라는 것을 서로 알 아가며 함께 대화하는 것에 따뜻한 반응을 보일 것이다. 의사소통은 인간 관계에 있어서 산소와도 같다. 우리는 숨 쉬지 않으면 죽는다. 소통이 없이 는 관계가 죽기 마련이다. 아빠들이여, 아들과의 대화를 위한 시간을 마련 하라. 엄마들이여, 딸에게 먼저 찾아가 그녀의 말에 귀를 기울여라. 답변은 필요치 않다. 다만 곁에서 들어주고 나누기만 하라. 이것을 꼭 실천하라.

어린 자녀는 성공적인 자녀 양육을 위한 T자로 시작하는 3가지를 경험 할 때 자신에 대한 가치 의식과 소속감 그리고 자신감을 체감하게 된다. 가치 의식이란 자신에 대한 중요성과 특별성 그리고 소중한 가치와 유일성 에 대한 내적인 신념이다. 소속감은 자신에 대한 사람들로부터의 필요성과 수용성, 관심 그리고 호감과 애정의 인식을 말한다. 자신감이란 무슨 일이든 맡기면 해낼 수 있고, 어떤 상황에도 대처할 수 있으며 두려워하지 않고 삶에 맞설 수 있다는 자신감을 말한다.[36]

수백 번 실수를 했더라도 계속 시도해라. 대화는 당신이 관심 있다는 것을 보여준다. 그리고 거부당할 것에 대해서도 마음의 준비를 하라. 얼마든지 일어날 수 있기 때문이다. 그러나 절대로 포기하지 마라. 자녀에게는 당신이 절실히 필요하다.

자녀가 좋아하는 것과 싫어하는 것을 살펴라

당신은 자녀의 관심사에 대해 이미 알고 있을 수도 있다. 만약에 그렇다면, 그것이 성격상 당신과 맞지 않는다 할지라도 자녀가 즐기는 활동에 참여함으로 최선을 다해 동참하도록 하라. 그의 구체적인 관심사를 모른다고 할지라도, 그가 하고 싶은 것이 무엇인지 언제든지 물어볼 수가 있다. 스포츠 경기나 영화 관람, 쇼핑, 퍼즐 맞추기 등 여러 가지가 있을 수 있다. 다시 말하지만, 이것은 어머니와 딸 또는 아버지와 아들 사이에 해야 할 프로젝트다.

무엇을 함께 하면서 칭찬하고 인정하는 말을 할 때는 충분하고, 일관성이 있어야 한다는 사실을 기억하라. SSA로 씨름하는 자들은 흔히 자존감이 낮은 경향이 있다. 그러므로 자녀의 소중한 가치를 칭찬하고 인정할수록 그는 자신에 대해서 긍정적으로 느끼게 된다. "너는 남자치고 참 잘 생겼다." "너는 훌륭한 운동선수가 아니니!" "너는 정말로 강하구나!" 딸은 다

---

36) 데이비드 시맨즈(David Seamands) 저 「상처받은 감정의 치유」 "Healng for Damaged Emotions" (Wheaton, Ill.: Victor, 1981), p. 60.

음과 같이 인정하라. "너는 매우 아름다운 여자야." "나는 정말 네가 감탄스럽단다." "네게는 뛰어난 재능이 굉장히 많거든."

내가 상담한 아버지들 중에는 자기의 아들과 시간을 함께 나누기 위한 방법으로 차를 손보는 작업을 발견한 사람들이 많은데, 그것은 두 사람이 유대감을 형성하는 좋은 시간을 제공해 주었다. 반면에 아들들의 영화 제작에 참여해서 그들을 격려한 아버지들이 있는가 하면, 아들과 함께 캠핑 여행을 떠난 아버지들도 있었다. 우리는 자녀들의 재능과 관심사를 인정해주고 그들이 우리에게 조금씩 마음을 열고 다가오도록 그들과 함께하는 시간을 보낼 수 있는 기회를 만들어야 한다.

자녀의 진정한 성별을 강조하는 활동에 초점을 맞춰라

남자에게 있어 SSA는 남성 정체성의 결여를 의미한다. 그들의 신체적인 외모와 무관하게 그들의 내면 깊은 곳에는 불안한 어린 소년이 자리 잡고 있다. 여기에서 동성의 부모가 커다란 변화를 줄 수 있다. 아빠들이여, 가능하다면 아들과 함께 체육관에 가서 함께 운동하라. 엄마들이여, 딸과 함께 의류 쇼핑을 하라. 미용실이나 온천에서 하루를 함께 보내며 딸의 아름다운 모습과 여성스러움을 칭찬해 줘라. SSA 자녀에게는 동성 부모의 사랑과 수용을 내면화하는 것이 요구된다.

> 자녀에게 기회가 닿을 때마다 진심어린 칭찬을 해주어라. 그가 민감할수록 당신의 칭찬이 그의 삶에 끼치는 영향도 클 것이다. 그러나 인내심을 가지라! 자녀의 SSA가 형성되기까지 많은 시간이 걸린 만큼 1주일이나 한 달 혹

은 1년 안에 그것이 약해지지는 않을 것이다. 항상 자녀의 곁에 있어주고 과정의 각 단계마다 자녀를 인정해주라.

자녀의 책을 먼저 읽어라

자녀가 당신에게 읽을 것을 줄 때 할 수 있는 가장 좋은 답변은 "고맙다! 그래, 당연히 읽어보마."라고 말하는 것이다. 이렇게 말하는 것은 당신이 자녀의 시각을 이해하고자 노력하고 있다는 것을 전하는 데 효과가 있다. 당신이 책의 내용에 동의 혹은 반대하든 간에 목표가 옳고 그름을 판단하는 것이 아니라 안정된 애정 관계를 형성하는 것이라는 사실을 기억하는 것이 중요하다.

다 읽은 후에는, 당신이 읽은 것에 대해 자유롭게 토의하라. 거짓말을 하거나 위선적으로 말할 필요가 없다. 내용에 전적으로 반대할 경우 그렇게 말하라. 그러나 당신의 생각과 감정, 의견을 자신의 견해라고 해야지 그것들을 보편적 진리처럼 말하면 안 된다. SSA 고통하는 사람들 중 어떤 사람은 성숙한 토론이 불가능할 수도 있다. 그럴 때는 당신은 반대하지만 그저 동의할 수밖에 없다. 어쩌면 아들이 당신의 말을 마치 인식 공격적인 것으로 오인하여 욱하고 불끈 화를 낼지도 모른다. 무슨 일이 있더라도 너그럽게 대하라. 그런 행동은 아직 자제력이 부족하고 아직 자신의 감정을 조절하는 법을 익히지 못한 2, 3살짜리 아이와 같다는 것을 기억하면 도움이 될 것이다.

정서적인 갈등이 있다면, 자녀에게 당신이 그를 사랑한다는 것을 알리고 다른 때에 다시 시도하라. 무엇보다도, 너를 있는 그대로 사랑한다는 진실을 반드시 강하게 전달하도록 하라. 이것은 성공적인 유대 관계를 형성하고 당신과 자녀 사이에 애정 어린 관계를 확립하는데 결정적인 역할을 한다.

당신의 책에 대해 자녀와 함께 나누어라

단순히 "됐다 이제 내 책도 좀 읽어봐!"라고 말하기 위해 자녀의 친동성애적 서적을 읽지 않도록 하라. 당신은 자녀의 책을 읽음으로 그의 시각을 진정으로 배려하며 그것에 관심이 있다는 것을 보여줄 수 있다. 진실성을 유지하라. 그는 분명히 친동성애적인 서적과 개념만을 보고 들었을 가능성이 높다. 원치 않는 SSA로부터의 치유에 대해 무엇이라도 들어보았다면 아마 그러한 가능성에 대해 편향적이었을 것이다. 자녀에 대해 인내심을 가져라.

반면에 당신의 자녀가 다른 시각에 마음이 열려 있다고 느낀다면, 그녀에게 당신이 선정한 간행물을 읽거나 당신과 함께 어떤 영상을 보거나 그 외의 어떤 책이나 기사를 살펴볼 의사가 있는지를 물어볼 수 있을 것이다. 물론 우리는 자녀들에게 그들의 의지와 상관없이 무엇을 읽거나 시청하도록 강요해서는 안 된다. 그렇게 하는 것은 보다 많은 부정적인 성향과 거리감만 조장할 것이다. 저항적인 행위가 이런 데서 작용한다는 사실을 기억하라. 당신은 지금 상처가 있는 자녀를 대하고 있다. 무엇을 하기에 앞서 다음과 같이 스스로 자문하라. "이것이 우리를 더욱 가깝게 할 것인가, 아니면 더 멀어지게 할 것인가?" 우리의 모든 말과 행동의 목표는 보다 큰 친밀감과 보다 안정된 애착 관계를 형성시키는 데 있다. 아마 어떤 SSA 자녀도 치유를 추구할 동기가 없는 한 책을 읽는 것으로 변화되지 않을 것이다.

자녀에게 읽거나 시청할 것을 줄 때는 매우 조심스럽게 선택하고, 한 번에 지나치게 많은 것을 주지 않도록 하라. 한 권의 책이나 한 가지 기사에 초점을 맞추고 피드백을 요구하라. 한 동안 기다렸다가 다른 책을 권하도록 하라. 이때 주고받는 식의 접근법을 써도 좋을 것이다. 당신도 자녀의 것을 읽고 그것에 대해 토론하라. 다음에는 당신의 것을 제시하고 함께 토론하라. 대화와 교류를 지속하라. 강한 연대감을 형성했다는 확신이 들면 이렇게 말할 수 있는 자유가 생길 수도 있다. "아버지가 배운 것은 네가 동성애자가 되지 않아도 된다는 것이란다. 그것에는 선택권이 있단다." 그러나 조심하라. 무슨 말을 해야 할지 확신이 서지 않는다면, 지나치다 싶을 정도로 말을 조심해라. 기억해야 할 것은 자녀의 마음을 바꾸기 전에 그들을 먼저 우리 편으로 만들어야 한다는 것이다.

자녀의 SSA에 대해 배우고 난 후에는, 당신이 어디를 보든지 동성애적인 문제가 눈에 들어오기 시작할 것이다. 그것은 항상 있었는데, 이제 당신 자신의 문제가 되다보니까 갑작스럽게 당신이 보다 많은 주의를 기울이게 된 것이다. 당신의 아들이나 딸에게는 이것이 새로운 주제가 아니라는 점을 염두에 둬라. 그것은 그들이 수 년 동안 이 문제와 함께 살아왔기 때문이다. 당신은 당신의 자녀가 아니라 소위 게이 세계의 입문자가 된 것이다.

자녀가 선택한 모임에 참석하라

사랑하는 자녀가 당신에게 PFLAG, GSA 또는 GLBT 같은 모임에 참석할 것을 요구한다면, 당신이 용기를 내어 참석하기를 바란다. 다시 한번 말하지만, 동의하려고 가지 말고 이해하기 위해 참석하라. 우리는 모두 그들이 우리가 가기를 원하는 곳에 가보고, 우리에게 읽어보기를 원하는 서적이면 무엇이든지 읽어보면서 자녀의 입장이 되어 1마일을 걷는 것이 현명할 것이다.

제8단계
동성의 부모여, 적절한 신체적 애정을 표현하라

SSA를 경험하는 많은 남자들은 말 그대로 애정에 굶주려 있다. 그래서 아버지가 어떤 형태로든 육체적인 접촉을 주도하며 "사랑한다"고 말하는 것이 매우 중요하다. 많은 남자들이 아버지와 이런 경험을 해본 적이 없기에 매우 낯설 것이다. 당신의 가족이 이런 경우에 해당된다면 지금이 변화를 줄 때이며, 당신의 아들도 당신에게 도움을 줄 것이다. SSA가 있는 남자들은 흔히 접촉 지향적이지만 접촉에 굶주려 있다. 접촉이 그들에게 제1의 사랑의 언어이지만 이를 건전한 방식으로 경험해본 적이 없기 때문에 그들은 건강하지 못한 방식으로 이를 추구한다. 마음 속 중심에서 이들은 남성의 유대감 형성을 갈망한다.

이런 경험을 해본 적이 없다면, 아들에게 당신의 사랑을 신체적으로 표현하고 싶다는 것과 그에게 손 내밀 의지가 있음을 알리라. 그리고 솔직하게 당신이 이렇게 표현하는 것이 쉽지만은 않다는 것을 알리라. 그런 다음 그에게 실천하라. 포옹해 주고, 손을 잡아주고, 키스를 해주라. 그리고 아들과 포옹할 때 "나를 안아줘"라고 말하는 대신에 "너를 안아주고 싶구나"라고 말하는 시도를 해보라. 당신은 아빠고, 그는 당신의 아들이다. 당신이 주고 그는 받는 것이다. 결국은 서로 주고받게 될 것이다.

자꾸 연습하다 보면 잘 할 수 있게 된다. 그러니 포기하지 말라. 당신의 아들은 갈망할 뿐만 아니라 당신의 사랑과 애정을 필요로 한다. 그의 생사가 달렸다고 할 만큼 그에게는 중요한 일이다. 기억해 둘 것은 그동안 그가 다른 남자들의 품 안에서 아버지의 사랑을 찾고 있었을지도 모른다는 점이다.

이 점은 내가 아주 깊이 이해하고 있는 문제이다. 나는 내 아버지의 사랑을 늘 갈망했었다. 만일 아버지가 나를 안아주며 "리차드, 내 아들아 사랑한다. 너를 기르면서 안아주고 키스해주지 못한 것에 대해, 그리고 네가 나에게 얼마나 소중한 지를 말하지 못한 것에 대해 미안하구나." 라고 말해주셨다면, 나는 그의 품 안에서 녹아들었을 것이다.

아들과 당신의 관계에 변화를 줄 수 있는 한 가지 방법은 이 방법을 반복하는 것이다. 그를 맞이할 때마다 안아주고, 당신의 집을 떠나기 전에 다시 한번 안아주라. 볼에 입을 맞추면서 "사랑한다, [이름을 사용하거나 그가 좋아하는 별명을 사용해보라]."라고 말해주라. 당신의 품 안에 안아주라. "이성애자로 커밍아웃하기"(Coming Out Straight)라는 책의 207-8 페이지에 한 남자가 아들을 안아주고 있는 사진과 한 여자가 딸을 안아주고 있는 사진이 나온다. 다 큰 아들을 안아주는 것이 불가능하거나 말도 안 되는 것처럼 보일지도 모르지만, 그가 필요로 하는 것이 바로 그런 것일지도 모른다.

비록 나의 아들이 SSA를 겪고 있지는 않지만 그와 나는 우리 관계를 치유하고 있다. 우리가 매년 후원하는 아버지-아들 치유 세미나에서 내 아들이 어린 소년 때부터 바라던 것은 다만 그를 품에 안아주는 것이라고 했다. 그래서 내가 물어보았다. "지금 그렇게 해주면 좋겠니?" 그랬더니 그가 "네"라고 답변했다. 세미나 중에 내가 그를 껴안아주는 동안 그에게 아주 평온한 느낌이 감도는 것을 인지할 수 있었다. 그 이후로 우리는 계속해서 서로 애정 어린 표현을 하고 있다.

두 명의 십대 아들들과 세미나에 참석했던 다른 아버지는 이런 말을 했다. "그 책에 있는 사진을 보면서 '나는 절대로 내 아들하고 저런 짓은 안 할 거야'라고 생각했습니다. 그런데 아들들을 한 번씩 품에 안아주면서 이상하게도 자연스러운 느낌을 받았어요. 마치 그들이 아이였을 적으로 돌아가는 것 같은 느낌이었습니다." 두 아들들은 모두 아버지가 감싸 안아 주는 것을 즐거워했다. 한 아들은 SSA를 겪고 있고, 다른 아들은 그렇지 않았지만 두 사람 모두 아버지가 안아 준 것을 무척이나 좋아했다. 모든 사람들은 부모의 사랑과 건전한 애정의 표현을 무척 즐긴다.

당신은 잃어버린 시간을 되찾을 수 있다. 치유 받는데 너무 늦었다는 건 없다. 남자와 포옹하는 것이 당신의 능력 밖이라면, 친구나 목사님 또는 멘토에게 포옹하는 법을 익히도록 도움 받아보는 것도 좋은 방법일 것이다. 아들과 건강한 접촉을 하기 전에, 친숙함과 편안함을 느끼는 남자들과 먼저 포옹해보는 것이 도움이 될 것이다.

내가 방금 나눴던 이 모든 것들은 많은 어머니들과 딸들에게도 해당된다. SSA를 경험하는 여자들은 흔히 건강한 접촉과 정서적 친밀을 갈망한다. 엄마가 그러한 기본적인 욕구를 더 많이 제공할수록 딸들은 더 사랑 받는 느낌을 받으며, 더 강력한 유대감이 확립될 것이다.

주의할 점

부모와 자녀가 서로 안아주고 포옹하며 육체적인 접촉을 표현하는 것이 때로는 문제의 소지가 될 수도 있다. 그러한 경우들은 (1) 자녀가 신체적 또는 성적 학대를 경험했을 경우, (2) 자녀가 이성 부모에게 정서적 학대를 경험했을 경우, 또는 (3) 자녀가 특별히 육체적 접촉을 좋아하지 않는 경우 이다. 육체적 애정 표현을 받고 싶지 않은 자녀에게 건강한 접촉의 문제를 절대로 강요해서는 안 된다.

만일 자녀가 육체적 또는 성적 학대를 경험했다면, 육체적 접촉을 시도 하기 전에 전문가의 도움을 먼저 구하는 것이 현명할 것이다. 당신의 아들 이나 딸이 원하는 것이 무엇인지를 정확히 파악하는 것이 중요하다. 왜냐 하면 당신의 자녀들이 과거에 원치 않는 침해를 받았기 때문이다.

자녀가 정서적으로 근친상간적인 관계 (모자 또는 부녀)를 경험했다면, 그 자녀는 의식적으로나 무의식적으로 자신을 이성 부모로부터 보호해주 지 못한 동성 부모를 원망할 수 있다. 흔히 아내가 남편에게 정서적 또는 신체적 욕구를 상당 기간 충족 받지 못할 경우, 그녀는 그 사랑을 채우기 위해 아들에게 눈길을 돌릴 수도 있다. 물론 그녀의 동기는 아들에게 상 처를 주고자 함이 아닐 수도 있다. 하지만 그렇게 하는 것은 그의 심리성 적 발달에 상당한 악영향을 미칠 수 있다. 본질적으로, 그 어머니는 자신 의 충족되지 못한 애정 욕구를 채우기 위해 아들을 사용하고, 이에 따라 서 그가 대체 배우자가 되어버린다. 이런 종류의 정서적 친밀감과 건강하 지 못한 접촉은 그 아이의 마음과 영혼 속에 여성에 대한 상당한 공포를 심어준다. 패트리샤 러브 박사(Dr. Patricia Love)는 이것을 "정서적 근친상간 증후군(emotional incest syndrome)"[37]이라 부른다. 동일한 유형의 속박(enmeshment) 또는 근친상간적 관계가 아버지와 딸 사이에서도 일어날 수도 있다.

만약 아이가 이런 부적절한 친밀감을 이성 부모와 경험했다면 그나 그녀는 동성 부모에게 깊은 원한을 품을 수도 있다: "왜 그녀를 막지 않으셨나요?", "당신이 필요할 때 당신은 어디 있었나요?", "왜 그녀로부터 저를 보호하지 않으셨나요?" 따라서 아버지가 주도적으로 아들을 안아주거나 건강한 접촉을 하려 할 때 아들은 자신의 마음속에 깔린 과거의 분노와 상처 때문에 아버지의 그러한 행동을 거부할 지도 모른다. 딸도 자신이 보호받지 못한 느낌을 받았기 때문에 어머니에게 똑같이 행동할 수도 있다.

세 번째 범주로, 당신의 자녀가 스킨십을 별로 좋아하지 않는다면 분별이 필요하다. 동성에게 매력을 느끼는 이들은 자신의 선천적인 성 정체성과 동떨어져 있다. 이미 논의한 바와 같이, 이것은 동성 부모와의 불충분한 유대감 형성, 이성 부모와 과잉 애착 형성, 동성 또래 유대감의 부재, 과민증, 성적 학대, 신체 이미지 상처 등과 같은 여러 영향을 미치는 요인들로 인하여 오랜 기간 동안 진전되어 왔다. 이러한 것들과 다른 변수의 결과로, 대부분의 경우 당신의 자녀는 동성 부모나 또래들로부터 방어적으로 거리감을 두는 데 익숙해져 있다. 따라서 건강하고 중요한 관계를 형성하기 위한 당신의 노력이 저항의 벽에 부딪힐 수도 있다. 이러한 저항은 다음

---

37) 이와 동일한 제목의 책인 패트리샤 러브(Patricia Love) 및 조 로빈슨(Jo Robinson) 저 정서적 근친상간 증후군: 부모의 사랑이 당신의 삶을 지배할 때 해야 할 일(Emotional Incest Syndrome: What to Do When a Parent's Love Rules Your Life)(New York: Bantam Books, 1990)을 참조하라.

섹션에서 다루도록 하겠다. 여기서 중요한 것은 그들이 과거의 상처 때문에 당신을 향하여 방어적인 분리를 보이는지, 아니면 애초에 접촉 지향적이 아니어서 저항을 보이는지를 구별하는 것이다. 이런 상황에서 어떤 문제가 작용하고 있는지를 판단하는데 당신의 배우자와 다른 자녀들과 논의해볼 수도 있다.

당신의 자녀나 사랑하는 사람이 어떤 사람(예를 들어 부모, 친척, 이웃, 친구)에 의해 성적으로나 신체적으로 학대를 당했거나, 아니면 정서적으로 근친상간적인 부모-자녀 관계가 있었거나, 자녀가 육체적 접촉 지향적이지 않다면, 주도적으로 건강한 포옹을 제안할 때 조심하라. 그런 행동은 자칫 잘못하면 자녀를 조종하려는 의도로 보이거나, 가족 관계에서 해결되지 않은 문제를 덮는 방법으로 오해 받을 수도 있기 때문이다. 다시 말하지만, 모든 경우에 관련된 모든 가족 구성원들을 위해 전문가의 도움을 구함으로 자녀의 치유를 도와주라.

건강한 접촉의 선물을 제공하는 당신의 동기는 다른 무엇보다 중요하다. 다음 질문을 자문해보라: 내가 내 이익을 위해 이렇게 하는 것인가? 아니면 내 자녀를 위해서인가? 이는 분명 당신의 아들이나 딸을 위해서 하는 것이어야 한다.

거부를 예상하라

과거에 성폭행이나 성추행을 받은 적이 없는 자녀라 할지라도 당신의 건전한 애정 표현을 거부할 수 있다. 비록 SSA를 가진 사람들이 건전한 접촉을 원하지만 그들은 친밀해지려는 당신의 시도를 거부할 수 있다. 왜냐하면 그러한 스킨십은 자녀들이 어렸을 때 바라던 것이기 때문이다. 어렸을 때 거절당한 마음의 상처로 인해 그들은 화가 나 있다. "내가 당신을 필요로 했을 때는 거절하시다가 왜 이제 다가오려 하시죠? 그때는 안 그러셨잖아요? 이제 저는 당신을 받아들이기 싫어요."

엄마들이여, 딸의 이런 거부를 그대로 받아들이지 말라. 사실 그녀는 당신을 필요로 하고 있다. 비록 겉으로는 당신을 계속 거부하고 있지만, 속으로는 자신의 굳어진 마음을 당신이 풀어주길 바라고 있다. 나는 당신이 포기하지 않기를 간절히 호소한다. 인내심을 갖고 딸을 안아줄 때마다 그녀를 상처 받은 어린 아이라고 상상하라. 다 자란 딸이 아니라 상처 받은 어린 소녀에게 말하고 있다고 상상하라. 그 상처받은 자녀에게 부드럽게 말하라. "너를 사랑해. 너를 결코 혼자 두지 않을 거야." 아빠들이여, 당신도 이와 같이 당신의 아들에게 말해주라.

어떤 아빠는 그의 17살 된 아들에게 정기적으로 애정 표현을 하고 있었다. 하지만 아들은 아빠의 그러한 시도를 항상 거부하고 거절했다. 1년 후 아버지는 아들이 다른 남자와 관계를 맺고 있는 것을 알고 실망하여 모든 노력을 그만 두었다. 그런데 어느 날 그 아이가 나에게 말했다. "아버지한테 너무 화가 나요. 왜 저를 포기하셨는지 모르겠어요!" 결국, 아들은 자신이 왜 아빠에게 실망했는지, 얼마나 힘들었는지를 털어놓았고, 아버지는 아들에게 다시 손을 내밀었다. (이들의 이야기를 이 단계의 결론 부분에서 다시 읽어보라.) 부모들이여, 당신의 아들이나 딸이 무슨 실망을 안겨주더라도 결단코 당신의 애정 표현을 포기하지 말라.

이것은 성별 정체성 장애이다

몇 가지 중요한 요점을 복습해보자. 동성에 대한 매력은 사람들이 그들의 성별 정체성에 불완전한 느낌을 받았을 때 발생하며, 이 불안함의 해답을 동성 타인의 품 안에서 찾으려 할 때 발생한다. 이들은 발달 단계 중 동성-정서적(homo-emotional),그리고 동성-사회적(homo-social) 단계를 완성하기 위하여 동성 파트너에게 끌린다.

여러분의 자녀들은 동성 부모와 동성 또래 그리고 동성 형제자매와 친척들과 유대감을 형성하는 것이 필요하다. 이들과 친밀한 유대감을 형성하는 표현은 그들의 성별 정체성 형성에 큰 도움을 주는데, 특히 정서적 안정에 도움을 준다. 여러분의 자녀가 진정한 성별 정체성을 되찾기 위해 변화하며 치유되고, 성장하여 완전해지는데 있어서 결코 늦었다고 생각할 필요 없다. 이 모든 것은 유년기의 상처를 해소하고, 건전한 관계를 통해 그동안 받지 못한 사랑을 받기만 하면 가능하다. 이렇게 되면, 이성애적 욕구는 자연스럽게 일어난다. 하지만 여기서 핵심 원칙은 이것이다. 남자는 여자 앞에서 남자가 되기 전에 남자들과 유대감을 형성해야 하며, 여자는 남자 앞에서 여자가 되기 전에 여자들과 유대감을 형성해야 한다.

사춘기 이전에 가족이나 친족인 동성과의 관계에서 유대감이나 친밀함을 얻지 못하면, 사춘기 이후 동성에 대한 성적 갈망이 나타난다. 바로 그때 세상은 그를 향해 "너는 게이야"라고 말한다. 하지만 이 말은 거짓이다. SSA가 있는 남녀들은 단지 유아 발달과 사춘기의 초기 단계에서 동성의 사람들과 건전한 유대감이나 사랑을 경험하지 못했기 때문에 그것을 갈구하고 것이다. 그리고 섹스는 사랑과 애정에 대한 그들의 욕구를 결코 해소해 줄 수 없을 것이다. 왜냐하면 SSA는 섹스와 거의 상관이 없다. 모든 동성 매력 장애는 상처를 입은 마음에서 비롯된 것이다.

그래서 부모인 당신이 바로 해답이다. 건강한 부자간의 유대감 형성, 건강한 모녀간의 유대감 형성이 SSA를 치유하는 몇 가지 주요 해결책이다. 당신의 자녀가 가진 잘못된 생각을 바꾸려고 염려할 필요가 없다. 당신이 자녀의 마음을 사로잡는다면 그의 생각도 사로잡을 수 있다.

하지만, 주의할 점도 있다. 모녀 관계나 부자 관계에서 건강하지 못한 유대나 과잉 애착이 있다면 반드시 바로잡을 필요가 있다. 어떤 형태로든 자녀가 부모의 욕구를 보살피려는 부적절한 친밀감이 있는가? 만약 그렇다면 이것은 치유하는데 걸림돌이 될 것이다.

나는 온 마음을 다하여 그의 아버지를 사랑했던 조라는 청년을 상담한 적이 있다. 그는 말 그대로 아버지의 가장 친한 친구였으며, 아버지의 유일한 친구였다. 그의 아버지는 다른 남자들과 거의 어울리지 못했으며, 조는 그런 아버지의 안녕에 대해 책임감을 느꼈다. 왜냐하면 조는 아버지와의 건강하지 못한 동맹으로부터 벗어나는 힘이 부족했기 때문이다.

SSA 자녀가 있는 부부는 이성 부모가 나서지 말고 동성 부모가 역할을 해야 함을 꼭 기억해야 한다. (이 부분은 9단계에서 더 자세히 다루겠다). 물론 이렇게 하는 것이 어려울 수도 있지만 필수적인 변화를 위해서 시도해 볼만한 가치가 있다. 엄마는 아들과 아버지 사이의 다리 역할을 맡을 수 있다. 엄마는 아들이 애정과 관심을 받으러 아빠에게 가도록 도와주라. 아빠는 딸이 애정과 관심을 받으러 엄마에게 가도록 도와주라. 양쪽 부모는 사랑의 질서를 바로잡기 위해서 서로 협력할 필요가 있다.

건강한 부모 – 자녀 유대감 형성

당신이 사랑하는 자녀가 발달하면서 무엇을 필요로 하는지 파악하기 위해 아래에 먼저 남성 유대감 형성에 대한 모델이 나오고, 그 다음 여성 유대감 형성에 대한 모델이 나온다. 이것은 각 발달 단계에서 필수적인 특정 활동을 보여준다. 이를 통해 당신 자녀와의 관계를 되짚어보고 재정립 해보길 바란다.

남성 발달의 단계

1단계: 유대감 형성 (출생~1년 6개월)

1. 부모가 아기를 안아준다.
2. 부모가 그의 눈을 바라본다.
3. 부모가 자신의 심장박동을 느낄 수 있도록 아기의 머리를 가슴에 품는다.
4. 그의 피부를 따스하게 어루만져준다.
5. 그에게 뽀뽀를 해준다.

2 단계: 분리/개별화/구별 (1년 6개월~3세)

1. 부모가 아기를 안아준다. 아들이 그들의 품 안에서 안정감을 느낀다. 이는 유대감과 안정적인 애착감을 형성한다.
2. 부모가 그의 눈을 바라본다.
3. 건강한 방식으로 그를 어루만지고 뽀뽀해준다.
4. 아버지와 아들이 함께 목욕을 한다.

5. 아버지가 아들과 놀아준다. 가볍게 공중으로 던져주고, 약간 거친 놀이, 말 태워주기.

6. 경계선 설정: 부모는 안전을 위해 적절한 경계선을 설정하고 그가 탐색(기어 다니기 및 걸어가기) 할 수 있도록 해준다.

7. 자녀가 부모의 통제를 받아들이지만 분리하고 개별화할 정도로 자신의 힘을 느끼기도 한다. (부모의 욕구를 "보살피지" 않아도 된다.)

8. 아버지가 아들이 화내는 것을 허용한다. (예를 들어, 엄마에 대한 분노를 들어주고, 모자 관계의 마찰을 완화하는데 도움을 준다).

3단계: 사회화 (3세~6세)

1. 아버지와 아들이 게임, 스포츠, 거친 놀이, 씨름을 한다.

2. 양쪽 부모가 그의 안정적인 애착을 강화시켜주면서 그를 안아주고 뽀뽀해준다.

3. 아버지가 감정을 건강하게 표현하는 법을 본보기로 보여주며, 아들이 감정을 조절하는 법, 건강한 방식으로 감정을 표현하는 법 그리고 다른 사람에게 그 감정을 투사하지 않도록 가르쳐준다.

4. 아버지와 아들이 함께 샤워를 한다. 그래서 아들이 소년으로서 편안함을 느끼며, 그의 아빠와 "벌거벗은 상태에서 수치심을 느끼지 않고", 그의 몸에 대해 편안함을 느낀다. 그들은 함께 소변도 본다. 그래야 나중에 소년은 다른 소년들 앞에서 소변 보는 것을 부끄러워하지 않을 것이다.

5. 이 나이대의 소년은 흔히 엄마와 사랑에 빠져 있다 (오이디푸스 단계).

아빠는 엄마를 사랑할 필요가 있으며, 건강한 남편과 아내의 사랑과 친밀감을 본보기로 보여줌으로써 그의 아들이 적대적인 감정을 헤쳐 나가도록 도와줄 필요가 있다.

6. 소년은 그의 성별 정체성에 대해 자신감을 느끼기 위해 다른 소년들과 놀 필요가 있다.

4 단계: 사춘기 전 (6세~12세 또는 13세)

1. 부모와 아들 간 건강한 접촉: 안아주기, 어깨를 감싸주기, 포옹하기, 손잡기, 뽀뽀하기.

2. 아들이 신체적, 정서적 변화 때문에 불편함을 느끼기 전까지 아버지와 아들이 함께 샤워를 한다. (사춘기 시작)

3. 아버지와 아들이 계속해서 게임, 스포츠, 거친 놀이 그리고 씨름을 한다.

4. 동성-사회적 유대감 형성: 소년이 스포츠, 게임, 재미, 거친 놀이를 통하여 동성 또래들과 유대감을 형성한다.

5. 아들이 그의 아버지와 동성 또래 앞에서 편안함을 느낀다.

6. 아버지는 아들을 멘토링 하는 가족의 영적 지도자이다.

5 단계: 사춘기 (12세 또는 13세~21세)

1. 아들이 아버지의 남성성을 내면화한다.

2. 그는 또한 동성 또래 우정을 내면화한다.

3. 그는 남성다움을 느낀다. "나는 소속감이 있다."

4. 그는 이성에게 관심이 생긴다.

5. 엄마가 아들의 남성성을 인정하고 그의 여성 멘토가 되어준다.

6. 여형제와 이모, 할머니가 적절한 여성적인 사랑과 애정을 보여줌으로써 아들의 남성성을 격려한다.

7. 아빠와 엄마가 건강한 남성-여성 관계를 본보기로 보여준다.

8. 그는 여자와 연애를 하며, 여성성을 존중하고, 이성에 대해 더 배운다.

9. 그의 남성성은 코치, 선생님, 목사님 같은 다른 남성 역할 모델을 통하여 인정받는다.

10. 그는 자신의 성별 정체성을 발견하고 더 명확히 한다. 남자들 중에서도 남자요, 여자 앞에서도 남자임을 인식한다.

11. 그는 가족으로부터 독립하고, 자신의 정체성과 의견 그리고 세계관을 확립한다.

6 단계: 성인기 (21세~노년기)

1. 배우자를 찾는다.

2. 상호 의존: 스스로 자립하지만 필요할 때는 손을 내민다. 자신을 믿고 타인을 신뢰한다.

3. 자신의 가족을 형성한다.

4. 그의 아내를 사랑한다.

5. 그의 자녀를 사랑한다.

6. 적극적으로 목표와 꿈을 추구함으로 인생에서 그의 목적과 사명을 충족한다.

7. 좋은 친구들을 둔다:

  a. 부부: 가족으로서 공유된 활동.

  b. 친척: 가족으로서 공유된 활동.

  c. 남자 친구들: 상호 유대감 형성 및 활동.

8. 타인에게 되돌려준다 (지역사회, 나라, 세계). 다른 남자들을 멘토링 한다.

9. 성숙: 부모와 친인척과 성인(아이가 아닌)으로서 관계를 맺는다.

여성 발달의 단계

1 단계: 유대감 형성 (출생~1년 6개월)

1. 어머니와 아버지가 아기를 안아준다.

2. 부모가 그녀의 눈을 바라본다.

3. 부모가 자신의 심장박동을 느낄 수 있도록 아기의 머리를 가슴에 품는다.

4. 그녀의 피부를 따스하게 어루만져준다.

5. 그녀에게 뽀뽀를 해준다.

2 단계: 분리/개별화/구별 (1년 6개월~3세)

1. 어머니와 아버지가 아기를 안아준다. 딸이 그들의 품 안에서 안정감을 느낀다. 이는 유대감과 안정적인 애착감을 형성한다.

2. 부모가 그녀의 눈을 바라본다.

3. 부모가 건강한 방식으로 그녀를 어루만지고 뽀뽀해준다.

4. 어머니와 딸이 함께 목욕을 한다.

5. 어머니가 적절한 여성적 활동에 참여하면서 딸과 시간을 보내준다.

6. 경계선 설정: 부모는 안전을 위하여 적절한 경계선을 설정하고 그녀가 탐색(기어 다니기 및 걸어가기) 하도록 해준다.

7. 자녀가 부모의 통제를 받아들이지만 분리하고 개별화할 정도로 자신의 힘을 느끼기도 한다. (부모의 욕구를 "보살피지" 않아도 된다.)

8. 어머니는 건강한 여성성과 아내와 어머니로써의 기쁨을 본보기로 보여준다.

3 단계: 사회화 (3세~6세)

1. 어머니는 건강하고 적절한 여성적 놀이를 격려하면서 계속해서 딸의 여성성을 강화한다.

2. 양쪽 부모가 그녀의 안정적인 애착을 강화시켜주면서 그녀를 안아주고 뽀뽀해준다.

3. 어머니가 감정을 건강하게 표현하는 법을 본보기로 보여주며, 딸이 감정을 조절하는 법, 건강한 방식으로 감정을 표현하는 법 그리고 다른 사람에게 그 감정을 투사하지 않도록 가르쳐준다.

4. 어머니와 딸이 함께 샤워를 한다. 그래서 딸이 "벌거벗은 상태에서 수치심을 느끼지 않고,"편안함을 느낀다.

5. 이 나이 대에 딸은 흔히 아빠와 사랑에 빠져 있다 (엘렉트라 콤플렉스). 엄마는 아빠를 사랑할 필요가 있으며, 건강한 남편과 아내의 사랑과 친밀감을 본보기로 보여줌으로써 딸이 이러한 감정을 헤쳐 나가도록 도와줄 필요가 있다.

6. 소녀는 그의 성별 정체성에 대해 자신감을 느끼기 위해 다른 소녀들과 놀 필요가 있다.

4 단계: 사춘기 전 (6세~12세 또는 13세)

1. 부모와 딸 간 건강한 접촉: 안아주기, 어깨를 감싸주기, 포옹하기, 손잡기, 뽀뽀하기.
2. 딸이 신체적, 정서적 변화 때문에 불편함을 느끼기 전까지 어머니와 딸이 함께 샤워를 한다. (신체적인 변화를 거침)
3. 어머니와 딸이 여성적인 활동에 참여하면서 함께 논다.
4. 동성-사회적 유대감 형성: 딸이 놀이, 게임 등을 통하여 다른 소녀들과 유대감을 형성한다.
5. 딸이 엄마와 다른 소녀들 앞에서 편안함을 느낀다.
6. 아버지는 딸을 멘토링 하는 가족의 영적 지도자이다.

5 단계: 사춘기 (12세 또는 13세~21세)

1. 딸이 어머니의 여성성을 내면화한다.
2. 그녀는 동성 또래 우정을 내면화한다.
3. 그녀는 여성스러움을 느낀다. "나는 소속감이 있다."
4. 그녀는 이성에게 관심이 생긴다.
5. 아버지가 딸의 여성성을 인정하고 그녀의 남성 멘토가 되어준다.
6. 형제와 삼촌, 할아버지가 적절한 남성적인 사랑과 애정을 보여줌으로써 딸의 여성성을 격려한다.

7. 아빠와 엄마가 건강한 남성-여성 관계를 본보기로 보여준다.

8. 그녀는 남자와 연애를 하며, 남성성을 존중하고, 이성에 대해 더 배운다.

9. 그녀의 여성성은 코치, 선생님, 목사님과 같은 다른 여성 역할 모델을 통하여 인정받는다.

10. 그녀는 자신의 성별 정체성을 발견하고 명확히 한다. 여자들 중에서도 여자요, 남자 앞에서도 여자임을 인식한다.

11. 그녀는 가족으로부터 독립하고, 자신의 정체성과 의견 그리고 세계관을 확립한다.

6 단계: 성인기 (21세~노년기)

1. 배우자를 찾는다.

2. 상호 의존: 스스로 자립하지만 필요할 때는 손을 내민다. 자신을 믿고 타인을 신뢰한다.

3. 자신의 가족을 형성한다.

4. 그녀의 남편을 사랑한다.

5. 그녀의 자녀를 사랑한다.

6. 적극적으로 목표와 꿈을 추구함으로 인생에서 그녀의 목적과 사명을 충족한다.

7. 좋은 친구들을 둔다:

   a. 부부: 가족으로서 공유된 활동.

   b. 친척: 가족으로서 공유된 활동.

   c. 여자 친구들: 상호 유대감 형성 및 활동.

8. 타인에게 되돌려준다 (지역사회, 나라, 세계). 다른 여자들을 멘토링 한다.

9. 성숙: 부모와 친인척과 성인(아이가 아닌)으로서 관계를 맺는다.

당신의 자녀가 어리다면 위의 정보를 자녀를 건강하게 양육하기 위한 로드맵으로 사용할 수 있다. 그리고 자녀가 이미 어른이 되었다면 혹시 놓쳤던 발달상의 과업은 없는지 파악하는데도 위의 자료가 도움이 될 것이다. 그리고 어렸을 때 채워주지 못한 욕구를 현재 충족시켜 줄 수 없을지라도 평안을 가지라. 그들을 축복하도록 다른 남녀들을 보내달라고 하나님께 간구하라.

아빠들이여, 쑥쑥 커가는 당신의 아들에게 더 많은 관심을 기울이고, 그와 돈독한 유대감을 얻기 위해 집 밖에서 보내는 시간을 줄여보고 싶지 않은가? 엄마들이여, 딸과의 깊은 친밀감을 갖기 위해 밖에서 일하는 시간을 줄여보는 것은 어떠한가? 아이들은 훌륭한 유산이다. 그들과 시간을 보내는 것이 우리가 일평생 동안 하는 일 중에 가장 좋은 일이 될 것이다.

한 부부의 여정

아내와 나는 루터교 목사다. 우리는 아들이 동성에 매력을 느낀다는 고백을 듣고서 2주일 동안 많이 비통해하고 눈물을 흘렸다. 그리고서 동성애에 관한 리처드의 발표회에 참석했다. 비록 우리 부부는 사람이 동성애적 성향을 갖고 태어날 수 있다고 믿고 있었지만, 우리 아들은 정말 그렇지 않기를 바랐다. 왜냐하면 아들이 다른 성적 취향을 가지고 태어났다면 그가 견뎌야 할 잠재적 핍박과 고통이 매우 심할 것이기 때문이다. 하지만 우리는 성경에 대한 우리의 믿음과 이 문제를 어떻게 조화시킬 수 없음을 자녀들 중 어느 누구에게도 말하지 못했다.

우리는 리처드가 동성애에 관해 이야기하는 것을 들으러 갔다. 우리 부부는 "분위기가 너무 이상해지면" 떠나려고 뒷좌석 근처에 앉았다. 원치 않는 동성 매력 장애로 인해 30년 동안 씨름했던 일에 대한 그의 열정적 간증은 우리 온 마음과 정신을 감동시켰다. 리처드가 서두에서 "동성매력 장애를 갖고 태어난 사람은 아무도 없으며, 사람은 변할 수 있다"고 말했을 때 우리 부부는 몹시 당혹스러웠지만, 우리가 가족으로서 아들과 딸을 키우는 동안 경험했던 부분을 많이 이해하게 되었다. 우리는 그 회관을 떠나면서 아무 말도 하지 못했다.

우리는 그날 밤 "이성애자로 커밍아웃하기" 라는 책을 구매하고 집으로 와서 이 급진적이고도 새로운 배움을 망설이면서 아들과 나누었다. 그러자 아들은 우리가 이 접근법에 관심을 갖는 것에 대하여 격분했다. 또한 우리가 새로운 방향을 고려하는 것에 대해서도 상당히 화를 냈다. 하지만 감사하게도 그는 이 모든 일에 귀를 기울일 의향이 있었다.

아내와 나는 책을 읽으며 그 내용이 우리 가족이 처한 현실이 거의 비슷함을 발견했다. 그동안 우리는 눈이 멀어 있었다. 우리 모두는 "그런 식으로 태어났으며 변할 수 없다"는 신화를 진심으로 믿어버린 것이다. 우리 부부는 사실상 이 잘못된 신화가 우리 신학교 교육과 신학적 기초에 침투해 들어왔음을 깨달았다. 이러한 새로운 생각이 그 신화에 도전장을 던졌다. 또한 성경 말씀을 정확하게 이해하도록 돕는 다정한 진리를 발견하기도 했다. 우리는 하나님이 무지와 회피의 하나님이 아닌 사랑과 가능성의 하나님임을 확실히 알았다. 우리는 우리가 성경 말씀과 타협할 수 없다는 진실을 직면하는 것을 회피했지만 또한 교만한 판단이나 수치심이 아닌 사랑이 해답임을 알기도 했다. 우리는 동성애를 죄라고 부르며 "기도로 쫓아낼 수 있다"고 말한 특정 단체와 교회 그리고 교파에 불편함을 느껴왔다. 그것도 별로 옳지 않음을 알았다.

비록 우리 아들은 우리가 180도 입장을 바꾸어서 매우 화가 나 있었지만, 그 책을 읽을 의향이 있었으며, 그가 읽은 내용 중에 일부분에서 의미를 찾고 있었음을 알게 되었다. 그 책에는 SSA를 야기하는 10가지 잠재적인 변수가 나오는데 우리는 그 중에 8가지와 공감할 수 있었다. 우리는 리처드와 가족 치유 시간을 갖기 위해 워싱턴 DC로 가기로 결정했다. 우리 부부는 아들이 이 시간에 함께 참석하겠다고 해서 너무도 감사했다.

그것은 우리 삶에서 가장 놀라운 경험 중에 하나였다. 우리가 항상 열렬한 사랑으로 서로를 보살펴왔지만 우리는 가족 치료를 통해 남편과 아내로서, 그리고 목사와 목사로서 우리 부부 관계의 역학 관계가 우리 자녀들에게 엄청난 영향을 미쳤음을 깨달았다. 특히 이것이 우리 아들의 동성 매력 장애에 기여했다. 더 나아가 우리의 몇몇 상처와 어린 시절에 채워지지 못한 욕구를 파헤쳐 발굴했으며, 이러한 것들이 어떻게 우리 아들이 나에게서 분리되어서 그의 어머니에게 과잉 애착을 갖게 만드는데 영향을 미쳤는지를 보기 시작했다.

나는 내 아버지와 거리감이 있는 관계를 맺었다는 사실을 받아들이기 시작했다. 그로 인하여 나는 거리를 두는 성향이 있거나 정서적으로 이야기를 나눌 수 없었다. 그것이 내가 아이로서, 그리고 나중에 어른으로서

선호하는 대처 방식이었다. 내 아내는 자신이 오래 동안 전해져 내려오는 여자 가장의 혈통으로부터 내려왔으며, 어떤 경우에는 이 전통 안에서 남자들이 미묘하게 정서적으로 거세되었음을 깨달았다. 그녀도 또한 아이로서 방치와 거절 문제를 경험했다. 이는 그녀로 하여금 욕구가 결핍된 성인이 되게 만들었다. 그녀는 우리 아들이 그러한 몇몇 욕구를 채워주기를 무심코 기대했다는 것을 깨달았다. 가족 치료는 우리에게 몇 가지 맹점을 드러냈으며, 우리가 결코 상상도 할 수 없던 방식으로 우리 삶을 변화시켰다.

비록 처음에는 힘들었지만 내 아내는 우리 가족 일에 관해서는 뒤로 물러나주었다. 그녀는 때때로 저녁식사 시간에 침묵을 지키며, 아들과 내가 이전에 했던 적이 없는 방식으로 대화를 나누도록 해주었다. 나는 정서적으로 이야기를 나누는데 집중하기 시작했다. 나는 적극적인 경청을 연습했고, 반응하지 않으려 하며, 오히려 아들의 말을 다른 말로 바꾸어 표현하며 질문으로 반응했다. 나는 항상 옳은 것보다 아들과 관계를 맺는 게 나에게 더 중요하다는 것을 깨달았다.

내 자신의 마음과 자기 보살핌이 치유 과정에서 다른 무엇보다도 가장 중요했다. 나는 자라나면서 건강하지 못한 방식으로 자녀 양육을 받았다. 이제 내 자신의 내면적 아이와 접촉하고 있으며, 그는 나에게 중요한 교훈을 가르쳐주고 있다. 나는 하나님께서 창조하신 남자가 되는 과정을 더 완전히 기념하는 법을 배우고 있다. 나의 아내도 하나님께서 창조하신 여자가 되는 것을 뚜렷이 의식하고 있다. 우리는 우리 아들이 그의 동성 매력 장애를 나누는데 보여주었던 허세가 우리 가족이 치유와 온전함을 향한 과정을 시작하는데 필요한 탈출구이었음을 깨달았다.

우리는 마침내 서로 진지해졌으며, 그렇게 하여 아들이 그의 어린 시절의 상처와 채워지지 않은 욕구를 표현하도록 도와주었다. 아들은 그의 지옥을 우리와 나누기 시작했다. 그는 집단 따돌림과 비난당하는 것이 어떤 기분이었는지를 우리에게 알려주었다. 우리는 그에게 민감한 영혼이 있었다는 것을 알았으며, 우리 자녀들 둘 다 가족 내에서 남성과 여성의 성 역할에 대해 혼란스러워하고 있었음을 알았다. 내 아내와 나는 이제 우리 과거의 잘못에 대한 책임을 지고 있으며, 우리 가족은 치유되고 있다.

우리 가족 치료 계획의 일부로 나는 일주일 동안 여러 번 아들을 안아주었다. 대부분의 경우에 그는 내 면전에 있거나 내 품안에 있기를 원치 않으면서 그저 앉아 있었다. 하지만 나는 그의 마음을 얻기로 결심했다! 솔직히 말해서 정말로 힘들었다. 그리고 그 과정에서 여러 번 차질이 있었다. 1년 동안 이렇게 했는데 그는 남자친구를 찾았다. 그래서 나는 이렇게 생각했다. 음, 이건 효과가 없군. 그래서 내 아들을 안아주는 것을 포기했다.

포기한지 1주일이 되자 그가 나에게 와서 "아빠, 아빠가 나를 포기하고 안아주는 것을 그만 두어서 너무나 상처를 받았어요"라고 말했다. 나는 충격을 받았다. 겸손해졌다. 그리고 무슨 일이 있어도 이번에는 포기하지 않으리라 결심했다. 그래서 우리는 매주 안아주기를 재개했다. 비록 그에게 남자친구가 있더라도 나는 그의 마음을 다시 얻기 위해 열심히 노력했다. 이윽고, 그 남자친구와의 관계는 실제로 끊어져 버렸다.

우리 아들은 고등학교를 졸업하고 전문 극단에 훈련을 받으러 갔다. 그는 "게이"세계에 몸담고 있었지만 극도로 불행했다. 그러다가 기적이 일어났다. 그는 어떤 교회의 훌륭한 남녀들로 구성된 모임에서 만남을 갖게 되었다. 그들은 엄청난 사랑과 인정으로 그를 에워쌌다. 그들은 아들이 다른 청년부원들과 함께 어떤 집으로 이사 들어가도록 초대를 했다. 그래서 아들은 실제로 이사를 들어갔다. 그가 평생 동안 결코 경험하지 못했던 동성 또래의 인정과 관심을 받으면서 그의 마음을 둘러싸고 있던 벽이 점점 더 녹아내리는 것을 우리는 보았다. 우리 아들은 살아나고 있었다. 실제로 그는 꽃처럼 피어나고 있었고, 그의 믿음은 수년 만에 처음으로 다시 불붙었다.

이제 아들은 그의 동성매력장애를 치료하기로 결심했다. 본인이 우리와 자기 자신에게 있는 남은 문제를 해결하기 위해서 또 한번 가족 치료 시간을 요청했다. 최근에 그는 우리 집에 방문해서 새로 발견한 믿음과 친한 친구들과 갖게 된 자유에 대해 나누고 있다. 심지어 교인들 앞에 서서 그의 변화에 대한 간증을 나누기도 했다. 이 새로운 현실은 측량할 수 없을 정도로 큰 축복이다.

우리는 동성애 신화에 대하여, 그리고 이것이 얼마나 많은 삶을 망치고, 어떻게 많은 사람들의 진정한 인간성을 빼앗아 가는지에 대하여 우리 분노의 감정을 여전히 처리하고 있다. 우리는 그 분노의 일부를 다른 사람들에게 변화가 가능하다는 것을 깨닫도록 돕는데 쏟아 부을 수 있다는데 감사하고 있다. 아내와 나는 우리가 새로 배운 것을 받아들이려 애쓰고 있으며, 그 동성애 신화가 어떻게 우리 가족과 우리 신학 교육, 그리고 우리 교회 가족에 영향을 미쳤는지를 되돌아보고 있다. 우리에게는 희망이 있다. 우리 가족은 이제 새로 발견한 기쁨과 치유, 그리고 온전함을 경험하고 있다. 그래서 하나님께 감사드린다.

제9단계

이성 부모여, 두 발짝 뒤로 물러서라

부모와 자녀 관계는 세상을 다스리는 핵심적인 관계이다. 만약 그 관계가 건강하고 확고하다면, 건강한 남녀들을 얻게 된다. 하지만 그 관계가 깨지고 해체되면, 상처 받은 세상을 얻게 된다. 앞서 SSA를 겪고 있는 사랑하는 자녀와 확고한 관계를 회복하려 할 때, 이성 부모는 자녀에게 적극적으로 개입하기 보다는 뒤로 물러서야 함을 설명했다. 반대로 동성 부모는 그 아들이나 딸에게 더 관여해야 한다. 이러한 개념을 가족에게 어떻게 적용할 수 있는지를 자세히 살펴보자.

엄마들이여, 당신의 아들이 자신에 대해 아버지와 더 이야기 나눌 수 있도록 도와주라. 이것이 당신이 할 수 있는 최선의 일이다. 당신의 아들에게 아빠가 그의 삶에 더 관여할 의사가 있으며, 당신도 그렇게 할 것을 격려한다고 설명하며 시작하라. 당신은 아들과 아빠 사이에 다리를 놓음으로 새로운 사랑의 동맹을 결성할 수 있다.

처음에는 엄마와 아들 사이에 형성된 확고한 관계가 어떤 식으로든 위협 받을 것이라는 생각에 아들이 두려워할지도 모른다. 어쩌면 엄마의 이런 제안이 자신을 버리는 것으로 느껴질 수도 있다. 그렇기에 당신은 아들을 안심시키면서 아버지와의 관계를 주선해 주어야 한다. 당신은 여전히 그를 사랑하고 있으며, 아들이 최선을 다해 주길 원한다고 알리라. 그의 눈을 바라보며 그의 손을 붙잡고 부드러운 말로 아들에게 권해보라. 이런 말을 하는 것이 좋을 것이다. "아들아, 아버지와 가깝게 지내는 일이 너에게 필요하단다. 물론 쉽지 않을 거야. 하지만 아버지에게 네 마음을 꼭 한 번 열어보렴."

그리고서 이런 마법과 같은 말을 덧붙이는 것도 좋을 것이다. "애야, 제발 나를 위해서 그렇게 해주렴." 이 말은 아주 강력하게 작용할 것이다. 모든 자녀들은 나이와 상관없이 부모를 기쁘게 해드리고 싶어 한다. 이것은 우리 모두가 지닌 본능이다. 왜냐하면 자녀는 부모의 사랑을 필요로 하기 때문이다. 아들이 아빠와 함께할 수 있도록 돕기 위해 무슨 일이든지 하라. 안 그러면, 아들은 남은 일생을 다른 남자들의 품 안에서 아버지의 사랑을 찾으며 보낼지도 모른다. SSA를 겪는 딸에게도 동일한 내용을 적용하라. 아빠들이여, 당신은 뒤로 물러나고 딸을 엄마에게 인도하라.

아들과 이런 노력을 하면서 남편도 지원해주라. 남편이 아들의 세계에 더 참여하도록 격려하라. 하지만 강요하거나 잔소리를 하거나 회유하지는 말라. 그러면 남편은 자신이 철없는 어린 소년 취급을 당한다고 느낄 테고, 당신을 통제하는 어머니처럼 볼 것이다. 이때에 필요한 것이 여성의 타고 난 지혜다. 당신의 좋은 생각이 남편 자신의 생각이라는 느낌이 들도록 만들라. '나의 그리스식 웨딩'이라는 영화에 나오는 어머니의 말처럼 말이다. "남자들이 몸의 머리일지는 몰라도 여자들은 목이다!" 다시 한 번 말하지만, 아빠들이여, 당신의 아내가 딸과 더 가깝게 지내도록 부드럽게 격려해주라.

인터넷으로 우리 수업을 듣던 어머니 한 분이 자신이 서야 할 새로운 위치를 이해하고 이렇게 말했다. "내 위치는 모든 일을 책임지는 기장이 아니라 그를 돕는 부조종사임을 이제 알겠네요." 이것이 가족을 새로운 방향으로 이끌고 가려는 부모들의 적절한 비유일 것이다.

마른 우물에서는 물을 얻을 수 없다

몇 년 전 내가 상담했던 한 부부는 믿음이 확고하며, 마음을 다해 네 명의 자녀를 사랑으로 기른 분들이었다. 나는 그 아버지가 그의 SSA 아들에게 더 가까이 다가갈 수 있는 방법을 제안했다. 그는 다정한 아버지였지만, 그렇다고 감성적인 남자는 아니었다. 그래서 아들이 자신에게 가까이 다가오도록 하는데 필요한 노력을 거부했다. 그의 아들은 여전히 15년 연상의 남자와 관계를 맺고 있다. 나는 현장에서 이런 상황을 자주 보아왔다. 아들은 아버지와 마음 따뜻한 이야기를 하고 싶어 한다. 하지만 아버지와 그런 대화가 불가능하다면 그 역할을 대신 채워줄 사람, 즉 자신을 사랑하며 보살펴줄 나이 많고 강한 멘토를 찾게 되는 것이다.

그의 아내는 남편이 아들을 향한 노력을 하지 않자 너무 불만스러워서 어느 날 남편에게 이렇게 소리 질렀다. "만약 아들이 에이즈에 걸려서 죽으면, 당신에게도 분명 책임이 있어요!" 정말 직설적인 말이다. 나는 수많은 아내들이 남편 때문에 속상해 하는 것을 들었다. 아들과 안정적인 애착관계를 형성하기 위해서 노력해주면 좋은데 그렇지 못한 것에 대해 아주 불안해하고 있었다. 나의 겸손한 제안은 이것이다. 아내들이여, 마른 우물에서 물을 얻으려 애쓰지 말라.

만약 아버지에게 자신을 표현할 정서적 역량이 있었다면, 진작부터 그렇게 했을 것이다. 나는 두 가지를 제안한다. 첫째로 당신의 SSA 자녀와의 관계에서 공백을 만들기 위해 뒤로 물러나라. 만일 세 사람이 같이 있을 때라면, 당신은 말을 많이 하지 말라. 당신의 침묵은 남편이나 아들로 하여금 대화를 시작하게 만들어줄 것이다. 만일 그렇게 되고 있다면, 제발 방해하지 마시길!

둘째, 당신의 남편이 아들에게 손을 내밀 수 없다면, 아들에게 사랑스런 언어로 말할 수 있는 다른 남자를 찾아보라. 예를 들면 삼촌, 할아버지, 사촌형, 또는 교회의 남자 성도들도 좋다. 잘 모르겠다면 목사님을 찾아가 당신의 아들을 위해 믿을 만한 남성 역할 모델을 찾아달라고 부탁드리는 것도 좋을 것이다.

나 자신도 나를 멘토링 해준 남자를 찾기까지 많은 시간과 노력이 필요했다. 나의 아버지는 내가 필요로 하는 것을 줄만한 여력이 없었다. 그래서 남자들에게 내가 필요로 하는 것을 적극적으로 알리고 말해야 했다. 나를 진정으로 사랑하는 세 명의 남자들을 찾기 전까지 15번 이상 거절을 당했다. 그들이 없었다면 오늘날 나는 살아있지도 못했을 것이다. 당신 자녀를 살리려면 반드시 이런 멘토를 찾아야 한다. 당신의 자녀를 위한 다정하고 지원을 아끼지 않는 멘토를 찾으라(12단계 참조).

자녀의 성 정체성을 인정하라

동성 부모와 자녀와의 유대감을 강화해나가면서 격려를 잊지 말아야 한다. 엄마들이여, 아들에게 박수를 쳐주라. 그가 얼마나 남성적이고 강인한

지를 알려주라. 아빠들이여, 딸들을 칭찬하라. 그녀가 얼마나 아름답고 사랑스러우며 여성스러운지를 알려주라. 자녀를 향한 여러분의 진심 어린 칭찬은 많으면 많을수록 좋다. 그 대상이 어린 자녀든 다 자란 자녀든 상관없이 말이다.

부모가 서로를 존중하며 이야기하는 것도 중요하다. 엄마들이여, 아들 앞에서 아빠에 대하여 비난하는 말을 하지 말라. 오히려 당신의 남편을 인정하라. 아빠들이여, 딸 앞에서 엄마를 모욕하거나 조롱하지 말라. 대신에 당신의 아내에 대해 늘 사랑스럽게 말하라. 엄마들은 건강한 남자들을 만드는데 매우 중요하며, 그 만큼 아빠들도 건강한 여자들을 만드는데 아주 중요하다.

우리 모두는 이성 부모로부터 성적 긍정을 체험해야 한다. 이것은 심리성적 그리고 심리사회적 발달 과정, 특히 사춘기 시절에 매우 중요하다. 하지만 그 시기를 놓쳤더라도 절망하지 말라. 왜냐하면 지금부터라도 자녀가 부모의 긍정적인 말을 들으면 되기 때문이다. 그리고 자녀에게서 정서적 지원을 받으려고 의지했었다면, 이제 그와 진지한 대화를 나눌 때가 되었다. 당신은 이제 이런 메시지를 주어야 한다. "아들아, 너는 나를 보살필 책임이 없어." 당신의 자녀를 자유롭게 하여 자기 자신을 위해 살게 하라. 우리는 자녀들을 보살피기 위해서 여기 있다. 하지만 그들은 보살피는 사람이 실제로 누구인지를 오해했을 수도 있다.

어느 어머니의 이야기

어느 날 우리 부부는 담임 목사님의 사무실로 초대를 받았어요. 그곳에서 아들 앤디가 20년 동안 출석해온 교회에서 어떤 어려움을 겪고 있었는 지를 알게 되었어요. 앤디는 오랜 기간 목사님과 성경 공부를 해왔어요. 그들은 함께 성경을 암송했고, 강한 우정을 유지해왔죠. 그런데 언제부터 인가 앤디의 예배 출석률은 줄어들었고, 지금은 성경 공부에도 참석하지 않고 있다는 사실을 알게 되었어요. 그는 목사님과 교회 전체에 대해 화가 난 것 같았어요.

그 날 목사님에게서 들은 소식은 우리를 무척 당황케 만들었으며, 큰 혼란을 주었죠. 우리는 앤디가 어떤 청년과 동성애적 관계를 맺고 있음을 알게 되었어요. 목사님은 앤디를 도와주려고 노력했으며, 그가 14살 때 청년부 리더인 아담의 집에서 겪었던 학대에 대해 말해보라고 하셨어요. 목사님은 앤디에게 왜 그 사건에 대해 그동안 얘기하지 않았냐고 물으셨어요. 그러자 앤디는 그 사건을 우리와 논의하지 못하도록 하는 어떤 속박된 상태에 있었다고 말했어요. 목사님은 현재 소방관인 앤디를 보고 그 청년부 리더를 만나보라고 했지만 그는 그렇게 할 용기가 없었어요.

그래서 제 남편이 목사님 사무실에서 아담을 만났어요. 하지만 그 일은 그가 지금껏 한 일 중에 가장 힘든 일이었다고 해요. 사실 아담은 지난 15년 동안 남편의 가장 친한 친구였어요. 이렇게 폭로된 사실로 인한 충격은 1년 이상 지속되었어요. 그동안 우리는 실수도 많이 했지만 제대로 된 일을 하기도 했어요. 그것은 우리와 함께 이야기를 나누며 기도할 수 있는 지원 팀을 만든 일입니다. 목사님은 우리와 40일 동안 금식하며 기도해주셨어요. 그는 우리가 힘겨운 날을 견딜 수 있도록 도와주기 위해, 그리고 나눔을 갖기 위해 우리 집에 자주 들러주셨어요.

우리 부부는 SSA와 성적 학대에 대해 배울 수 있는 것은 무엇이든지 배웠어요. 우리는 우리에게 도움이 된 Love Won Out 컨퍼런스(역자주-포커스 온 더 패밀리에서 시작된 반동성애 사역)에 참석하기도 했어요. 하지만 우리 가족과 우리 자신을 위한 지원도 필요로 했죠. 그래서 두 명의 심리 치료사와 상담을 받았고 그들을 통해 "이성애자로 카밍아웃하기"라는 책을 알게 되었어요. 우리 부부는 그 책을 통해 큰 도움을 받을 수 있어서 감사했어요. 우리는 처음으로 의문에 대한 해답을 얻었고, 아들이 겪은 사건에 대해 더 깊이 이해하게 되었으며, 그 일이 어떻게 아들을 탈선하게 만들었는지를 이해하게 되었어요. 그 이후로 우리는 자신이나 서로를 탓하던 것을 멈추고, 그 문제를 해결하기 위해 노력하기 시작했어요.

가장 유용한 경험 중의 하나는 부모의 화상회의 수업을 듣는 것이었어요. 우리도 처음에는 이것이 효과가 있을까 의심이 들었지만, 결국 리처드에게 상담을 요청하게 되었어요. 사실 남편은 자칭 "동성애 혐오자"였어요. 아들을 사랑했던 만큼 그를 있는 그대로 받아들일 수 없다고 생각했죠. 남편은 앤디와 그의 친구들과 시간을 보내는 것을 몹시 불편하게 생각했어요. 그는 종종 너무 낙심되어 우울증에 시달리기도 했죠.

나는 첫 번째 상담 시간을 가진 뒤 남편의 마음이 바뀐 것에 대해 깜짝 놀랐어요. 우리는 많은 부분에서 도움을 받았는데, 주로 앤디와의 의사소통 부분에서 도움을 많이 받았어요. 아들의 말에 귀를 기울이고 그에게 질문하는 것이 중요하다는 것을 배우게 되었어요. 우리는 과제의 일부로 우리 가족을 위한 치유 계획을 써보았어요. 저에게는 날마다 앤디를 위해 기도하는 기도 파트너가 있어요. 저는 그러한 친구들과 가족들에게 우리의 경험을 나눌 필요가 있음을 배웠어요. 이제 우리는 남편과 앤디가 강한 부자 간 유대감을 형성하도록 기도하며 돕고 있어요. 그들은 이번 8월에 볼티모어에서 열리는 아버지와 아들 치유 세미나에 갈 계획입니다.

앤디는 아빠와의 포옹을 즐기게 되었어요. 남편은 자신의 사랑을 말로 표현하는 법을 배우고 있고요. 앤디는 다시 성경구절을 암송하고 있어요. 아들은 저와 함께 기도하자고 부탁하곤 합니다. 아들은 종종 피아노로 찬송가를 연주하기도 합니다. 우리는 아들이 SSA로부터 해방된 온전한 모습을 계속해서 마음속으로 그립니다. 아직도 가야 할 길은 멀지만 더 이상 무기력하거나 통제력을 잃었다고 생각하지는 않습니다. 이제 우리는 사람들에게 동성 애착 장애에 관해 이야기를 자유롭게 말 할 수 있으며, 그들이 그 문제의 진실을 이해하도록 도울 수 있어요. 우리는 하나님의 인도하심에 감사를 드리며, 오늘날도 우리 교회 안에서 SSA를 가진 남자들을 위한 지원 그룹을 섬기고 있습니다.

PART 4

공동체 치유

PART 4는 사랑의 전쟁에서 승리하기 위해 지지자들이 꼭 알아야 할 기초를 세우는 내용이다. 우리는 가족과 친구, 영적 지도자 그리고 우리가 속한 공동체에 동성매력장애에 대한 다음과 같은 진실을 반드시 알려야 한다. 그 누구도 SSA를 가지고 태어나지 않았으며, 그 누구도 SSA를 갖도록 선택하지 않았으며, 변화는 가능하다. 우리의 사랑하는 가족의 생명이 위태로우며, SSA를 가진 남녀에게 반응하는 방식이 매우 중요하다. 우리는 더 높은 수준의 사랑을 보여줄 필요가 있다. 우리는 그들에게 손을 내밀고 그들을 받아들여야 한다. "사람이 친구를 위하여 자기 목숨을 버리면 이보다 더 큰 사랑이 없나니"(요15:13).

제**10**단계

가정과 교회와 공동체에서 환영하는

환경을 만들라

제**11**단계

남자 친구, 여자 친구, 동성 혼인 서약식,

그리고 함께 자는 문제

제**12**단계

멘토를 찾고, 다른 사람들을 멘토링하라

제10단계

가정과 교회와 공동체에서
환영하는 환경을 만들라

종교 기관과 사회가 SSA 남녀들에게 너무나 무거운 심판을 가했기 때문에 이들은 동성애를 긍정적으로 생각하는 사람들과 함께 어울리며 위안과 연민을 찾는다. 우리는 안전하고, 따뜻하며, 환영하는 가정, 교회 그리고 사회 기관을 조성함으로 이 건강하지 못한 성향을 뒤바꿀 수 있다. 그렇지 않으면, 동성애 공동체가 우리 SSA 자녀들이 사랑과 이해를 경험할 수 있는 유일한 피난처로 계속 존재하게 될 것이다. 이러한 환경을 만들기 위해 당신은 가족이나 친구 그리고 신앙 공동체에 SSA의 원인과 변화 가능성에 대하여 알릴 수 있는 방법을 찾을 것이다. 그들에게 읽어볼 수 있는 책과 검색해볼 수 있는 인터넷 사이트 그리고 시청할 수 있는 DVD를 권해보라.

앞에서 우리가 살펴 본 바와 같이, 지난 40년 동안 동성애 단체들은 이런 신화를 일반 대중에게 세뇌시켜 왔다. 사람들이 "동성애자로 태어났으며 변할 수 없다." 이는 SSA 남녀들이 경험해온 고통스러운 핍박 때문에 동성애의 온전한 수용을 얻어내려는 전략적인 계획의 일부이다. SSA의 실상에 대해 우리 가족과 공동체를 재교육시키는 것은 우리의 책임이다. 우리는 SSA를 지닌 이들을 포용하면서 왜 동성애가 존재하며, 어떻게 변화가 일어날 수 있는지에 대해 사랑 안에서 진실을 말함으로 이 상황을 바꾸어야 한다. 오랫동안 밖에서 서성이고 있는 SSA 남녀들의 마음을 얻기 위한 궁극적인 무기는 사랑이다.

어린 시절 내내 아버지에게 구타를 당했던 남자를 상담했던 적이 있다. 그의 아버지는 화가 날 때마다 허리띠를 가지고 아들을 때리곤 했다. 그는 이렇게 말했다. "아버지는 지칠 때까지 멈추지 않고 때렸어요." 채찍 자국과 멍으로 만신창이가 된 그는 방으로 기어가서 침대 밑으로 들어가 차가운 시멘트 바닥에 몸을 대고 누워야 했다. 피투성이가 된 몸의 통증을 완화시키려면 차가운 느낌의 바닥이 필요했기 때문이다. 그의 아버지는 그를 흔히 "게이 새끼", "괴상한 새끼" 그리고 "계집애 같은 자식"이라고 불렀다. 기적적으로 이 남자는 생지옥을 탈출하여 결혼을 하고 자녀를 낳을 수 있었다. 그렇지만 그의 SSA는 여전히 그를 따라다닌다고 했다. 그의 동성매력장애가 제대로 치유되려면 고통을 주었던 아버지와 화해하고 아버지의 사랑을 얻어야 한다. 그는 다른 남자들의 품 안에서 안식을 구했지만 섹스를 원치는 않았다. 교회의 남자들이 그를 찾아가 그에게 손을 내밀며 그를 받아주고 그의 주린 영혼에 사랑을 쏟아 붓는다면 그는 정말로 속히 치유될 것이다.

사랑하는 자녀를 대신하여 당신이 속한 공동체에 손을 내밀면서 당신의 아들이나 딸이 왜 SSA를 지니고 있는지를 설명하고, 당신의 자녀를 더 큰 사랑으로 감싸주기를 부탁하라. 다음과 같은 구체적인 일을 통해 그들이 당신 자녀가 치유 받는데 도움을 줄 수 있음을 알려주라. (1) 많은 포옹을 포함한 건강한 신체 접촉, (2) 그녀가 가장 관심 있는 일들에 참여하면서 시간을 함께 보내주기, (3) 전화, 방문 또는 이메일을 통해 정기적으로 그녀의 안녕에 대한 진심 어린 관심을 표현하기.

이제 공동체 구성원들이 당신 자녀의 SSA의 이유를 이해했기 때문에 당신 자녀의 발달상의 욕구불만이나 해결되지 않은 상처를 치유하는 활동을 시작할 수 있다. 당신의 딸이 다른 여자애들에 의해 따돌림을 당했다면, 다정다감한 여자들이 그녀를 긍정적인 말로 감싸주도록 하라. 당신의 아들이 다른 남자애들과 어울리지 못했다면, 남자들이 그를 초대하도록 하거나 그의 관심사에 참여하도록 부탁하라. 그들이 세 가지 T(Time시간, Touch접촉, Talk대화)를 통해 사랑을 표현하는 힘으로 저주를 내몰고 그의 상처를 치유하는데 도움을 주도록 하라. 이것은 바로 당신이 사랑하는 이의 마음과 영혼을 위한 싸움이다.

SSA의 원인과 치유에 대해 여러분 자신이 충분한 교육을 받아야 하지만 그렇다고 그 분야의 전문가가 될 필요는 없다. 당신이 배우고 경험했던 일을 공동체의 사람들과 함께 나누면서 당신의 자녀를 어떻게 도울 수 있을지를 진실하게 의논하는 것만으로도 충분하다. 당신의 SSA 자녀는 그들의 동성애를 받아들이도록 도와주는 지원적이고 낙관적인 기관을 이미 발견했을 지도 모른다. 당신의 자녀와 SSA를 포용하는 학교와 종교 단체 그리고 그 밖의 친동성애 기관은 곳곳에 있다. 그렇기에 사랑하는 가족이 그들의 심적 고통을 먼저 나눌 수 있어야 한다. 또한 SSA를 찬성하지는 않지만 그 아픔을 가진 사람이 환영 받을 수 있는 대안적 기관을 우리가 조성해야 한다. 우리 아이들은 잘못된 지원을 경험한 것이다. 이제 우리 주변의 다른 사람들과 협력하여 건전하고, 치유적이며, 경건한 지원 체계를 만들어 가자.

당신의 자녀와 친구가 되어 줄 건강한 동성 또래를 찾아주는 것을 도와주라

많은 부모들로부터 자신의 SSA 자녀가 어울리지 못하고 외톨이로 지내고 있음을 들었다. 이들은 학교에서 제대로 어울리지 못하고 있으며, 특히 동성 친구가 별로 없거나 아예 없다. 이들은 대개 이성 친구들과 어울린다. 그러다가 일이 생긴다. 고등학교, 아니 요즘은 중학교에서도 "게이 무리"를 만나거나 지역 동성 및 이성 연합(Gay Straight Alliance, GSA) 모임에 참석하는 일이 종종 있다. 그러면 이들은 마치 마법에 걸린 것처럼 여러 친구들과 급속도로 친해진다. 동병상련이라는 말처럼 이제 그들은 함께 위로해줄 상대가 생긴 것이다. 이러한 아이들은 자신이 버림받아 갈 곳 없는 문둥병자처럼 느꼈는데, 마침내 "안식처"를 발견한 것처럼 만족했을 것이다. 이들은 자신의 심적 고통과 아픔, 갈망과 외로움을 이해하고 나눌 수 있는 상대 즉, 그들이 겪은 일을 겪은 사람이다. 그렇기에 이들의 세상은 예전처럼 외롭게만 느껴지는 않을 것이다.

이러한 만남과 분위기가 우리 아이들을 동성애의 신화에 빠뜨리고, 입회하게 만드는 것이다. 우리가 이런 상황에서 무슨 일을 할 수 있는가? 나는 자녀를 위해 건강한 또래들을 적극적으로 찾아보라고 많은 부모들을 코치했다. 그리고 그런 또래 친구들을 찾은 부모들은 거의 모두 승리했다. 물론 쉽지 않은 일이다. 많은 시간이 걸릴 것이며, 많은 에너지를 소모하게 될 것이고, 지혜로운 계획도 필요하다. 하지만 이것은 가능하다. 정말로 해낼 수 있다.

제일 먼저 시작할 수 있는 곳은 당신의 교회다. 청년부 목사님께 도움을 요청해보라. 다른 부모들과 모여서 그들과 그들의 자녀들의 도움을 요청하라. 그리고 뜻이 맞는 친척들과 만나서 동성 친척들, 삼촌들, 이모들 그리고 조부모들이 당신의 자녀와 친해질 수 있는 새로운 방법이 무엇인지를 찾아보자고 부탁하라.

동성애에서 벗어난 동성 또래들을 찾아보는 것도 아주 효과적인 방법이다. 변화의 과정에서 도움을 주는 사역과 기관으로부터 멘토를 구해보라(www.pathinfo.org를 검색해보라). 동성 부모 외에 동성 또래들이 한 개인의 성 정체성에 가장 중요하고 많은 영향력을 행사한다. 학교 친구나 또래의 사촌 그리고 청년부의 친구들이 치유 과정에서 핵심적인 역할을 한다.

물론 이러한 전략적 노력을 하는 과정에서 가족이나 친구, 심지어 예배 장소에서 거부를 당할 수도 있다. 이를 예상하라. 몇몇, 어쩌면 많은 이들이 당신을 거부할 것이다. 그러나 제발 포기하지 말라! 당신의 자녀는 노력할 만한 가치가 있다.

당신의 교회 지도자들에게 SSA에 대해 알리라

교회 목사님이나 지도자들에게 찾아가서 당신이 깨달은 동성매력장애의 역학을 이해하도록 도와주라. 아마 그들 중 몇은 "타고난, 불변의" 신화에 세뇌되어 있을 수도 있다. 여러 종교들은 이 문제에 있어서 입장이 극명하게 갈린다. SSA를 경험하는 이들을 거부하거나 그들과 그들의 행위를 그대로 수용하거나 한다. 안타깝게도, 극소수만이 SSA의 진실을 이해하기 때문에 이들을 포용해준다.

당신의 목사님께 읽어볼 책과 시청할 DVD를 전달하라. 영적 지도자들은 대부분 바쁘다. 그래서 당신이 요청할 때에 민감하고 선별적이며 끈질기게 해야 할 것이다. 목사님을 당신의 집에 초대하여 DVD를 함께 보자고 요청하는 것도 방법이다. 그들이 이 새로운 관점에 대해 가능한 쉽게 배울 수 있도록 도우라. 이러한 교육을 받는 것이 영적 지도자인 목사님에게도 꼭 필요한 일이다. 왜냐하면 목사님이 알고 있든 모르고 있든 많은 신자들이 SSA의 문제로 고통 받고 있기 때문이다. 일단 목사님이 바르게 이해하게 되면 설교 강단에서 이 문제를 다루어 달라고 부탁해 볼 수도 있다.

내가 네브라스카 오마하에 있는 큰 교회에서 강의를 했을 때 많은 사람들이 나에게 다가와서 이런 말을 했다. "제 아빠는 SSA 때문에 우리를 버리고 떠나셨어요.", "내 아들에게 SSA가 있어요.", "제 전 남편에게 SSA가 있어요.", "제 형에게 SSA가 있어요.", "제 학교 선생님이 동성애자에요.", "제 부모님은 동성 부부에요.", "제 아버지는 성전환자이고, 그의 성별을 전환하는 중이에요." 그들은 모두 평범한 중부 아메리카의 교회 신자들이었을 뿐이다. 너무나 많은 사람들이 SSA의 문제로 고민하고 있지만 극소수만이 이 문제에 대해서 이야기하고 있다. 이런 일은 전 세계 어디서나, 그리고 모든 교회에서 일어나고 있다.

편견은 감정이다. 이성만으로 심한 편견을 가라앉힐 수 없을 것이다. 당신의 SSA 자녀에게 당신의 마음을 보여주고, 사랑을 표현해야 한다. 개인적인 이야기를 꺼내는 것이 자녀의 생각을 바꾸는데 가장 좋은 방법이다. 이성적인 논쟁은 그 누구의 마음도 바꾸지 못한다. 특히 동성애 문제에 있어서는 더욱 그러하다. 왜냐하면 이 문제는 감정적 응어리가 너무나 많기 때문이다. 그래서 우리는 먼저 개인적인 이야기로 마음을 연 다음에 정확한 사실과 정보를 제시하며 논의해야 할 것이다.

당신의 지역 내 지원 그룹에 가입하거나 지원 그룹을 만들어라

당신이 속한 지역의 지원 그룹에 가입하면 많은 힘과 격려를 얻을 수 있다. 그 그룹 중에는 PFOX(탈 동성애자와 동성애자 부모와 친구들), Joel225.com, Institute for Healthy Families (치료), Restore Hope Network, 그리고 그 밖의 PATH 회원사 등이 있다(이 책 말미에 보다 자세한 국제 자원의 목록을 참조하라).

승리의 이야기

리(Lee)는 어떻게 자신의 아들이 치유되었는지를 여러분과 나누고 싶어 한다. 그는 아들 톰(Tom)이 고등학교 2학년이었을 때부터 자신의 계획을 적용했다고 한다. 이 이야기는 모든 사람들에게 소망을 줄 것이다. 그의 아들 톰은 현재 아주 건강한 남성으로 성장했으며 이성을 사랑하고 있다. 우리는 이 이야기를 통해 사람이 선천적으로 SSA를 가지고 태어나는 것이 아니며, 변화도 얼마든지 가능함을 확인할 수 있다!

아들 톰이 자신은 게이라고 처음 털어놓았을 때, 나는 누구의 잘못이 아닌 유전적인 문제라고 생각했다. 나는 내 자신이 좋은 아빠라고 생각했기에 처음에는 아무 말도 하지 않았다. 아내에게 아들의 말을 전하자 그녀는 며칠 동안 울다 지쳐 잠들었다.

아버지들은 대개 자녀가 동성애에 빠져 있다고 고백하면 몇 가지 반응을 일으킨다. (1) 무시하면서 언젠가는 사라져 버릴 것이라고 믿거나, (2) 적극적으로 이를 수용하고 PFLAG(레즈비언과 게이의 부모와 친구들)에 가입하거나, (3) 자녀를 집에서 쫓아내버리거나, (4) 자녀에게 동성애가 무엇인지, 그것이 왜 발생하는지 설명해주면서 다정하게 배려하며 그 문제를 해결해 나갈 방법을 함께 찾는 경우다.

나는 몇 년 동안 동성애자 부모 모임에 참석하면서 위에 나오는 모든 경우를 보았다. 텅 빈 교실에서 조용히 쉴 때나, 뒤뜰에서 바비큐 파티를 할 때나, 자녀들이 노래하고 춤추는 것을 지켜보며 벤치에 앉아 있는 동안 부모들과 이야기를 나누었다. 그들 모두 동성애가 유전이 아니라는 것은 알고 있었다. 하지만 무엇을 어떻게 해야 할지를 모르고 있었다. 나도 처음에는 그들과 똑같았다.

내가 한 가지 잘 하는 게 있다면 그것은 계획세우기다. 계획을 세우기 전에 아내와 나는 연구를 좀 했다. 우리는 인터넷을 검색하고, 도서관에 갔고, 대화를 나누었다. 우리는 아들을 사랑하기로 결심했지만 동성애나 동성애적 행위는 지지하지 않기로 했다.

나는 동성애와 결별하는 것에 관한 모든 책을 샀다. 그리고 동성애 관련 모든 인터넷 사이트를 즐겨찾기에 추가했고, 정신과 의사를 찾아 갔다. 아들 톰이 아닌 내가 간 것이다. 성적 지향 전환 치료를 하는 의사를 찾았다. 나는 프랭크 박사를 세 번 만났는데, 그는 나에게 아들을 이해하는 법을 가르쳐주었다. 그리고 그는 그동안 나와 상담했던 내용을 알려주면서 다른 부모에게도 알려주라고 말했다. 또한 내 자신의 감정을 처리하라고 조언 해주었고, 나는 그렇게 감정을 처리했다.

그렇게 하고 난 다음, 나는 책과 여러 인쇄물 그리고 무엇보다 가장 중요한 기도로 무장하면서 아들을 돕기 위한 계획을 세웠다.

나는 형편없는 크리스천이었다. 나는 C. S. 루이스부터 오스 기니스가 집필한 책까지 엄청난 양의 책을 읽었지만 내 믿음은 연약했다. 그래서 아내와 나는 교회부터 다시 출석하기 시작했다. 우리 부부는 성경을 공부했고, 우리 아들에게 믿음과 신앙은 남자의 일부이며, 건강한 가족을 이루는데 필수임을 보여주었다.

나는 내가 찾아낸 SSA에 관한 책을 모두 읽었다. 나는 아내와 이 모든 일을 의논했고, 나에게 훌륭한 아들과 가족을 주신 하나님께 감사의 기도를 드렸다. 또한 큰 아들과 이야기 하며 그의 조언을 구했다. 나는 내 아들을 되찾기 위해 체계적인 계획을 적용했다. 그런데 그게 정말로 효과가 있었다!

계획을 적용한지 2년 반 만에 나는 아들의 건강한 모습을 되찾게 되었다. 아들은 이제 더 이상 거울 앞에서 30분을 보내거나 특정 옷 가게에서 옷을 사지 않아도 될 만큼 회복 되었다. 그는 샐쭉하고 시무룩한 계집아이처럼 행동하지 않고 이제 터벅터벅 돌아다니며 독립심을 추구하는 사춘기 소년처럼 행동한다. 그는 남자 친구들과 축구를 하며 여자 아이들과 데이트를 한다. 그가 예전에 했던 것처럼 여자들과 쇼핑하는 것이 아니라 진짜 데이트를 한다. 심지어 여자들 때문에 짜증을 내며 "그녀가 이해가 안 가요. 너무 이상하게 행동해요"라고 말한다. 또한 집안일을 도우며, 잔디를 깎고, 자동차 오일을 교환하며, 선반 거는 것을 도와주고, 나와 함께 바비

큐를 구워 먹는다.

내가 어떻게 했는지 알고 싶지 않은가? 우리는 다음의 몇 가지를 계획하고 실천했다. 먼저 내 아내는 뒤로 물러나서 내 의견을 따르는 실천을 했다. 사실 아내는 강하고 고집이 셌기 때문에 이 부분이 계획에서 가장 힘든 부분이었을 것이다. 그동안 그녀는 집안의 우두머리였다. 하지만 그녀는 자신의 왕위를 내려놓았다. 사실 행동보다는 말을 바꾸는 것이 더 쉽다. 그녀는 이런 말을 하기 시작했다. "먼저 아버지께 말씀드려 보거라. 아버지가 괜찮다고 말씀하시면 괜찮은 거야." 그녀는 내 결정을 지지했다. 예전에는 내가 안 된다고 말해도 아들이 엄마에게 다시 물으면 그녀는 괜찮다고 종종 말했다. 그런데 이제 바뀐 것이다. "아빠가 안 된다고 하실 때는 그럴 만한 이유가 있는 거야. 왜 안 된다고 하셨는지 이유를 물어보았니?" 그러자 톰은 나에게 와서 다시 물었고 내 말을 받아들였다. 아버지의 말에 권위가 서게 된 것이다. 시간이 지나자 톰이 무엇인가를 하기 원할 때 그는 나에게 물어보고 그 이유를 말하면서 대화를 나눴다. 이야기를 나누면서 아들이 책임감 있게 행동하려는 것을 보면 나는 대부분 괜찮다고 허락했다. 하지만 나는 항상 아들이 어디에 있었는지, 그리고 누구와 함께 있었는지를 알고 있었다.

또한 나는 그동안 내가 하는 일에 아들을 동참시키지 않고 제외시킨 것에 대해 용서를 구했다. 그는 눈물을 흘리며 나를 용서해주었다. 그것은 쉬운 일이 아니었다. 나는 일 중독자였기 때문에 모든 것에서 벗어나 조용한 나만의 시간 갖기를 좋아했다. 나는 야외에서 시간을 보내는 것을 정말로 좋아한다. 그렇지만 내 업무 일정을 일주일에 60시간에서 45시간으로 줄이고 개인 활동도 줄였다. 그리고 우리 부자가 출퇴근 시간을 함께 보낼 수 있도록 톰에게 내가 일하는 회사에 일자리를 구해주었다. 2년 간 여름 방학 때마다 우리는 함께 출근했고 그저 일상적인 이야기를 나눴다.

나는 동성애가 "타고 난, 불변의 것"이라는 거짓말에 대응하기 위해 톰에게 정보를 일일이 알려주었다. 나는 이렇게 말문을 열었다. "그거 알아? 동성애자가 되는 것은 유전 때문이 아니라는 거. 그것은 환경적 요인 때문에 생기는 거야." 그러면서 몇몇 인터넷 사이트를 그에게 추천해주곤 했다. 그 후에 나는 이렇게 물었다. "그래, 어떻게 생각하니?" 그러면 아들은 보통 이런 대답을 했다. "글쎄요, 흥미로웠어요." 그러면서 아들은 이런 말을 덧붙였다. "아빠는 제가 변할 수 있다고 생각하세요?" 그러면 나는 그렇다고 답변하며 동성애자에서 이성애자로의 변화를 기록한 연구 자료가 담긴 인터넷 사이트를 추천해주었다.

나는 이런 식의 대화를 매일 한 것이 아니다. 한 달에 두세 번 정도했을 뿐이다. "동성애자"에 대한 이야기는 우리 대화의 주된 화제 거리가 아니었다. 오히려 나는 아들과 나의 관계를 바르게 세우려고 노력했다. 아들이 성악 레슨을 갈 때면 차로 데려다 주었고, 내가 한 시간 정도 둘러보는 낚시 가게를 갈 때면 아들에게 나를 데리러 오라고 했다. 그 가게에는 내 친구가 있었는데 그에게 톰의 SSA에 대해 이야기를 나눴더니 흔쾌히 나를 돕겠다고 했다. 톰이 가게에 들어오면 곰같이 덩치가 큰 친구가 톰의 어깨를 잡으며 성악 레슨이 어땠는지를 묻곤 했다. 그 친구도 예전에는 노래를 많이 불렀던 친구다. 아들이 처음에는 좀 불편해 했지만, 내 친구는 결코 포기하지 않았다. 실제로 내 친구는 톰에게 그의 어린 아들을 돌보는 아르바이트를 맡겼다. 그리고 그는 처음으로 톰의 엉덩이를 찰싹 때린 어른 남자가 되었다. 아마 아들에게 맡긴 일이 꽤나 만족스러웠나 보다.

또한 나는 큰 아들을 이 일에 동참시켰다. 큰 아들은 톰에게 전화를 걸어 주로 남자들만의 세계에 관해 이야기를 나누었다. 큰 아들은 톰을 야구 타격 연습장이나 롤러 블레이드장에 데려가서 같이 놀았다. 이처럼 믿을 만한 친구나 가족이 내 아들을 돕도록 동참시키는 것이 내 계획의 일부였다.

처음에 톰은 친 동성애그룹 아이들과 주로 어울렸다. 이들이 전화를 하면 나는 아들에게 알리지 않았다. 이 부분에 있어서 나는 좀 짓궂은 사람이다. 하지만 톰은 숙제가 많았고, 외부에서 해야 할 일도 많았다. 우리는 톰에게 그의 일정을 계속해서 **빡빡하게** 채워보라고 격려했다. 그는 지금까지도 그렇게 하고 있다. 나는 그런 아이들과 어울릴 수 없다고 말하지는 않았다. 만일 내가 "이런 아이들은 너에게 안 좋아"라고 말했다면, 아마 톰은 그들과 계속해서 어울렸을 것이다. 대신에 나는 아들과 어릴 적부터 놀던 동성애자 아닌 친구들과 어울리도록 격려했다. 또한 그 친구들의 아버지들에게 톰에게 좋은 이야기를 해달라고 부탁했다. 나는 그들에게 톰이 자신을 동성애자라고 생각한 적이 있다는 말을 하지 않았다. 단지 이런 말을 해주었다. "이보게, 밥. 자네는 회계사잖아. 내 아들과 이야기를 좀 해줬으면 하네. 그는 일자리를 구하려고 준비하고 있는데 어쩌면 자네가 하는 일을 좋아할 지도 몰라." 그래서 많은 남성들이 톰과 대화를 나누도록 격려했다.

아들과 신체적인 관계를 어떻게 맺었는지도 말해 보겠다. 나는 그를 학교에 내려 주면서 그에게 포옹하며 뽀뽀를 해주기 시작했다. 나는 무엇이 적절하고 무엇이 부적절한지를 알기 위해 이성애자로 커밍아웃하기를 안내서로 활용했다. 처음에 톰의 반응은 좀 싸늘했다. 하지만 이제 그는 작별 인사를 할 때면 많은 남자들을 안아줄 정도로 자연스럽다. 하지만 그들은 모두 이성애자 남자들이다. 또한 그는 공 던지기 놀이를 제법 잘하게 되었다. 한 가지 바람이 더 있다면 나와 함께 낚시하는 취미도 들였으면 좋겠다. 하지만 그건 시간이 더 걸릴 것 같다. 나는 계속해서 기다릴 것이다. 나는 열렬한 낚시꾼이다.

요즘은 아들이 내게 찾아와 안아주며 잘 자라고 굿나잇 키스를 해준다. 마치 부자간에 이렇게 하는 것이 괜찮다는 것을 확인하는 것 같다. 나 또한 그의 등을 우두둑 소리가 나게 안아주며 때로는 거칠게 난투극을 벌이곤 한다. 두 아들은 집에 있을 때 종종 씨름을 한다. 다 재미로 그러는 것이다. 하지만 이 모든 것이 중요하다. 어떨 때 나는 그들에게 고함을 치며 거실을 엉망으로 만들기 전에 그만 두라고 한다. 아니면 밖에 나가서 씨름 하라고 한다. 내 아내는 그럴 때마다 조용히 곁에 앉아 있다가 나중에 그런 장난에 대해 불만을 털어놓지만 그녀 역시 이렇게 하는 것이 중요함을 안다.

어느 날 아내가 톰이 나 때문에 숨 막혀 보이는 것 같다고 말했다. 그러면서 나에게 뒤로 좀 물러나라고 했다. 하지만 나는 아내에게 아들이 나에게 와서 직접 그런 말을 해야 한다고 대답했다. 하지만 지금까지 아들은 내가 그의 영역을 침범했다고 말한 적이 없다. 아들은 실제로 나와 함께 그의 문제나 감정에 대해 의논하고 있다. 우리 가족이 원래 자신의 감정에 대해 잘 말하지 않지만, 윤리적인 선택이나 하나님의 절대적인 규칙에 대해서는 종종 말한다. 우리는 문제에 대해 실제로 의논하고, 무엇이 좋은 선택인지에 대해 이야기를 나눈다.

아내 보고 뒤로 물러나라고 부탁하기, 내 근무 시간을 줄이기, 내 아들에게 시간을 내어주기, 관계를 바로 세우기, 그리고 친구들에게 도와달라고 털어놓기 등 이 모든 일이 쉽지는 않았다. 나는 이런 실수를 범한 적도 있다. 어느 날 아들 톰의 여자 친구에게 찾아갔다. 그 아이는 아들의 성정체성을 알고 있는 친구였는데, 나는 그녀에게 톰이 바른 길로 갈 수 있도록 이야기해 줄 수 있겠냐고 부탁했다. 나는 그녀의 말이 도움을 줄 수 있다고 생각했기 때문이다. 하지만 그녀는 누군가가 게이에서 이성애자가 되도록 돕는 일을 절대 하지 않을 것이라고 말했다. 왜냐하면 그런 일은 그에게 피해를 주는 것이라 생각했기 때문이다. 그녀는 모든 종류의 성적 취향을 옹호한다고 말했다. 그래서 나는 약간 냉담하게 이런 대답을 했다. "거기에 소아성애와 수간 그리고 비정상적인 성적 행위도 포함되니?" 그리고서 그녀에게 사과하고 그 일에 대해 다시는 그녀에게 이야기하지 않겠다고 말했다. 또한 톰에게 찾아가 무슨 일이 있었는지를 말하고 아들에게 사과하며 용서를 구했다. 이것은 내가 모든 부모들에게 하지 말라고 경고하는 일이다. 내가 누구에게 이야기를 해야 할지를 먼저 알아야 하며, 가능하면 이런 일은 다른 십대들에게 절대 말하지 말라. 당신이 절대적으로 신뢰할 수 있는 아이가 없다면 차라리 시도하지 않는 것이 좋다.

나는 또한 내 멘토들 중의 한 사람에게서 배운 것을 사용했다. 나는 톰에게 도구를 사용하거나 두 손을 사용하여 무엇을 만드는 방법을 알려주었다. 잔디를 깎는 방법, 수도꼭지의 고무패킹을 교체하는 방법 그리고 책선반을 벽에 설치하는 방법을 가르쳐 주었다. 나는 그에게 많은 시간을 내주었다. 내 모든 약속을 지켰고, 그의 모든 활동을 지원하기 위해 그리고 한 남자가 노래를 부르고 춤추면서도 사나이가 될 수 있다는 것을 보여주기 위해 그의 곁에 있었다. 나는 그가 야구공을 던지고 칠 수 있도록 가르치며 도왔다. 올 해는 아들과 함께 야구 경기를 관람했다. 정말로 멋진 경험이었다. 우리는 철물점에 가서 조그마한 프로젝트를 위해 너트와 볼트를 구하러 가기도 했다. 그리고 아들에게 빵을 만드는 법도 가르쳐주었다. 하지만 아직도 아들과 낚시하러 가지는 못하고 있다! 그의 엄마 때문에 이렇게 되었다고 생각한다. 아내는 수년 간 내가 낚시하러 가는 것에 대해 끊임없이 잔소리를 했다. 아들은 아직도 엄마가 낚시를 못마땅해 한다고 생각할 지도 모른다.

그래서 2년 반 만에 무슨 일이 일어났는지 알고 싶은가? 톰은 게이가 아니다. 본인 스스로가 그렇게 말했다. 그는 모든 동성애 옹호 서적을 버렸으며, 게이 친구들도 더 이상 전화를 하지 않는다. 아들은 실제로 그럴 필요가 더 이상 없다면서 그들이 만드는 연극과 쇼에 참여하지 않겠다고 결정했다. 또한 아들은 여자애들에 대해 호감을 느끼지만 그의 친구 팀이 여자아이를 좋아하는 것처럼 하지는 않겠다고 말한다. 팀은 어느 여자 아이와 아주 한결 같은 관계를 유지하고 있는데, 아마 성관계도 갖고 있는 것 같다. 톰도 꽤 좋아하는 여자애가 있지만 지나치게 빠져들기를 원하지는 않는다. 그는 도덕적으로 올바르고 기독교적인 관계가 무엇인지를 알며, 우리도 그에게 지나치게 몰두하지는 말라고 격려한다.

그는 더 이상 여자 같지 않다. 그는 낡아빠진 청바지를 입으며, 때로는 욕도 하고, 여자 같이 걷는 버릇도 없어졌다. 그는 GSA 그룹을 위험한 무리라고 부르며, 학교도 잘 다니고 있다. 그의 형은 "걱정하지 마세요, 아빠. 계획대로 잘 되고 있어요. 동생은 괜찮을 거예요"라고 말한다. 그의 형은 톰이 다니는 대학에 방문해서 정기적으로 전화를 하고, 이따금씩 선물을 보내주곤 한다. 톰은 교회에서 활발하게 활동하고 있다. 학교에서는 수련회를 이끌며, 그와 함께 방을 쓰는 친구들은 모두 운동을 하는 아이들이다. 그에게는 농구나 조정을 하는 세 명의 이성애자 친구들이 있다. 그들은 그의 어깨를 세게 치며, 톰도 그들을 후려친다. 톰은 집에서 그의 옛 친구들과 어울리며, 공 던지기 놀이를 하거나 나가서 그들과 논다.

나의 아내는 이제 내가 일을 주도하는 것을 좋아하며, 나도 그렇게 하는 것이 좋다. 우리가 계획을 세우고 이를 실행하면 일이 보다 완전해진다. 그렇게 하는 것이 쉽지는 않다. 이 일은 사랑과 헌신이 필요하며, 자신의 전부를 이 아이에게 쏟아 붓고 있다고 느낀다. 하지만 사실은 당신은 이 아이가 필요로 하는 것 즉, 아빠, 남성적인 존재감, 질서감 그리고 남성다움을 주고 있는 것이다. 당신은 한 명의 새로운 남자를 만드는데 도움을 주고 있다. 그의 "다정함"의 일부가 당신에게 영향을 미치고, 당신의 남성스러움이 그에게 흘러 들어간다.

나는 톰이 2년 반 전의 그 사람이 아니라는 것을 인정할 수밖에 없다. 그는 소파에서 빈둥거리며, 집안에서 군림하는 남성의 분위기를 풍긴다. 그리고 그렇게 다정하거나 착하지도 않다. 그래서 때로는 예전의 그 "착하고 다정한" 아이가 그립기도 하다. 그의 어머니는 이따금씩 그를 찰싹 때리고 싶어 하며, 아들과 나는 의견이 충돌할 때도 있다. 아들은 방이나 입었던 옷을 제 때 치우지 않고, 물건을 여기저기 아무 데나 던져놓는다. 또한 아들은 피난민처럼 너저분한 옷을 입으며, 신발 대신에 낡아빠진 슬리퍼를 즐겨 신는다. 그는 젖은 수건을 아무렇게나 바닥에 던져 놓고, 토요일 아침 만화를 보거나 비디오 게임을 하면서 팬티만 입고 빈둥거린다.

그렇다. 꽤 흥미진진한 시간이었다. 엄마와 아빠로서 즐거운 시간이었다. 이제 내 아들을 되찾았다. 매일 기도로 소망을 갖고 또한 다른 사람들에게 톰을 위해 기도해 달라고 부탁하면서 하나님을 우리가 하는 모든 일에 최우선 순위에 두었다. 그러자 하나님께서는 우리 가족을 축복해 주셨다. 나는 기적이 있음을 믿으며, 이것도 그 기적 중의 하나라고 믿는다. 하나님께서는 여러 가지 방법으로 기도에 응답하시지만 나는 그분께서 고된 수고와 변화된 마음 그리고 다정한 가족을 귀하게 여기신다고 믿는다.

제11단계

남자 친구, 여자 친구, 동성 혼인 서약식, 그리고 함께 자는 문제

당신의 SSA 자녀가 아직도 집에 함께 살고 있다면, 그의 친구들을 더 잘 알 수 있도록 최선을 다해야 한다. 그리고 그가 성인이고 집에서 멀리 떨어져 산다면, 그의 친구들을 만나는 일은 훨씬 더 어려울 것이다. 이런 경우 우리는 그들을 파악하기 위해 우호적이며 강압적이지 않은 방법으로 그들을 대하는 것이 필요하다. "아들(딸)아, 너에 대해 더 잘 알고 싶고, 너의 친구들도 더 잘 알고 싶구나." 그가 한 친구나 다른 친구에 대해 이야기를 시작한다면 이런 질문을 해 보라. "그 친구의 어떤 점이 그렇게 좋으니?"

시간을 내어서 그의 친구들을 만나보라. 그들을 초대하라. 당신은 이런 점이 궁금할 것이다. '이 친구는 SSA인가? 저 친구는 이성애자인가?' 하지만 그런 생각을 버리기를 바란다. SSA를 경험하는 이들은 모두 사랑이 필요한 상처 받은 아이들이다. 그 점을 먼저 기억하라. 이들에게 필요한 것은 연민과 진심 어린 관심이 전부다. 우리 아이들과 그 친구들에게 더 귀를 기울일수록 우리는 그들을 더 잘 이해하게 되고 그들이 얼마나 귀한 아이들인지 알게 될 것이다. 아빠들이여, 아들의 친구들을 더 잘 알도록 노력하라. 엄마들이여, 당신의 딸을 위해서도 이와 같이 노력하라.

자녀의 남자친구나 여자친구를 포용하라

당신의 자녀에게 동성 여자친구나 남자친구가 있다면, 일부러 나서서 그들을 만나고 포용하며 사랑하라. 물론 그들은 다른 사람의 아들이나 딸이다. 하지만 모든 SSA 자녀들은 상처를 받았으며, 사랑을 갈망하고 있다. 당신이 해야 하는 일 중에 가장 힘든 일일 지도 모른다. 어쩌면 당신 마음속 깊은 곳에서 역겨움이 올라올 지도 모른다. 당신의 불쾌함을 극복하도록 최선을 다하라. 숨을 깊이 들이 쉬고, 당신 눈앞에 보이는 아이들의 모습을 넘어 그 내면을 보려고 노력하라. 당신이 실제로 보고 있는 것은 두 어린 소년들이나 소녀들이 서로를 통해 그들의 성 정체성을 충족하려는 것이다. 문제는 둘 중에 어느 한 명도 이 정체성 위기를 해결하지 못했다는 점이다! 당신의 따스한 사랑은 그 두 사람을 치유하고 변화시킬 수 있다. 인정을 베풀고 할 수 있는 한 최선을 다해 다정히 대하라. 그들을 둘 다 사랑하라.

당신 자녀의 파트너를 알게 되면 당신의 자녀가 그를 통해 어떤 욕구를 채우려 하는 지를 알아낼 수 있다. 예를 들어, 그녀에게 연상의 파트너가 있다면, 자녀로서 돌봄을 받고 싶은 욕구가 있는 것이다. 동갑의 파트너라면, 그는 본인 자신의 내면에서 분리되었다고 느끼는 특성을 흡수하거나 물려받으려 하는 것이다. 파트너가 연하라면, 그녀는 또 다른 사람을 통해 자신을 돌보거나 사랑하려 하는 것이다. 아니면 그녀의 삶에서 그 시기에 해결되지 않은 문제를 치유하려고 하는 것이다.

많은 여자들이 남자들에게 깊은 상처를 받았다. 그래서 애정에 대한 욕구를 채우기 위해 여자들에게 눈을 돌리게 된다. 어떤 여자들은 어머니와 같은 보살핌을 받기 원하며, 다른 이들은 자신이 어머니처럼 보살펴 줄 사람을 찾는다. 다시 말하지만, SSA는 성 분리(gender detachment)에 대한 것이다. 이들은 유대감과 친밀함에 대한 어린 시절의 정서적 욕구를 채우기 위해 동성의 사람과 결합하려는 것이다. 아니면 이성 정서적 또는 이성 사회적 상처로 인해 이성과의 친밀함으로부터 도망치려는 것일 수도 있다. 어떤 이들은 자신보다 더 연약하거나 더 상처 받은 유형의 사람에게 끌린다. 그들은 훌륭한 돌보미들인 셈이다. 이들은 기본적으로 자신들이 갈망하는 것을 다른 사람들에게 준다. 그들은 그저 누구든지 신뢰하는 것이나 "통제력"을 상실하는 것이 너무나 두려운 것이다.

당신이 자녀의 파트너에게 더 손을 내밀고 포용할수록 당신의 SSA 자녀와 더 친밀해질 수 있다. 당신의 딸은 당신이 동성애적 생활 방식을 전적으로 반대한다는 것을 잘 알고 있다. 그럼에도 불구하고 당신이 그의 파트너를 받아들인다면 당신의 조건 없는 사랑에 딸은 무척이나 감동할 것이다. 다시 말하지만, 그들을 둘 다 사랑하라.

반대로, 당신이 그녀의 파트너를 품으면, 딸이 격분 할지도 모른다! 왜냐하면 당신의 딸에게 애착 장애가 있기 때문이다. 사실 SSA 상태는 부분적으로 반항적인 행동이다. 즉, "당신이 나에게 상처를 줬으니까 이제 나도 당신에게 상처를 줄 거예요!" 그녀는 무의식적으로 자신의 동성애적 활동을 통해 당신에게 상처를 입히고 싶어 한다. 그런데 그것이 효과가 없어지면, 그녀는 자신에게 이렇게 자문한다. "도대체 무엇 때문에 저러는 거지?"

당신의 자녀와 그녀의 파트너를 지속적으로 그리고 끈질기게 사랑하라. 그렇게 할 때 그 관계에 금이 갈 수도 있다. 진정한 사랑은 불완전한 사랑을 치유할 수 있는 힘이 있기 때문이다.

당신 자녀의 동성 혼인 서약식에 참석할 수 있는가?

이것은 어려운 문제이며, 모든 사람이 받아들일 수는 없을 것이다. 왜 우리는 이러한 노력까지 해야 하는가? 자녀와 열린 마음으로 깊은 대화를 나누기 위해서임을 명심하라. 여기에 당신이 고려해 볼 수도 있는 두 가지 접근법이 있다.

첫 번째는 그들의 혼인 서약식에 참석하는 것이다. 이런 식으로 대화가 이루어질 수도 있다. "아들아, 우리가 동성애를 받아들이지 않는다는 것은 네가 잘 알 것이다. 하지만 우리는 너를 현재 있는 그대로 사랑하고 용납한다. 우리는 네가 네 파트너와 아주 행복하다는 것을 알며, 그래서 기쁘단다. 그렇기 때문에 너의 혼인 서약식에 참석하기로 했단다. 우리가 너희 두 사람 모두를 얼마나 사랑하는지 알아주렴. 우리는 무슨 일이 있더라도 네 곁에 항상 있을 거야. 그리고 이렇게 하는 일이 우리에게 상당히 힘들다는 것도 알아주렴. 이것은 우리가 네 삶을 위해 마음속에 그리던 것은 아니란다. 그렇지만 우리는 너를 사랑한다, 아들아. 그래서 이것이 우리에게 아무리 힘들더라도 우리는 앞으로도 계속 네 곁에 너를 위해 함께 할 것이란다."

두 번째 접근법은 혼인 서약식에 참여하지 않는 것이다. 나는 당신의 진심을 자녀와 사랑스럽게 나눌 것을 제안한다. 당신에게 문제가 있는 것이지 그녀에게 문제가 있는 것이 아님을 알리라. 즉, 그 한계가 당신 쪽에 있는 것이며, 그녀에게 원인이 없다는 것을 알리라. 이런 식으로 말할 수도 있다. "우리는 너의 혼인 서약식에 참석할 수 없단다. 둘 다 사랑하긴 하지만 우리가 이 혼인 서약식을 지지하는 것이 너무나 어렵구나. 우리는 너를 믿는다. 하지만 우리는 동일한 성별을 가진 두 사람이 결혼한 부부로 살도록 의도되지 않았다고 믿는다. 네가 이해해주길 바란다."

당신은 다른 가족들이나 친구들 그리고 당신을 돕는 단체의 구성원들과 함께 당신의 생각과 감정을 개인적으로 정리할 필요가 있을 것이다. 깊이 기도하고 하나님께 인도해달라고 간구하라. 다시 말하지만, 이것은 사랑의 문제이며, 사랑은 율법을 대체한다. 율법은 인류를 섬기기 위해서 만들어졌으며, 인류가 율법을 섬기도록 만들어지지 않았다. 시간을 들여 마음을 정하라. 감정적으로 결정을 빨리 내리지 말라. 당신의 행동은 자녀의 삶에 큰 영향을 미친다. 이 문제를 여러 각도에서 살펴보도록 하라.

예전에 여자 동성애자였던 여자가 자신의 변화에 대해 간증하는 것을 어느 컨퍼런스에서 들었던 적이 있다. 그녀는 장기적인 관계를 맺고 있었으며, 그녀의 파트너와 혼인 서약식을 가졌다. 그녀의 가장 친한 친구 중의 한 명이 참석했다. 그 친구는 믿음이 확고한 크리스천 여성이었다. 이 친구는 그녀를 사랑한다고 말했다. 비록 그녀의 생활 방식은 반대했지만, 좋을 때나 안 좋을 때나 그녀 곁에 있어줄 것임을 말해주었다. 시간이 지나 그녀의 동성 결혼 관계가 깨어졌을 때, 그 크리스천 친구가 아픔을 위로해주기 위해 곁에 있었다. 그리고 그 친구의 사랑을 통해 동성애자였던 그녀는 치유를 받기 시작했고 점점 동성애로부터 벗어나게 되었다. 가장 많이 가장 오래 사랑하는 사람이 이긴다는 것을 기억하라!

함께 자는 문제

여기서의 핵심은 당신의 가치 기준과 일관되게 행동하는 것이다. 만일 당신 아들이 여자 친구를 집에 데려왔다면 그의 침대에서 그녀와 동침하도록 허락하겠는가? 허락하지 못한다면, 그의 남자친구와 그러는 것도 허락하지 않는 것이 일관성 있는 것이다. 남자 친구든 여자 친구든 동일한 기준을 유지하라. 그렇게 하면, 당신의 자녀가 당신에게 화가 날 수도 있지만 당신의 도덕성을 존중하게 될 것이다. 이렇게 대화해 볼 것을 제안한다. "아들아, 네 남자친구가 자고 가기를 원한다면, 너와 그는 다른 방에서 따로 자야 한다. 우리는 네 여자 친구도 동일한 기준을 적용할 것이란다."

제**12**단계

멘토를 찾고, 다른 사람들을 멘토링하라

당신의 SSA 자녀를 도울 수 있는 방법 가운데 하나는 그녀를 위한 동성 멘토를 찾는 것이다. 당신이 편부모이거나 당신의 배우자를 만날 수 없거나 당신의 SSA 자녀를 멘토링 할 능력이 없다면, 건강한 부성애나 모성애를 보여줄 남녀를 찾는 것이 중요하다. 친척이나 친구나 교회 성도들에게 도움을 요청하라. 당신의 자녀에게 긍정적인 성 역할을 보여줄 여러 명의 모델들을 찾기를 바란다. 저자이자 심리치료사인 윌리엄 자레마는 아주 중요한 이런 사람들을 "다시 한 번의 기회를 얻은 아버지" 또는 "다시 한 번의 기회를 얻은 어머니"라 부른다.

내가 상담해온 대부분의 남자들은 여러 명의 멘토를 찾아야 했다. 왜냐하면 그들 아버지의 능력만으로는 다 채워줄 수 없었기 때문이다. 자녀의 욕구가 다양하기 때문에 여러 명의 멘토를 구하는 것이 필요하다. 각 멘토마다 자신만의 특별한 장점으로 도울 수 있다. 스포츠, 신앙, 따스함, 건강한 신체적 접촉, 낚시, 자동차 정비 등이 그렇다. 다양한 능력을 가진 멘토가 많을수록 더 좋다.

멘토의 역할과 책임

아버지 어머니와 성공적인 애착이나 친밀함을 경험하지 못한 사람들은 그 충족되지 못한 욕구를 다른 관계나 활동으로 채우려 한다. 멘토링은 한 사람이 부모와 자녀 관계를 회복시킬 수 있는 수단이다.

멘토링 하는 과정에서 이 세 가지 영역은 반드시 거쳐야 한다.

1. 분리의 벽을 무너뜨리라. 멘토는 끈질겨야 하며, 반드시 성인 자녀의 마음을 얻어야 한다.

2. 여자 중의 여자 또는 남자 중의 남자가 되는 법을 배우면서 동성 관계에서의 건강한 모습을 개발하라.

3. 건강한 신체적 접촉을 경험하라. 다시 말하지만, SSA를 지니고 있는 많은 이들은 신체적 접촉을 박탈당했다.

성인 자녀는 멘토링을 받으면서 세 가지 발달 단계를 경험하는 것이다.

1. 의존: 진정한 부모의 모습에 자연스럽고 건강하게 의존하기.

2. 독립: 자립하는 법을 배우기.

3. 상호 의존: 자신을 보살필 때와 다른 사람의 도움이 필요할 때를 아는 것. 결국 그녀는 멘토와 다른 사람들을 배려하는 상호적 관계로 성장할 것이다.

멘토의 몇 가지 역할과 책임은

1. 자녀가 듣기 원하는 사랑의 언어를 파악하고 그런 방식으로 그를 축복하는 것이다.

2. 건강하고 치유적인 신체적 접촉을 제공하는 것이다.

3. 기술을 가르치고 함께 노는 것이다.

4. 힘든 과정 속에 있는 자녀를 돕는 것이다.

5. 긍정과 격려의 말을 하는 것이다.

6. 건강한 경계선을 정해놓고 정서적 자기 통제를 가르치면서 그를 훈계하는 것이다.

7. 그의 특별한 재능을 격려하며 자녀를 축복하는 것이다.

　그 아이가 필요로 하는 모든 것을 한 사람이 갖고 있을 수는 없다. 그래서 여러 명의 멘토를 두는 것이 필요하다. 다시 말하지만, 각 멘토는 자신의 특별한 재능을 SSA 자녀에게 전해줄 것이다.

SSA가 있는 다른 남녀들을 멘토링 하기

　만일 당신이 원치 않는 SSA를 경험하고 있는 다른 사람의 자녀를 멘토링 해준다면 모두에게 축복이 될 것이다. 당신은 다른 사람의 자녀를 사랑함으로 자신의 자녀를 사랑할 수 있게 된다. 원치 않는 SSA를 겪고 있는 많은 사람들이 멘토를 찾고 있다. 하지만 극소수의 사람들만이 도움을 준다. 그래서 그들은 매우 갈급한 상태다. 건강한 아버지의 사랑이나 어머니의 사랑을 간절히 찾고 있다. 그렇기에 그들은 당신의 도움을 감사하게 받을 것이다. 그리고 당신의 멘티의 말을 귀담아 들어보라. 그 속에서 당신은 당신 자녀가 겪고 있는 아주 많은 일들을 알게 될 것이며, 그를 진정으로 사랑하며 축복하게 될 것이다. 이는 두 집안 모두에게 축복이 되는 일이다.

　나는 멘토링을 통해 변화된 몇 가지 훌륭한 사례를 들어 보았다. 여기서 당신에게 격려가 될 몇 가지 이야기를 나누어본다.

샘이 군대에서 도움을 받다

내가 미쳤던 것인지 하나님을 믿었던 것인지는 잘 모르겠으나 여하튼 그
분의 이끌림을 받아 중사님께 얘기를 하게 되었다. 중사님은 복무 중 세 번
이나 전투에 나가 부상을 입기도 하고 공을 세워 훈장을 받은 참전용사였
다. 나도 한 번의 파병 복무를 완수했었다. 나는 버지니아 주의 군사학교
에 다니고 있었고, 그는 교관 중에 한 분이었다.

나는 군에서 계속 복무하면서 낙하산 정비를 위한 육군 교관 후보로 선
정되어서 학교를 들어왔고, 그로 인해 중사님을 알게 된 것이다. 나는 낙하
산 정비를 위한 바느질을 아주 잘 했으며, 꼼꼼하게 포장도 잘 했다. 또한
나는 육군에 들어오기 전 심리치료사에게 상담 받았던 충고대로 남자들에
게 끌렸지만 게이 바에 가거나 그들과의 성적 관계를 멀리했다. 사실 나는
14살 때부터 입대하던 19살 때까지 동성애자로 활발하게 지내왔었다.

나는 샌프란시스코에서 시애틀로 되돌아가는 비행기에 타고 있었다. 나
는 17번째 생일날 엄마에게 내가 동성애자라는 것을 털어놓았다. 그때 엄
마는 선물로 샌프란시스코에 있는 세 명의 게이들과 함께 살도록 보내주었
고 그래서 그곳에서 거주했었다. 샌프란시스코에서 즐거운 시간을 보냈다.
하지만 비행기를 타고 돌아가면서 "내가 왜 동성애자이지?"라는 의문에 사
로잡혔다.

나는 프로이드, 애들러 그리고 버러스 프레더릭스키너 등이 쓴 책들을
읽으며 시간을 보냈고, 몇 가지 문제를 이해하기 시작했다. 하지만 그 때는

1967년이었고, 그래서 심리학자들은 그 감정을 실험해보고 받아들일 것을 권장하지 않았다. 나는 어느 심리치료사에게 상담을 받다가 입대하였다.

나는 군 생활을 동경했다. 왠지 적성에 맞을 것 같았다. 그래서 신체검사 때 동성애자냐는 질문에 아니라고 답변했다. 그리고 신병 훈련소와 특전사 학교, 심지어 파병 중에도 내 심리치료사의 조언을 따랐다. 나는 이따금씩 남성에 대해 감정을 느꼈지만 그 충동을 잘 조절하고 있었다.

그러다가 그 중사님과 창고 밖에 앉아서 내가 남자들에 대해 어떤 감정을 느끼는지를 털어놓기 시작했다. 내가 남자들에게 끌렸으며, 나를 무시했던 아빠가 있었으며, 나를 공포에 떨게 한 양아버지가 있었고, 나를 옷장에 가두었던 삼촌이 있었다는 등의 얘기를 했다. 내가 어떻게 그 중사님을 믿고 그런 말을 했는지는 하나님만 아신다. 아무튼 나는 그분에게 다 털어놓았다. 이야기를 마친 나는 도망가려고 일어섰다. 그런데 그분이 이렇게 말했다. "자네 그거 아는가? 자네는 동성애자가 아닐세. 그저 진짜 아빠가 필요할 뿐이라네."

나는 "네. 그렇겠죠"라고 말했다.

"아닐세, 자네는 어떻게 남자가 되는지를 보여줄 사람이 필요한 걸세."

"저도 남자입니다"라고 대답했다.

"글쎄, 약간은 그런 거 같네. 자네는 남자가 되어가는 과정에 있다네. 저녁식사 하러 한번 오게나. 여기서 할 이야기는 아닌 것 같네. 괜찮지?"

그래서 나는 그분의 집으로 저녁식사를 하러 갔다. 그분과 사모님은 식전 감사 기도를 드렸다. 나는 어떤 신도 믿지 않았다. 왜냐하면 부모님이 무신론자였고, 내가 비교적 도덕적인 사람이었지만 어떤 영적인 영향 없이 자랐기 때문이다.

저녁식사를 한 뒤 중사님과 나는 밖에 앉아서 대화를 시작했다. 그분은 판단하거나 덧붙이지 않고 거의 듣기만 했다. "자네 이번 토요일에 여기 와서 나를 좀 도와주게."

"무엇을요?"라고 물었다.

"내가 교회 바자회 때 판매할 새장을 만들고 있는데, 자네가 나무 자르고 페인트칠하는 일을 좀 도와주게. 그런데 동성애 사슴이 없는 거는 알고 있지?"

"뭐라고요?"

"하나님은 게이 사슴을 만들지 않으셨다네. 아기를 만들기 위해서는 암수 둘 다 필요하지."

"네…"

"남자는 자신이 자기 가족에 대한 책임을 지고 있다는 것을 알 필요가 있다네. 더 남자다워지기 위해서는 가족의 질서를 확립할 필요가 있지…. 자네의 동성애자 친구들 중에 어른이 있던가? 지금 대답하지 않아도 되네. 그저 한번 생각해 보기를 바랄 뿐이네…. 토요일 저녁식사 시간에 보세. 식사 예절도 챙겨 오고."

그 이후로 나는 토요일 저녁식사 뿐만 아니라 금요일 밤까지 매주 그의 집을 방문하게 되었다. 중사님은 나에게 이렇게 말하곤 하였다. "자네가 남자에 대한 감정이 일어나면, 우리 집으로 오게나. 와서 그저 얘기 나누고, 같이 나무를 자르고 페인트칠을 하고, 작업이 끝나면 맥주나 한 잔 하세." 남침례교인이면서 왜 집에서 맥주를 마시냐고 묻자, 그는 이렇게 답변했다.

"젊은이, 나는 내가 술 마시는 일을 주님께 감추지 않는다네. 나는 취할 정도로 마시지 않네. 난 이따금씩 시원한 맥주를 즐겨 마신다네. 그리고 술을 좋아하지 않는 친구에게는 레몬에이드를 권한다네."

중사님은 나에게 낚시하는 법과 새장을 만드는 법을 가르쳐 주었다. 사모님은 버터밀크 비스킷을 만드는 법과 여자에게 어떻게 행동하는 것이 남자다운지를 가르쳐 주었다. 나는 늘 교회 친목회와 주일 예배에 초대를 받았다. 때로는 참석했지만 말씀이 이해되지는 않았다.

중사님은 내가 낙하산 정비 면허증을 따는데 도움을 주었고, 스카이다이빙을 소개시켜 주었다. 그분은 다른 참전용사들과의 사냥에 나를 데려갔고, 나무를 조각하여 물건 만드는 법을 가르쳐 주었다. 그는 내가 동성애와 씨름하고 있다는 것을 아무한테도 말하지 않았지만, 내 감정이 어떤지는 종종 물었다.

"자네는 요즘 더 나아지고 있다네. 요번에 보니까 귀여운 지게차 운전사를 눈 여겨 보고 있던데."

"그녀의 이름은 수잔이예요"라고 말했다.

"그녀가 예쁘다고 생각하나?"라고 중사님이 물으셨다.

"아름다운 빨강 머리에 녹색 눈동자 하며, 몸매도 좋아요"라고 전했다.

중사님은 이렇게 답변했다. "자네 정말로 남자애들을 좋아했던 거 맞나? 이제 건장한 사내처럼 말하는 게 들리기 시작하는데!"

"저도 이따금씩 그런 생각이 드는 것 같아요"라고 말했다.

"그래, 그 모든 성관계를 하는데 적합한 때가 있다는 것은 알지?"

"네, 사모님께서 결혼할 때까지 기다려야 한다고 하셨어요."

"하나님께서도 그렇게 말씀하신다네. 그리고 비록 자네가 하나님에 대해 별 얘기를 하지 않는다는 것을 알지만 그분에 대해 생각해 보기를 바라네. 주님과 인격적으로 만나기를 바라네. 자네를 위해서 책 몇 권을 샀네. 자네는 사색하는 것을 좋아하는 사람 아닌가." 그는 나를 위해서 프란시스 쉐퍼와 C.S. 루이스가 쓴 책 몇 권과 리본으로 성경 구절 표시가 되어 있는 성경책을 사주었다. 그분과 사모님이 생일 선물로 주신 것이다. "좀 읽어 보게나." 하지만 나는 책들을 제쳐두었다.

나는 거의 2년 동안 그렇게 중사님 집에 가서 새장을 만들고 낚시하러 가고, 별 다른 일이 없을 때는 숲 속을 함께 거닐며 지냈다. 때로는 공 던지기를 하고 사냥도 하러 갔다. 기본적으로 내가 사랑할 수 있는 아빠와 같은 분을 찾은 것이다. 내가 다른 학교에 다니기 위해 떠날 때 그분은 내가 책을 읽었는지 물어보았다. 그래서 꼭 읽어볼 것이라고 약속했다. 그리고 정말로 읽었다. 수년이 지난 후 나는 기독교인이 되었다. 그리고 나는 더 이상 다른 남자들에게서 성적 매력을 느끼지 못했다. 그분과 사모님이 나를 위해서 기도를 많이 해준 것을 알았다. 그분은 나를 안아주고 가끔씩 볼에 키스를 해주곤 했다.

내가 아는 한 그분과 사모님만이 동성애 때문에 겪는 내 어려움을 알고 있었다. 그들은 그 누구도 나를 위해서 해준 적이 없는 일을 해주었다. 나를 사랑해주고 내 말에 귀 기울여주며 내가 동성애로 씨름하는 동안 도와주고 나에게 안정적인 집과 지속적인 사랑을 공급해 주었다. 또한 남자가 요리, 바느질, 페인트칠 등과 같은 일을 하면서도 지도자 기질이 있는 인격자가 될 수 있다는 것도 배웠다.

발더리지 중사는 20년 전에 돌아가셨고, 사모님도 그 후에 얼마 안 되어 돌아가셨다. 그러나 그의 집에는 나와 내 아내, 그리고 내 아들의 사진이 피아노 위에 놓여 있었다. 그에게는 내가 아들이었다.

바니가 바니를 멘토링하다

그렇다. 이들은 똑같은 이름을 가지고 있다. 멘토링을 한 바니는 동성애적 생활방식을 갖고 있는 아들을 두고 있다. 그녀는 바니라는 이름의 SSA를 지닌 젊은 여자의 치유 과정을 도와주면서 배웠던 교훈을 이렇게 말한다.

내가 동성애자 아들을 둔 어머니로서 그동안 겪었던 일들을 생각하면 너무도 긴 시간처럼 느껴진다. 아들 매트가 남자들에게 매력을 느낀다고 밝혀서 내가 충격 받았던 일이 마치 어제와 같지만 ,지난 14년 동안의 경험은 정서적 롤러코스터를 타고 평생을 생존한 것처럼 느껴진다. 우리 아들에게 정서적으로 문제가 있음을 현실로 받아들이면서 내 마음과 생각은 충격과 심적 고통, 우울함, 절망, 슬픔 그리고 외로움으로 온통 뒤섞였다.

지난 수년 동안, 남편과 나는 동성애의 원인을 배우기 위해 수많은 지원 그룹이나 세미나에 참석했다. 그 과정을 통해 우리는 아들과의 관계가 많이 힘들겠지만 그래도 아들을 사랑해주라는 격려를 받았다. 사실 아들의 그런 고백을 처음 들었을 때, 우리는 그가 완전히 다른 사람처럼 보였다. 그리고 그 순간은 마치 사랑하는 가족을 잃은 것만큼이나 격한 고통으로 다가왔다. 하지만 그런 우리를 위로하는 사람은 극소수였고, 격려의 편지도 없었다. 그 아픔과 고통을 고스란히 우리 부부가 떠안아야 했다.

우리 아들의 성적 선택을 인정하지 않는 가운데 그를 사랑하는 여정을 수년 간 이어갔다. 그러던 중 나는 동성 매력 장애에 빠진 한 사람의 마음 속 깊은 상처를 이해할 수 있는 기회를 얻었다. 나는 지역신문에 게이 자녀를 둔 부모들을 지원하는 우리 모임의 광고를 올렸는데, 그것을 본 어떤 사람이 내게 전화를 했다. 그룹의 연락처가 내 번호였기 때문이다. 그는 전화로 여자의 동성 매력 장애 치유에 관한 나의 의견을 물었다. 이 문제가 유전에 기초를 두었다고 생각하는지 아니면 변화 가능한 정서적 장애라고 생각하는지를 물은 것이다. 나는 성적 온전함을 되찾는 과정에 대해 자세히 설명해주었다. 그러자 그녀는 안심하며 기대를 갖는 것 같았다.

우리는 서로를 알아가기 위해 점심식사 때 만나기로 약속했다. 그 결과는 하나님의 계획으로 이루어진 이야기이다. 나는 하나님의 은혜로 괴로움과 혼란 속에 살던 한 사람의 삶을 위로하고 멘토로서의 역할을 감당할 수 있었다.

우리는 서로 방문하며 논란이 많은 공통적 문제를 공유하는 친구가 되었다. 우리는 대부분의 시간을 그녀의 동성애 감정의 근원에 대해 격렬하게 토론하며 보냈다. 그러면서 나는 이 여성이 자신의 건강치 못한 동성애 감정으로부터 자유롭게 되기를 진정 원하고 있음을 알게 되었다.

그녀는 어린 시절에 겪은 수많은 상처에 대해 고백했다. 그녀는 어머니로부터 자주 학대를 받아서 유대감을 가질 수 없었고, 항상 자신에게 무관심한 아버지를 보며 낮은 자존감을 갖게 되었다. 이러한 요인들이 그녀를 성적 왜곡에 빠뜨리는데 크게 작용한 것이다. 나는 그녀의 뿌리 깊은 감정을 계속 들으면서 자신을 도와 달라고 간청하는 그녀의 속마음을 느꼈다.

어느 날 얘기하던 중에 그녀가 한 동안 생각하던 아이디어를 나에게 제안했다. 그녀는 어린 시절 어머니로부터 받지 못한 보살핌을 받을 수 있다면 상처가 건강하게 회복될 수 있을지도 모른다고 생각했다.

나는 리차드 코헨의 멘토링에 관한 그의 책들을 잘 알고 있었다. 우리는 그의 책, "동성애 치유하기: 새로운 치료 계획(A New Treatment Plan)"과 "멘토링을 위한 설명서(Manual for Mentoring)"를 주문했다. 멘토링은 깨어진 부모와 자녀 관계를 치유하는 기초로서, 좋은 관계를 맺는 것이 중요하다. 우리는 그 책을 공부하면서 기도하는 시간을 가졌다. 그리고 나는 그녀의 멘토가 되기로 합의했다. 나는 리차드에게 전화를 걸고, 우리가 하는 일을 미세하게 조율하기 위해 그와 함께 상담 시간을 가졌다. 내가 돕고자 했던 여자는 여러 가지 일들 가운데 이따금씩 일어나는 성적 감정을 어떻게 다루어야 할지에 대해 염려하고 있었다. 리차드는 우리가 함께 일하는 동안 우리에게 시간을 내주었고, 때로는 추가적인 도움과 격려를 얻기 위해 전화를 걸기도 했다.

간단히 말해서, 나는 그녀가 어린 시절 갖지 못했던 어머니가 되어주었다. 바니가 나를 향해 성적 감정이 일어나면 어린 아이처럼 변하여 떼를 쓰는 정서적 변화를 일으키기도 했다. 상담 시간마다 부닥치는 문제들은 매번 달랐다. 하지만 늘 많은 눈물을 흘려야했다. 어떤 때는 아주 편안하면서도 많은 깨달음을 주었고 덜 감정적이기도 했다. 점점 더 깊은 대화를 나누면서 성적 학대, 난잡함 그리고 충족되지 못한 그녀의 많은 욕구와 같은 내가 다루기에는 생소하고 어려운 부분들을 소화하는데 시간이 좀 필요했다. 이 과정을 통해 나는 성적 학대 생존자들과 정서 장애가 있는 성인들을 훨씬 더 깊이 이해하게 되었다.

나는 성 정체성 혼란으로 고통 받는 사람들을 돕고 싶은 건강한 성 정체성을 가진 성인에게 이 멘토링 관계 프로그램을 추천하고 싶다. 물론 이 일을 하려면 시간과 정서적 지원의 헌신이 필요하다. 나는 동성애 문제로 씨름하는 한 사람의 인생을 바꿔 줄 수 있는 확실한 기회를 얻은 것이다. 물론 나는 내 아들을 도울 수는 없었다. 그래서 나는 이렇게 생각했다. '문제의 근원이 내 아들과 거의 같은 "정신적 딸"에게 어머니로서의 역할을 해 주면 되는 것 아닌가!'

이런 아픔을 갖고 있는 사람들에게 멘토의 도움은 정말로 절실하다. 하지만 극소수의 사람들만이 그 쓰레기 같은 성 정체성 문제와 아픔에 헌신하며 그것을 함께 헤쳐 나갈 의사를 가지고 있다. 그것은 재미있거나 기분 좋은 일이 아니다. 하지만 그 과정에서 그 성인 아이가 나를 얼마나 필요로 했으며, 얼마나 나의 사랑에 감사했는지를 나는 여러 차례 경험했다. 이것이 균형을 이루고, 그 과정 속에서 축복이 된다. 나는 나의 시간과 사랑과 신뢰를 통해 다른 누군가의 인생을 바꾸는 힘이 되어줄 수 있었다는 것에 대해 하나님께 감사를 드린다.

나는 특별히 동성애자 자녀를 둔 부모들에게 동성애 감정과의 싸움을 끝내고 싶어 하는 사람에게 이 생명을 나눠주는 경험을 시작해보라고 격려하고 있다. 우리는 대부분 자신의 자녀를 치유할 수가 없다. 그렇다면 아들이나 딸 때문에 애통하며 보낼 그 시간을 같은 상처를 가진 다른 아이를 치유하는데 사용해보는 것이 어떻겠는가?

질문) 귀하는 동성애자 커플에게 합법적으로 결혼할 수 있는 권리를 주는 것에 대해 찬성하십니까, 아니면 반대하십니까?

		조사완료 사례수 (명)	목표할당 사례수 (명)	동성애 영향 요인		
				찬성(%)	반대(%)	모름 응답거절(%)
2001년 6월 23일~7월 2일		1,520	1,520	17	67	16
2013년 4월 1주(1~4일)		1,224	1,005	25	67	8
2014년 12월 2주(9~11일)		1,005	1,004	35	56	8
2017년 6월 1주(5/30~6/1)		1,004	1,004	34	58	8
지역별	서울	203	198	35	55	10
	인천/경기	299	300	31	61	8
	강원	28	30	–	–	–
	대전/세종/충청	107	105	30	65	5
	광주/전라	106	101	32	58	10
	대구/경북	100	101	35	58	7
	부산/울산/경남	150	157	37	54	8
	제주	11	12	–	–	–
성별	남성	553	498	32	60	8
	여성	451	506	36	56	8
연령별	19세-29세	154	174	66	29	5
	30대	183	176	41	52	7
	40대	188	208	34	54	11
	50대	216	203	22	70	8
	60대 이상	263	244	16	76	8
주요 지지 정당별	국민의 당	88	88	28	66	5
	더불어 민주당	492	507	37	54	9
	바른 정당	87	83	29	65	5
	자유 한국당	88	85	15	80	5
	정의당	77	77	48	42	11
	없슴/의견유보	170	163	30	59	10
직업별	농업/임업/어업	30	27	–	–	–
	자영업	145	137	27	65	8
	블루칼라	175	167	28	65	7
	화이트칼라	311	319	43	49	9
	가정주부	180	191	27	62	11
	학생	65	71	65	31	4
	무직/은퇴/기타	98	92	15	79	6
이념성향별	보수	233	227	28	67	4
	중도	313	307	28	63	9
	진보	349	361	42	50	8
	모름/응답거절	109	109	35	52	13
동성애 영향요인	선천적/타고남	277	281	44	48	8
	양육/사회환경	491	493	26	68	5
	양쪽 모두에 영향	132	131	44	43	12
동성애 인식	사랑의 한 형태	543	561	54	36	10
	그렇지 않다	369	352	6	91	3

＊50사례 미만은 수치를 제시하지 않음. 한국갤럽데일리 오피니언 www.gallup.co.kr

PART 5

결론

동성 매력 장애를 치유하는 비결은 (1) SSA의 진실을 이해하기, (2) 실수에 대해 용서를 구하고 보상하기, 그리고 (3) 끊임없이 그리고 바르게 사랑하기다. 동성애가 "타고난 것이며, 변하지 않는다"는 신화는 인류 역사가 만들어낸 거짓말 중 가장 큰 거짓말의 하나다.

- SSA는 실제로 섹스에 관한 것이 아니라 사랑의 싸움

- 당신이 12 단계를 기초로 하여 개인 맞춤형 치료 계획을 써 볼 것을 권장한다

- 치유를 받으려면 진실한 감정을 느껴야 함을 기억하라

- 결과과 아닌 과정이 중요하다

- 당신의 자녀가 치유되도록 도우면서 당신도 변화될 것이다

결 론

SSA는 실제로 섹스에 관한 것이 아니라 사랑의 싸움이라는 것을 확신할 때까지 필요하다면 다시 되돌아가서 읽어보기를 바란다. 그리고 가장 많이 가장 오래 사랑하는 사람이 이긴다! 마음 깊숙한 곳에서 당신 자녀의 삶 속에, 그리고 당신의 가족 구성원들과 친구들 그리고 신앙 공동체의 삶 속에 긍정적인 변화를 촉진하기 위해 당신이 할 수 있는 일이 많다는 것을 알 때까지 계속해서 읽어라.

그리고 이 책을 집필한 남자가 한때 완전히 동성애 지향적이었다는 점을 기억하라. 오늘날 나는 전적으로 이성애 지향적이다. 오랜 세월과 눈물이 필요했지만, 나는 사나이 중의 사나이가 되었다. 그리고 당신의 아들도 그렇게 될 수 있다. 그리고 당신의 딸도 여자 중의 여자가 될 수 있다.

이제 당신이 무엇을 해야 하는지 알았다면 멈추지 말고 계속해라.

당신이 12 단계를 기초로 하여 개인 맞춤형 치료 계획을 써 볼 것을 권장한다. 단기 및 장기 목표를 세워라. 지도를 그려라. 목표를 쓰는데 시간을 들이는 사람들은 그렇게 하지 않는 사람보다 성공률이 더 높다. 당신의 치료 계획을 다 쓴 다음에 시간을 내서 배우자와 나눠라. 서로의 계획을 지원하라. 한 팀으로 협력하라. (우리 화상회의 수업에서 부모들이 만들어낸 샘플 치료 계획을 보기 위해 부록을 참조하라.)

치유를 받으려면 진실한 감정을 느껴야 함을 기억하라. 당신 자녀에게 더 솔직해지고 진실해질 때 그가 당신에게 더 마음을 열게 될 것이다. 이로 인해 치유 과정에 연관된 모든 사람들에게 변화가 일어날 것이다. 치료 계획을 어떻게 적용하느냐는 자녀의 나이와 집에 거주하는지 아니면 홀로 사는지에 따라 다르다. 당신의 자녀가 집에 산다면, 그가 떠나기 전에 안정적인 애착 관계를 형성하기 위해 부단히 노력하라. 당신에게는 이 상황을 바꿀 수 있는 놀라운 기회가 있다. 만약 자녀가 독립하여 밖에서 산다면, 당신이 더 창의적으로 노력해야 한다. 상황이 어떻든지 간에 사랑은 시간(Time), 접촉(Touch), 그리고 대화(Talk)로 이루어진다.

당신의 SSA 자녀와 더 깊은 친밀감을 형성하기 위해 이러한 기술들을 처음 활용하다 보면 마치 실패하는 것 같은 느낌이 들 수도 있다. 자연스러운 일이다. 처음에는 다 그렇다. 하지만 프로그램을 지속하다 보면 결국 그의 마음을 다시 얻을 수 있을 것이다.

동성 매력 장애를 치유하는 비결은 (1) SSA의 진실을 이해하기, (2) 실수에 대해 용서를 구하고 보상하기, 그리고 (3) 끊임없이 그리고 바르게 사랑하기다. 동성애가 "타고난 것이며, 변하지 않는다"는 신화는 인류 역사가 만들어낸 거짓말 중 가장 큰 거짓말의 하나다. 그것은 동성 지향적 남녀들을 끌어들이기 위해 잘 구상되고 실행된 전략이었다. 왜 이런 거짓말이 통할 수 있었는가? 그 이유는 교회와 정신건강 전문가, 사회 기관 그리고 가족들이 이러한 남녀들을 이해하지 못했거나 적절하게 사랑하지 못했기 때문이다. 우리는 이제 그 죄에 대한 대가를 지불하고 있는 것이다.

하나님은 당신 자녀가 겪고 있는 직접적인 어려움을 통해 이러한 실패를 바로 잡도록 당신을 선택하셨다. 이 사실이 고통스럽더라도 당신은 자녀를 무조건적으로 사랑함으로 이 문화적 전쟁을 끝내도록 선택 받았다. 이 계획을 활용하라. 천천히 대응하라. 처음에는 작은 목표들을 세워라.

크게 실패하는 대신에 작게 성공하라. 한두 가지 일을 성공하라. 그 다음에 달성할 단계를 더 추가하라. 그 과정에서 자신과 당신의 자녀에 대해 좋은 기분을 느껴라.

결과과 아닌 과정이 중요하다는 것은, 내 자신의 치유 과정에서 배웠던 것이다. 그 순간을 즐겨라. 오늘 당신의 자녀에 대해 감사하고, 그가 "변화" 하기를 기다리면서 당신의 애정을 보류하지 말라. 변화는 너무 느리게 찾아오며, 때로는 눈에 띄지 않게 찾아온다. 우리는 사랑으로 변화를 받는다. 다시 한번 기억하라. 이것은 단거리 경주가 아니라 마라톤이다. 계속해서 숨을 쉬고, 기도하며, 웃고, 울며, 자기에게 맞는 페이스를 유지하라. 당신이 죄책감이나 두려움이 아닌 풍부함으로부터 베풀 수 있도록 가능한 한 많은 사랑을 경험하라.

화상회의 수업 시간 중에 한 아버지가 말했듯이 "이것은 사랑, 무방비 상태가 되는 것, 정직한 것, 솔직해지는 것, 그리고 자녀의 마음속을 들여다보는 것이 전부이다." 그렇게 하기 위해서 자신을 계속해서 직면해야 할 것이다.

당신의 자녀가 치유되도록 도우면서 당신도 변화될 것이다. 당신의 자녀나 사랑하는 사람이 변하기를 바란다면, 그 사람은 그렇게 되지 못할 가능성이 높다. 오히려 그 사람이 변하기를 바라지 않는다면, 그 사람은 변화될 가능성이 더 높다. 그를 지금 있는 그대로 받아들이고 사랑하라. 최선을 다하라. 그러면 하나님께서 나머지를 다 하실 것이다.

당신의 자녀를 되찾을 수 있다. 많은 전투에서 질 수도 있지만 궁극적으로 하나님의 사랑과 긍휼의 힘과 수많은 가족들과 친구들의 도움으로 그들의 마음을 다시 얻을 것이다. 엄마들과 아빠들이여, 끝까지 버텨라. 그 이야기는 아직 끝나지 않았다. 사랑이 모든 아픔을 치유하는데 가장 강력한 치료제임을 기억하라.

부　록

치료 계획

다음은 PATH의 화상회의 수업에 참여했던 부모들이 만들어낸 몇 가지 치료 계획이다. 모든 이름은 변경 되었으며, 이 계획들은 그들의 허락 아래 사용되었다.

존의 치료 계획

목적: 로버트와 친밀함과 안정적인 애착 관계를 만들고 유지하는 것

1 단계 : 로버트의 SSA에 대한 내 감정과 생각을 다루기.

1. 목표 : 내 본능적인 반응을 가라앉히기

   과제 : SSA에 대해 나쁜 생각이나 반응이 일어나면, 내 아들이 필요로 하는 사랑에 대해 생각하라.

   언제까지 : 진행 중

   주의 : 이것은 내가 어떻게 느낀 다음에 반응해야 하는지를 상기시켜주는 유용한 도구이다. 이 방법은 직장에 있었을 때 이미 나를 여러 번 도와주었다.

편집자 註 : 동성애 가족 치료를 위한 12단계 작성시 가족 상황에 따라 치료 계획의 단계가 생략되기도 한다.

2. 목표 : "반직관적"이 되기

과제 : 무슨 말이나 행동을 하기 전에, "반직관적인 것"을 생각하라.

언제까지 : 진행 중.

3. 목표 : 계속 긍정적인 상태를 유지하라.

과제 : 희망을 주고, 격려가 되는 기사와 책을 읽어라.

언제까지 : 진행 중.

2 단계 : 자신을 보살펴라.

목표 : 교회 가족으로부터 도움을 얻어라

과제 : 로버트의 상황을 논의하기 위하여 두 명의 청년부 목사님들과 만나라.

언제까지 : 5월 28일

주의 : 5월 27일 만남 약속 잡음

3 단계 : 하나님께 나아가기. 하나님을 체험하기.

1. 목표 : 하나님께 그 문제를 맡기기

과제 : 그 일에 대해 매일 기도하라! 그의 SSA에 대한 이유를 이해하게 해주시고, 내 아들의 치유를 어떻게 도울 수 있을 지를 깨닫게 하소서. 날마다 새 힘을 주소서.

언제까지 : 진행 중, 매일.

주의 : 하나님께 일을 맡긴다는 것은 늘 큰 위안이다!

2. 목표 : 로버트가 치유 받는 것을 마음속에 그려보기

과제 : 기도할 때 그가 치유 받고 그의 인생에 대한 하나님의 뜻이

이루어 질 것임을 생각하라.

언제까지 : 진행 중

4 단계 : SSA의 원인과 치료법을 조사하기.

1. 목표 : 책을 읽어라.

과제 : 이성애자로 커밍아웃하기 2장을 다시 읽어라.

언제까지 : 5월 23일

2. 목표 : 또래 상처에 대해 조사하기.

언제까지 : 6월 15일

(편집자 註 : 5단계는 문화적 배경이 달라서 생략됨)

6 단계 : 로버트와 나 사이의 관계를 바로잡기

1. 목표 : 이번 주말 연휴에 가능한 많은 시간을 함께 보내고, 대화하

며 나눔의 시간을 가지기.

2. 긍정적 테이프를 녹음하고 편지를 쓰기.

과제 : 몇 달 전에 쓰기 시작한 편지를 마무리 지으라.

언제까지 : 6월 30일

과제 : 긍정적인 칭찬이 담긴 CD를 녹음하라

언제까지 : 7월 16일.

7 단계 : 로버트의 사랑의 언어를 조사하기.

　1. 목표 : 로버트의 제1의 사랑의 언어를 정의한 다음 그것을 그에게 표
　　　　현하라.

　　과제 : 4월까지 사랑의 5가지 언어는 이미 다 읽었음.

　　주의 : 그의 제1의 사랑의 언어는 신체적인 접촉과 봉사다.

　　　　이것을 계속해서 실천하고, 5가지 사랑의 언어를 전부 표현
　　　　하는 것도 잊지 말기!

　　과제 : 가능한 한 많이 그를 잡아주고 안아주기. 5가지 사랑의 언어
　　　　를 전부 실천하는 것을 기억하기!

　2. 목표 : 그가 좋아하는 일을 하라.

　　과제 : 음악 콘서트에 데려가라.

　　메모 : 함께 즐거운 시간을 보냈음. 아주 즐거웠음.

　3. 목표 : 활동을 함께 하라.

　　과제 : 캘리포니아로 여행 갈 가능성 (또래 친구들도 함께).

　　과제 : 함께 음악을 녹음하라. 6월에 며칠 휴가를 내서 함께 음악 작
　　　　업을 하라.

　　과제 : 나와 함께 운동을 하도록 초대하기

8 단계 : 적절한 신체적 애정을 표현하기.

　1. 목표 : 쓰다듬어주고 축복하고 사랑하기.

　　과제 : 날마다 로버트를 안아주고, 키스하고, 축복해주라.

　　　　사랑한다고 말하라.

언제까지 : 진행 중

주의 : 이것은 정말로 효과적이었다. 이제 그도 나를 안아주기까지 한다.

5월 15일 업데이트: 이번 주에는 내가 그의 남자친구도 안아주었기 때문에 그가 화가 나서 뒤로 물러났다. 멈추지 말라! 계속하라!

(편집자 註 : 9단계, 10단계는 문화적 배경이 달라서 생략됨)

11 단계: 친구들과 지인들.

1. 목표 : 그의 친구들을 만나고 알아가기

   과제 : 그들을 바비큐 파티나 영화 관람이나 목욕에 초대하라.

   언제까지 : 진행 중.

   메모 : 그들이 금요일에 피자를 먹으로 놀러 왔다. 계속 초대하라.

   과제 : 이번 주말에 그들이 우리 집에서 하룻밤 잘 수 있도록 초대해
   　　　 보기

2. 목표 : 그의 남자친구에게 사랑과 애정을 표현하기.

   과제 : 그를 볼 때마다 안아주기.

   언제까지 : 진행 중.

   주의 : 그 남자친구가 내 애정에 정말로 긍정적으로 반응한다. 그런
   　　　 데 그 일로 인해서 로버트가 화가 났다!

12 단계: 동성 멘토.

1. 목표 : 로버트를 위한 멘토를 찾기.

   과제 : 지원 네트워크를 만들기.

   과제 : 더 나이가 많은 친척들 관여시키기. "남자들만의 외출 시간"
   을 지속하기

   과제 : 청년부 목사님이 지원하시면, 로버트를 몇몇 여름 활동에 참
   여토록 격려하기.

보시다시피, 존은 많은 단계들을 언급했지만 몇몇 단계는 뺐다. 그는 이
때에 이러한 단계들에 집중하기로 했다.

앤의 치료 계획 (존의 아내)

1 단계 : 로버트의 SSA에 대한 내 감정과 생각을 다루기.

1. 저널 작성 : 내가 우울하거나 압도될 때마다 내 감정, 생각, 느낌을
   적어 놓는다.

2. 자신을 교육하기: SSA에 관한 책 목록을 만들기.
   리차드가 추천한 인터넷 사이트 방문하기.

3. 기도하기.

4. 하루에 한 시간을 독서, 운동, 낮잠, 또는 기도를 위한 "내 시간"으로
   빼놓기.

   (아이들에게 알리기 – 6월 2일 시작.)

5. 지원 그룹 만들기 (내 엄마, 자매, 형제, 그리고 세라)
   리차드가 가르쳐 주는 것, SSA에 대해 그들을 교육하는데 필요한 그
   의 책, 그리고 인터넷 사이트에 대해 그들과 나누기. 특정 상황이 발

생할 때마다 나와 함께 기도하도록 요청하기.

(한 주일이 끝날 때까지 지원 그룹 만드는 것을 완료하기 – 6월 6일 또는 7일.)

2 단계: 나와 내 남편 사이의 관계를 바로잡기

1. 금요일 밤 데이트를 다시 시작하기.

    (이번 주 금요일부터 시작 – 진행 중.)

2. 의사소통 기술 연습하기.

    (데이트하는 밤 금요일부터 시작 – 진행 중.)

3. 함께 기도하기.

    (지금 시작해서 매일 밤 – 진행 중.)

3 단계: 하나님께 나아가기. 하나님을 체험하기.

1. 기도하고 말씀을 보면서 하나님과 매일 시간을 보내기.
    지혜와 힘을 달라고 기도하기. 침묵을 계속 유지하는 가운데 존의 후원자가 되도록 기도하기. (진행 중.)

2. 교회의 여자들과 월요일 밤 성경 공부를 계속하고, 로버트를 위한 기도와 지원을 요청하기.

    (6월 14일 시작 – 진행 중.)

4 단계: SSA의 원인과 치료를 조사하기.

1. 리차드가 권장한 책들을 기초로 도서 모음을 만들기.

(몇 달 전부터 시작했음 - 진행 중.)

2. 로버트의 사랑의 언어 조사하기.

(완료 - 로버트의 사랑의 언어는 육체적 접촉)

이 단계들은 수많은 단계 중의 첫 네 단계이다. 더 나아가기 전에 우선 이 단계들을 해보고 싶다.

제시카의 치료 계획

1. 일주일에 4번씩 계속해서 달리고, 수영하고, 역기를 들면서 나 자신을 돌볼 계획이다. 나는 플로라 슬로슨 웰너(Flora Slosson Wuellner)의 책인 기도, 스트레스와 나의 내면적 상처(Prayer, Stress and My Inner Wounds)를 사용하여 매일 경건의 시간을 계속 갖고 나에게 경각심을 주거나 두렵게 한 페트릭의 어린 시절의 기억을 지울 것이다. 그녀의 책에 나온 "고통스러운 과거를 그리스도와 함께"와 "잊혀진 깊은 아픔을 그리스도와 함께"라는 부분은 나의 몇몇 고통스러운 기억들을 지우고, 또한 부모님으로부터 분리된 것에 대한 현재의 분노를 사라지게 하는데 도움이 될 것이다. 리차드 코헨의 생각: "당신의 자녀가 당신 또는 가문에 흐르는 치유 받지 못한 상처나 충족되지 못한 애정 욕구를 지니고 있을 지도 모른다."는 것이 나의 영감이다. 왜냐하면 그럴 가능성이 높기 때문이다. 따라서 나는 나의 정서적, 신체적 욕구가 무엇인지 알아볼 것이며, 내 남편[앨런]이나 다른 사람들이 그 욕구 채우는 일을 도와주기를 요청할 것이다. 나는 남편의 손을 붙잡고 내 욕구가 무엇인지를 솔직히 말할 것이며, 그가 이러한 욕구 충족을 도와

줄 수 있는지를 부탁해 볼 것이다. 이런 일이 건강한 방식으로 일어나지 않으면, 우리 부부 관계에서 그리스도의 은혜와 용서를 신뢰하면서 남편과 화해할 것이다. 필요하다면 전문가의 도움을 구할 것이다.

2. 두 명의 아주 가까운 기도 친구들과 두 명의 목사님들에게 도움을 요청했다. 그들은 다음의 구체적인 기도 제목들을 놓고 아주 헌신적으로 기도해줄 만한 분이다.

   a. 치유하시는 하나님, 페트릭의 가족이 당신과 서로에게 더 가까워지도록 도와주소서. 페트릭이 앨런의 사랑과 관심을 통해 하나님의 크신 사랑을 알게 해주소서.

   b. 치유하시는 하나님, 페트릭이 자신이 왜 동성에게 끌리는지를 바르게 이해하게 해주시고, 그의 마음과 정신, 육신 속에서 편한 마음이 솟아나게 하소서.

   c. 치유하시는 하나님, 페트릭 마음에 있는 수치심과 외로움의 벽을 허물어주시고, 하나님께서 창조하신 대로 그가 그의 남성성을 받아들이고 그 안에서 평안과 힘을 찾게 하소서.

   d. 치유하시는 하나님, 과거로부터의 짐을 내려놓고, 앞으로 다가올 모든 회복된 관계를 시작할 수 있도록 앨런과 제시카 [그들의 딸], 그녀의 남편과 페트릭이 가족 치유 시간을 위해 함께 모일 수 있도록 인도하소서.[우리는 가족 치유 시간을 가졌고, 놀라운 돌파구가 생겼다.]

3. 나는 남편 앨런을 어떻게 도울 수 있는지 물어보고, 그를 격려하며, 그리고 무엇보다도 가장 중요한 것은 내가 언제 남편에게 요청하거나 제

안할 수 있고 언제 조용해야 하는지 알 수 있도록 도와달라고 하나님께 구함으로 남편을 지원할 것이다. 앨런도 페트릭을 위해 함께 전략적으로 노력하는 일환으로 이 기도 제목을 놓고 기도하고 있으며, 내가 제안하는 것을 아들 페트릭이 따르지 않아도 받아들일 것이다. 날마다 나는 이렇게 기도할 것이다. "페트릭의 창조주시여, 우리가 사랑하는 것보다 그를 더 사랑해주소서. 당신의 무조건적인 사랑을 느낄 수 있도록 도우소서. 그리고 그가 당신의 사랑의 치유하는 힘을 알도록 해주소서." 또한 앨런과 나만의 데이트 시간을 갖자고 제안할 것이다. 아마 우리 부부는 금요일 밤 저녁식사를 마치고 집에서 다정하게 춤을 추는 데이트를 지속하게 될 것이다.

4. 나는 내 후회를 표현하는 편지를 아들 페트릭에게 쓰고, 이번 여름에 그에게 우편으로 보낼 것이다. 나는 그가 버림받는 느낌의 두려움에 대해서 안다. 그래서 내가 그를 버림받은 느낌을 갖게 했던 때에 대해 사과하고 그의 용서를 구할 것이다. 또한 나는 그가 "동성애자로 태어났다"는 생각 때문에 놀라고 두려워했음을 솔직히 이야기 하며 그랬던 이유를 고백할 것이다. 나는 이렇게 말할 것이다. "나의 무지와 혼란과 그로 인한 나의 부인으로 인해 너에게 아픔을 주었구나. 미안하다."

5. 나는 더 많은 지식과 격려를 받기 위해 **침대들의 5가지 사랑의 언어'**와 '이성애자로 성장하기'를 이번 여름이 끝날 때까지 읽을 것이다. 나는 낙담할 때마다 NARTH, PeopleCanChange 그리고 그 밖에 다른 인터넷 사이트에 가서 기사들을 읽어볼 것이다.

6. 나는 최소한 하루에 한 번씩 페트릭 앞에서 페트릭의 아빠를 인정해 줄 것이다. 나는 페트릭을 위한 동성 멘토와 친구들을 달라고 기도할 것이다. 나는 이번 여름 아들이 떠나 있는 동안 이 기도제목을 놓고 지속해서 기도할 것이다. 나는 아들과 성관계를 원치 않는 최소한 한 명의 남자 친구를 허락해 달라고, 그리고 그를 통해 동성 친구와 진 정으로 어울리며 사랑하는 것이 무엇인지를 발견할 수 있게 해달라고 기도할 것이다. "주여, 긍휼히 여기소서."

7. 6월 20일까지, 그동안 내가 부모님을 가까이 대하지 못한 일에 대해 미안하다는 편지를 부모님께 쓸 것이다. 그리고 그분들과 연락하기 위 해 "암호"를 사용한 것에 대한 나의 분노와 아픔도 표현할 것이다. 나 는 그분들이 우리 자녀나 내가 살아가는 일에 더 깊은 관심을 보여주 지 않은 것에 대한 서운함도 표현할 것이다. 하지만 내가 어린 아이와 사춘기 청소년 시절에 부모님이 내게 주셨던 선물과 사랑에 대한 감사 도 함께 표현할 것이다.

이것은 내 단기 치료 계획이다. 많은 목표들이 몇 년은 더 걸릴 수 있다 는 것이 나를 힘들게 하지만, 그 기간 중 나는 페트릭이 그의 삶 속에서 하 나님의 사랑과 권능을 발견하고, 훌륭한 여자와 충만한 삶을 살게 하시는 하나님의 선하신 뜻을 알며, 그의 마음과 정신과 육신이 치유 받을 수 있 음을 깨닫고, 성관계와 아무런 상관없이 동성과 좋은 관계를 지속할 수 있 게 해달라고 구체적으로 기도할 것이다.

하나님께서는 기적을 이루실 수 있으며, 우리가 리차드를 만나게 된 것은 거룩한 개입이며 타이밍이었다고 믿는다. 페트릭이 앨런을 통해 하나님의 사랑을 알기 시작한다면, 쉽지 않겠지만 나는 그의 삶에 나서지 않고 뒤로 물러나 있을 것이다. 그가 동성 또래들과 유대감을 형성하기 시작하고, 자신이 하나님의 크신 계획 아래 창조된 남성임을 이해하며, 또래들과 성적 관계를 탐하지 않는다면, 아마 그는 내년에 대학교에 갈 수 있을 것이다. 하지만 나는 이번 여름에 그가 집을 떠나 있는 동안 하나님께 인도하심과 분별력을 달라고 기도할 것이다. 그리고 앨런과 나는 그가 돌아오면 그의 삶에 중요한 역할을 해줄 성인 남성 멘토들을 초대할 것이다.

페트릭은 학교로 떠났고, 놀라운 남자 친구들의 모임을 찾아 자신의 치유를 향한 여정을 가고 있다. 그 자신도 이렇게 말했다. "게이의 삶이 나에게 어울리지 않는 거 같아요."

짐의 치료 계획

이것은 아들 토니와 나의 관계를 위한 내 실행 계획(단기 및 장기)의 단계의 목록이다.

[주 : 특정한 기간이 표시되지 않았으면, 그 항목은 단기 및 장기 목표를 모두 나타낸다.]

1. 감정을 다루기.
    ● 아들 토니를 위해 내가 할 수 있는 일에 집중하도록 애통하기의 5단계(수용)에 계속해서 집중하기.
2. 내 자신을 돌보기.
    ● 계속해서 하나님을 내 삶의 중심에 모시고, 우리 모두가 이 일

을 통과하는데 하나님께서 이 일의 주인 되시기를 고백하며, 결코 믿음을 잃지 않기. 결국에는 하나님의 역사가 완성될 것임을 믿고 기다리기.

- 이 과정 전반에 걸쳐 내 아내 데비와 아들 토니를 계속해서 지원하고, 그들의 문제를 해결하려 하지 않고 그 대신에 경청하고 위로하기.

3. 지원을 얻기

- 아들 토니와 우리 가족을 위한 기도 지원을 더 받도록 기도해 줄 사람들을 찾기

4. 아내 데비와 나 사이의 관계를 바로잡기

- 데비와 그녀의 걱정에 귀 기울이기.
- 계속해서 데비에게 그녀가 아무런 잘못을 하지 않았다는 것을 말해주고, 내가 아들 토니와의 관계에 공백이 있을 때 그녀가 메우고 있었음을 말해주기.
- 계속해서 데비를 사랑하고 지원하며, 아들 토니에게 우리가 부부로서 그를 사랑하고 희망을 주는데 헌신할 것임을 보여주기.

5. 하나님께 나아가기

- 계속해서 하나님을 내 모든 생활의 주인으로 모시기. 무엇을 해야 할지 알 수 있도록 하나님께 지혜를 구하고, 그 일을 할 수 있도록 은혜를 구하기.
- 아들 토니와 다른 사람들이 SSA를 극복하는데 도움을 줄 수 있는 방법과 내가 해야 할 일에 대해 배우기 위해 하나님께서

주신 기회를 더 잘 인식하기

6. 내 SSA 자녀와 관계를 바로잡기

- 단기 목표: 토니에게 쓴 내 편지 내용을 완성하고, 리차드가 검토하도록 하기.

- 단기 목표: 아들 토니가 그의 SSA에 대해 나에게 처음에 알려주었을 때 내가 그를 위해 바로 뭔가 하지 않았을 때 어떤 감정을 느꼈는지를 물어보기. 그의 답변을 들은 다음, 아내 데비가 직장에서 매우 스트레스를 받아서 내가 겪었던 딜레마, 내가 실직했던 상황과 돈이 거의 없었던 당시 상황을 설명하려 하기. 내가 그 당시에 그에게 관심이 없었던 것이 아니라 엄마에게 벌어진 일로 인해 매우 염려하고 있었다는 점을 강조할 필요가 있음.

- 장기 목표: 내 편지를 토니와 나누기.

- 나에게 일어났던 일들에 대한 내 감정을 나누고, 그가 겪고 있는 어려움과 그것이 감정적으로 얼마나 힘든지를 공감하고 있음을 알릴 기회를 찾기. 그가 혼자가 아니라는 것을 알리고, 그가 이 일을 극복할 수 있으며, 더 강하고 더 좋아질 수 있는 가능성이 있다는 희망을 주기.

7. SSA의 원인을 조사하기.

- SSA 문제의 양측 진영의 읽을거리를 찾고 읽으면서 좀 더 많은 시간을 보내기.

- 아들 토니와 그의 SSA를 더 잘 이해하기 위해 책읽기.

8. 토니의 사랑의 언어를 배우기.

- 5가지 사랑의 언어를 다시 읽기.
- 토니의 사랑의 언어인 함께하는 시간에 관한 단원에 세심한 주의를 기울이기.
- 토니와 그의 친구들과 가족과 특별한 시간을 갖는 기회를 계속해서 찾기.
- 아들 토니에게 그가 우리에게 얼마나 특별하고 중요한지를 계속해서 알리고 보여주기.

9. 책을 교환하기.

- 게이 잡지에 대한 정보와 관련하여 아들 토니의 입장은 무엇인지 물어보고, 토니가 내가 읽거나 하기를 바라는 그 밖에 또 다른 것이 있는지 물어보기.

10. 토니의 관심사를 발견하기.

- 토니의 가장 큰 관심사는 자동차, 집 그리고 지금은 또 한 마리의 강아지를 찾는 것임을 안다.
- 아들이 계속해서 이런 부분에 집중하도록 도울 수 있는 방법을 찾아야 한다.
- 아들 토니가 현재 직장이 없으므로, 그가 좋아하는 모든 자동차 잡지를 정기 구독하게 하고, 인터넷 포르노 대신에 독서 할 수 있도록 격려할 것이다.
- 우리는 토니에게 그가 원하는 강아지를 구해도 된다고 했다. 우리 모두가 그를 돕기 위해 노력하고 있지만, 그가 원했던 사

랑의 공백이 강아지를 통해 좀 더 채워졌으면 좋겠다. 아들은 우리가 강아지 키우는 것을 아주 싫어함을 잘 안다. 또한 우리는 강아지가 그에게 얼마나 중요한지를 알고 있다고 말하고 싶었으며, 우리는 그의 안녕을 위해 그의 곁에서 최선의 노력을 다하고 있음을 알리고 싶었다.

11. 의사소통 기술을 위해 노력하기.
   - 반영적 경청에 대한 리차드의 주석을 다시 한번 읽어보기.
   - 아들 토니의 과거에 일어났던 여러 가지 일에 대해 대화 할 기회를 찾아보고, 그와 더 가까운 관계를 맺기 위해 이러한 의사소통 기술을 연습하기.

12. 긍정의 테이프 만들기.
   - 단기 목표 : 테이프를 일단 완성하면 토니에게 이 테이프를 전달하기 위해 어떻게 접근하는 것이 가장 좋은 방법인지 리차드에게 문의하기.

13. 다정히 대하기.
   - 토니를 향해 계속해서 적절한 애정을 표현하고, 그가 나에게 얼마나 특별한지를 알리기.

14. 그의 친구들을 알아가기.
   - 그의 친구들에 대해 계속해서 물어보고 만나고, 그가 누구와 사귀고 있는지 문의해보기.
   - 그의 친구들과 만날 수 있는 기회를 만들고, 야외 식사 파티도 계획해 보기.

15. 기도하기.

　　● 하나님의 도우심이 필요한 일들과 나의 기도제목이 더 구체적

　　　일 수 있도록 합심하여 노력하기.

　　● 아들 토니가 사랑하는 아내와 세 명의 아름다운 자녀들과 함

　　　께 지내고 있는 미래의 모습을 계속해서 그려보기. 그가 훌륭

　　　한 아빠가 되고, 하나님께서 그를 SSA로부터 구원하신 것에 대

　　　해 감사하는 모습을 그려보기.

16. 다른 멘토들을 찾기.

　　● 토니의 (건강한)남자 친구들이 그의 삶의 일부가 될 수 있는 기

　　　회를 만들기. 그들을 우리 가족처럼 야외 요리 파티나 저녁식

　　　사에 초대하기.

　　● 내가 다른 남자들(친구들이나 친척들)과 함께 참여하는 다른

　　　활동에 아들 토니를 참여시키기.

17. SSA가 있는 다른 사람들을 멘토링 하기.

　　● 현재 아들 토니는 다른 SSA 사람들과 어울리고 있다는 표시가

　　　나지 않는다. 우리는 그가 소개시켜 준 다른 사람들을 만나려

　　　고 노력해 보았으나 그들이 SSA와 관련된 친구들인지 아닌지는

　　　확실히 모른다.

18. 자신의 일을 하기.

　　● 치유 활동에 대해 더 알아보고, 토니와 그 활동에 함께 참여하

　　　도록 권해보기.

권장 도서 목록

동성애에 관한 일반 서적

The Battle for Normality (Gerard van den Aardweg)

Coming Out Straight (Richard Cohen)

Desires in Conflict (Joe Dallas)

God's Grace and the Homosexual Next Door (Alan Chambers)

Homosexuality and the Politics of Truth (Jeffrey Satinover)

Homosexuality: A Freedom Too Far (Charles Socarides)

Homosexuality: A New Christian Ethic (Elizabeth Moberly)

Loving Homosexuals as Jesus Would (Chad Thompson)

My Genes Made Me Do It (Neil and Briar Whitehead)

101 Frequently Asked Questions About Homosexuality (Mike Haley)

One Man, One Woman, One Lifetime (Rabbi Rueven Bulka)

Striving for Gender Identity (Christl Ruth Vonholdt)

The Truth Comes Out (Nancy Heche)

You Don't Have to Be Gay (Jeff Konrad)

부모들을 위한 서적

Growing Up Straight (Peter and Barbara Wyden)

Healing Word, The (Cindy Rullman)

Ounce of Prevention (Don Schmierer)

A Parent's Guide to Preventing Homosexuality

(Joseph and Linda Ames Nicolosi)

Someone I Love Is Gay (Bob Davies and Anita Worthen)

When Homosexuality Hits Home (Joe Dallas)

Where Does a Mother Go to Resign? (Barbara Johnson)

남성 동성애

Growth into Manhood (Alan Medinger)

Healing Homosexuality: Case Stories of Reparative Therapy

(Joseph Nicolosi)

Practical Exercises for Men in Recovery of SSA (James Phelan)

Reparative Therapy of Male Homosexuality (Joseph Nicolosi)

여성 동성애

Born That Way? (Erin Eldridge)

Female Homosexuality: Choice Without Volition (Elaine Siegel)

Out of Egypt (Jeanette Howard)

Restoring Sexual Identity: Hope for Women Who Struggle with SSA

(Anne Paulk)

동성애 운동 및 활동

After the Ball (Marshall Kirk and Hunter Madsen)

Answers to the Gay Deception (Marlin Maddoux)

Homosexuality and American Psychiatry (Ronald Bayer)

"The Trojan Coach: How the Mental Health Guilds Allow Medical Diagnostics, Scientific Research and Jurisprudence to Be Subverted in Lock-step with the Political Aims of Their Gay Sub-Components"

(Jeffrey Satinover, www.narth.com)

"Selling Homosexuality to America"

(Paul Rondeau, Law Review, Regent University 14, no. 2 [Spring 2002]: 443-85)

동성애적 행위

Getting It Straight (Peter Sprigg and Timothy Dailey)

동성애 가족

치유를 위한 12단계

발행일 | 2018년 10월 30일 초판 1쇄

지은이 | 리차드 코헨

옮긴이 | 정지훈

펴낸이 | 이재승·황성연

펴낸곳 | 하늘기획

교정·교열 | 이지영·석윤숙

등록번호 | 제8-0856

주소 | 서울특별시 중랑구 망우로 192 성신빌딩

총판 | 하늘물류센터

전화 | (031)947-7777

팩스 | (0505)365-0691

ISBN | 89-92320-17

＊글샘은 가정사역을 위한 하늘기획의 또 다른 이름입니다.